Caspar Dohmen

Das Prinzip Fairtrade
Vom Weltladen in den Supermarkt

orange ● press

DAS PRINZIP FAIRTRADE

Vom Weltladen
in den Supermarkt

orange ● press

Caspar Dohmen
Das Prinzip Fairtrade. Vom Weltladen in den Supermarkt
Berlin: orange-press 2017

Gestaltung: Katharina Gabelmeier
Korrektorat: Silke Leibner | www.silbenschliff.de
Gesamtherstellung: POZKAL

Wo auf Inhalte im Internet verwiesen wird, sind URLs ab einer bestimmten Länge abgekürzt
wiedergegeben; der Kurzlink führt auf eine Unterseite der davor angegebenen Homepage.
Der Verlag ist nicht verantwortlich für die auf den Websites verfügbaren Inhalte,
auch nicht für die Richtigkeit, Vollständigkeit oder Aktualität der Informationen.

ISBN: 978-3-936086-83-6 | www.orange-press.com

Inhalt

Einleitung

»Wenn wir nicht lernen, miteinander als Brüder zu leben, werden wir als Narren untergehen.« *Martin Luther King, Bürgerrechtler*

Gerd Müller, der deutsche Minister für Entwicklungshilfe, machte 2017 Schlagzeilen mit seinem Vorschlag eines Marshall-Plans für afrikanische Länder. Der Name soll bewusst an das erfolgreiche Wirtschaftsprogramm der USA erinnern, das nach dem Zweiten Weltkrieg maßgeblich zum Aufbau Europas beitrug. Jetzt also ein Marshall-Plan für Afrika, von dem reformbereite Staaten profitieren sollen: durch eine faire globale Handelspolitik, mehr internationale Mitsprache für afrikanische Staaten und mehr Investitionen europäischer Firmen. Angesichts der katastrophalen Armut auf dem Kontinent leuchtet der Ansatz ein, auch im eigenen Interesse: Längst spürt Europa die Auswirkungen der wirtschaftlichen Misere in großen Teilen der Welt, nicht nur in Afrika. Armutsflüchtlinge durchqueren Wüsten, überwinden Stacheldrahtzäune und paddeln in regelrechten Nussschalen über das Meer, um reichere Regionen zu erreichen.
Wäre es den Verfechtern eines fairen Handels in den vergangenen fünf Jahrzehnten gelungen, ihre Vision eines gerechten Welthandels durchzusetzen, blieben mehr Menschen in ihrer Heimat, weil sie dort ein Auskommen hätten. Stattdessen kämpfen viele um ihre wirtschaftliche Existenz: Kleinbauern erhalten wegen ungerechter Machtverhältnisse kaum etwas für Exportwaren wie Kakao oder Baumwolle und sind oft auf den heimischen Märkten chancenlos gegen die Anbieter von Billigwaren, die beispielsweise Hähnchenreste oder Dosentomaten aus der EU importieren.
Parallel zur globalen Wirtschaftsentwicklung mit ihren großen Umbrüchen hat sich seit der Mitte des 20. Jahrhunderts auch der faire Handel entwickelt – vom Ende der Kolonien nach dem Zweiten Weltkrieg und den weitgehend vergeblichen Forderungen der Entwicklungsländer nach einem gerechteren Welthandel in den 1960ern bis hin zum Fall der Mauer 1989 und dem darauf einsetzenden Schub wirtschaftlicher Globalisierung.

Sein Kernziel, faire Regeln für alle, hat er noch nicht erreicht. Zwar brachte der globalisierte Handel auch Wohlstand im globalen Süden, in den sogenannten Entwicklungsländern.[1] Vielerorts beseitigte sein Ausbau die Armut jedoch nicht, sondern verschärfte teilweise sogar alte soziale Schieflagen und brachte neue hervor. Erfolgreich hat er aber eine Nische in der regulären Wirtschaft eröffnet, in der es fairer als üblich zugeht.

Das gelang zunächst mit einer direkten Brücke zwischen hilfsbe-dürftigen Produzenten im Süden und hilfswilligen Konsumenten im Norden: In den späten 1960er-Jahren wurde begonnen, einen alter-nativen Handel mit eigenen Läden und Importorganisationen zu etablieren. Ende der 1980er-Jahre wurde dann eine Vernetzung mit der konventionellen Wirtschaft geschaffen. Indem nach fairen Ge-sichtspunkten erzeugte und gehandelte Waren als solche etikettiert wurden, konnten sie von da an auch auf den Vertriebswegen des wirtschaftlichen Mainstreams verkauft werden.

Auslöser für den Schritt in den Handel war die anhaltende wirtschaft-liche Not der Kaffeekleinbauern im Süden. Weil sich an ihrer Situa-tion nichts änderte, entschieden sich einige Organisationen des alter-nativen Handels irgendwann für einen radikalen Kurswechsel. Sie gingen eine Kooperation mit dem bisherigen Klassenfeind ein, den konventionellen Unternehmern und Händlern, die man zuvor als wesentliche Verursacher des Problems angeprangert hatte. Jetzt holte man sie mit ins Boot, in der Hoffnung, damit den Erzeugern aus dem Süden einen größeren Markt für ihre Erzeugnisse zu eröff-nen und mehr Menschen in existenzsichernde Arbeitsverhältnisse zu bringen. Definiert wurden dabei die Konditionen; den Import und Verkauf der mit einem entsprechenden Siegel markierten Waren überließ man den konventionellen Unternehmen selbst.

Zum ersten Mal wurde 1988 in Holland unter dem Label Max Have-laar »fairer« Kaffee in Supermärkten angeboten. Der Vorstoß inspi-rierte Menschen, auch in Deutschland, Österreich und der Schweiz. Heute gibt es ähnliche Initiativen in mehr als zwei Dutzend Ländern, nicht nur im Norden, sondern mittlerweile auch im Süden. Von dem System profitieren Bauernfamilien und Beschäftigte auf Plantagen in 75 Ländern Afrikas, Asiens und Lateinamerikas. Selbst Konzernriesen wie Nestlé, Starbucks oder Lidl führen heute einige mit dem Label »Fairtrade« zertifizierte Waren. In den Anfangstagen des alternativen Handels in den 1960ern wäre dies undenkbar gewesen. Veränderung ist also möglich. Es fragt sich nur, ob die Dinge sich in ausreichendem Maß und schnell genug verändern lassen; welche Rückschläge der fairen Idee drohen und wo die Grenzen des Ansatzes sind. Unfaire Handelsbeziehungen zwischen Norden und Süden sind bis heute nicht die Ausnahme, sondern eher der Normalfall. Das liegt am immer noch beträchtlichen Machtungleichgewicht zwischen den Staaten, aber vor allem am Machtzuwachs globaler Konzerne, den Herren der Lieferketten, die ihren Sitz meistens im Norden haben. Die globale Landkarte der wirtschaftlichen Wertschöpfung spricht Bände: Obwohl in Europa und Nordamerika im Jahr 2014 nur 12,3 Prozent der Weltbevölkerung lebten, entfiel auf sie mehr als die Hälfte des globalen Bruttosozialprodukts. Afrika kommt gerade einmal auf 3,1 Prozent.

An dem Missverhältnis versuchten Regierungen aus Entwicklungsländern schon in den 1960er-Jahren vergeblich zu rütteln. Streiten sich heute Länder bei der für Handelsfragen zuständigen Welthandelsorganisation (WTO), begünstigen die Regeln »de jure und de facto die entwickelten Länder«, schreiben die renommierten US-Ökonomen Joseph E. Stiglitz und Andrew Charlton in ihrem Buch *Fair Trade*. »Die fortgeschrittenen Industriestaaten sitzen am Ende stets am längeren Hebel, indem sie beispielsweise ihre Hilfeleistungen von der Erfüllung ihrer Forderungen abhängig machen.«[2]

Im öffentlichen Diskurs dominierte Anfang 2017 nicht die dringende Frage eines gerechteren Marktzugangs für Entwicklungsländer, sondern der Schutz des US-Marktes durch protektionistische Maßnahmen gegenüber anderen Industrieländern. Donald Trumps Parole »America First« ist für viele Kleinbauern in Entwicklungsländern schon lange bittere wirtschaftliche Realität, etwa für Baumwollbauern, die kaum von ihrer Arbeit leben können, wenn sie mit der hochsubventionierten US-Baumwollwirtschaft konkurrieren wollen. Was Donald Trump unter fairem Handel versteht, dürfte sich entsprechend fundamental von der Auffassung der Fairtrade-Bewegung unterscheiden. Laut Duden bedeutet »fair« ein »gerechtes, anständiges Verhalten (im Geschäftsleben)«, das Wort »Handel« steht für den weltweiten Warenaustausch zwischen Nationen, Regionen und Menschen. Inzwischen haben sich im Zusammenhang mit der Idee des fairen Handels folgende Begriffe eingebürgert:

- fairer Handel bezeichnet ganz allgemein gerechtes Verhalten beim lokalen bis internationalen Warenaustausch. Gleichzeitig bezeichnet er eine Form von Handel, bei dem bestimmte, als fair bewertete Kriterien erfüllt sind, und Organisationen und Unternehmen, die mit oder ohne Siegel die wichtigsten dieser Kriterien erfüllen.

- alternativer Handel steht für einen Handel, der mit eigenen Strukturen arbeitet, parallel zum konventionellen. Die Waren kommen dabei über spezielle Importeure vom Produzenten zum Konsumenten und werden in eigenen Verkaufsstellen verkauft, meist in den sogenannten Weltläden.

- fair trade (engl., getrennt geschrieben) entspricht dem deutschen Begriff »fairer Handel«.

- Fairtrade (zusammengeschrieben) steht für das gleichnamige blau-grüne Produktsiegel. Dessen Standard definiert Fairtrade International, der Dachverband aller nationalen Fairtrade-Siegelorganisationen.[3]

Im informellen Arbeitskreis FINE diskutieren die wesentlichen Akteure des fairen Handels, traditionelle Importorganisationen ebenso wie Weltläden und die neueren Siegelorganisationen, ihre Ziele.[4] Im Jahr 2001 haben sie sich auf folgende Auslegung geeinigt: »Fairer Handel ist eine Handelspartnerschaft, basierend auf Dialog, Transparenz und Respekt, die sich für mehr Gerechtigkeit im internationalen Handel einsetzt. Fairer Handel trägt durch bessere Handelsbedingungen und die Absicherung der Rechte marginalisierter Produzenten und Arbeiter – besonders im globalen Süden – zu nachhaltiger Entwicklung bei. Fairtrade-Organisationen (unterstützt durch die Konsumenten) sind aktiv involviert bei der Unterstützung von Produzenten, der Schaffung von Bewusstsein und in Kampagnen für Veränderungen in den Regeln und der Praxis konventionellen internationalen Handels.«

ILO, die Internationale Organisation für Arbeit bei den Vereinten Nationen, hat diese Definition 2002 systematisiert: »Die Verbesserung des Lebensunterhalts und des Wohlempfindens von Produzenten durch die Verbesserung des Marktzugangs, die Stärkung von Produzentenorganisationen, die Zahlung besserer Preise und Kontinuität in den Handelsbeziehungen. Die Förderung der Entwicklungsmöglichkeiten für benachteiligte Produzenten, besonders Frauen und indigene Völker, und der Schutz von Kindern vor Ausbeutung im Produktionsprozess. Die Schaffung von Bewusstsein der negativen Effekte internationalen Handels auf Produzenten bei Konsumenten, damit diese ihre Macht als Konsumenten positiv nutzen. Das Aufstellen eines Beispiels von Partnerschaft im Handel durch Dialog, Transparenz und Respekt. Das Kämpfen für Veränderungen in den Regeln und der Praxis konventionellen internationalen Handels. Der Schutz von Menschenrechten durch die Förderung sozialer Gerechtigkeit, solider Umweltpraktiken und ökonomischer Sicherheit.«[5]

Möglicherweise verändert sich die Rolle des fairen Handels. Auch in den früh industrialisierten Ländern sind die goldenen Zeiten für abhängig Beschäftigte lange vorbei. Eine nur nach Nord und Süd unterscheidende Sicht auf die globalen Lebensbedingungen wird der Realität schon lange nicht mehr gerecht. Gute und schlechte ökonomische Verhältnisse existieren vielerorts nebeneinander auf der Welt. Sollte sich der faire Handel darum auch um Produzenten und Beschäftigte im Norden kümmern? Welche Rolle können die Konsumenten im Süden beim Kauf fairer Waren spielen? Wirkt der faire Handel und wenn ja, wie? In welche Richtung entwickelt er sich weiter? Bislang steht im Wesentlichen die Landwirtschaft im Mittelpunkt – könnte es künftig auch um die Gestaltung gerechterer Arbeitsverhältnisse in der Industrie gehen? Mit diesen Fragen im Kopf habe ich das Thema fairer Handel ein Vierteljahrhundert nach Gründung der Siegelorganisationen im deutschsprachigen Raum unter die Lupe genommen. Ich habe vor dem Hintergrund seiner Entstehungsgeschichte untersucht, wo das Projekt Fairtrade International aktuell steht, und wohin es sich bewegt.

Da ich einige Entwicklungen in der Vergangenheit schon als Journalist begleitet habe, konnte ich dabei auf Material und Gespräche zurückgreifen, die mich in den vergangenen zehn Jahren für die Süddeutsche Zeitung, den WDR und Deutschlandfunk unter anderem nach Burkina Faso, Indien und Nicaragua führten. Für das Buch machte ich mich erneut auf den Weg, besuchte Pioniere, Wegbereiter und Beobachter des fairen Handels in Deutschland, Österreich und der Schweiz. Ich reiste zu den Produzentenorganisationen von Fairtrade in Kenia und Indien, die für Afrika sowie Asien und den Pazifikraum zuständig sind, weil sich dort gut neue Entwicklungen aufzeigen lassen.

Eine Zahl macht deutlich, dass noch ein Stück Weg zurückzulegen ist bis zum Ziel: Laut ILO sterben jährlich 2,3 Millionen Menschen durch einen Arbeitsunfall oder an einer berufsbedingten Krankheit; mehr, als Menschen im Krieg ums Leben kommen. Millionen schuften unter erbärmlichen und bisweilen lebensgefährlichen Bedingungen, oft für Hungerlöhne. Die Gewinne streichen wenige ein, ob im Süden oder Norden. Täglich wird in der globalen Arbeitswelt gegen Menschenrechte verstoßen. Das Recht auf ein menschenwürdiges Leben für jeden umzusetzen, wie es laut Allgemeiner Erklärung der Menschenrechte aus dem Jahr 1948 allen zusteht, scheint noch knapp siebzig Jahre später ein schwer zu verwirklichendes Ziel. Die Anstrengungen und Erfolge des fairen Handels sind jedoch der Beweis dafür, dass viele Menschen die gängigen Strukturen in der Wirtschaft als unfair erkennen, Schritte hin zu einer gerechteren Wirtschaft für notwendig halten und zu einer Veränderung der Verhältnisse bereit sind. Das ist umso bemerkenswerter, als die seit mehr als drei Jahrzehnten vorherrschende Ideologie des Neoliberalismus den Egoismus des Einzelnen fördert. Offenbar ist nichtsdestotrotz klar, dass ohne Gerechtigkeit weder menschenwürdige Lebensverhältnisse noch stabile Tauschbeziehungen möglich sind, und dass es ohne diese Voraussetzungen keinen Frieden geben wird – für alle.

1 Ich bevorzuge in diesem Buch die Begriffe Norden und Süden und verwende Begriffe wie Dritte Welt, Erste Welt, Entwicklungs- oder Industrieländer als historische Begriffe. Unter »Süden« verstehe ich vor allem die Länder, die in der Phase der Dekolonialisierung nach dem Zweiten Weltkrieg ihre Unabhängigkeit erlangten. In einem erweiterten Verständnis sind damit aber auch alle Menschen gemeint, die global in Armut leben oder sozial abgehängt sind.
2 Andrew Charlton, Joseph E. Stiglitz, *Fair Trade. Agenda für einen gerechten Welthandel*, Hamburg 2006, S. 89ff
3 vgl. Martina Hahn, »Fairer Handel? Süße Schokolade aus bittern Bohnen«, in: *Aus Politik und Zeitgeschichte*, 43/2012, Hrsg. Bundeszentrale für politische Bildung
4 Der Name FINE setzt sich zusammen aus den Anfangsbuchstaben der Organisationen Fairtrade Labelling Organizations International, International Fair Trade Association (heute World Fair Trade Organization), Network of European Worldshops (heute Teil der World Fair Trade Organization) und European Fair Trade Association
5 Andy Redfern, Paul Snedker, *Creating Market Opportunities for Small Enterprises: Experiences of the Fair Trade Movement*, Genf 2002, S. 11ff

Kapitel 1 | Die Urfrage

»Wenn die Länder des Überflusses den Entwicklungsländern gerechte Preise für ihre Produkte zahlen würden, könnten sie ihre Unterstützung und ihre Hilfspläne für sich behalten.«
Bischof Dom Hèlder Camara, 1968

Ginge es auf dem Fußballplatz zu wie in der Weltwirtschaft, blieben bald alle Zuschauer gelangweilt den Stadien fern. Denn es stünden sich immer ein starkes und ein schwaches Team gegenüber, und die Regeln würden auch noch die überlegene Elf bevorzugen. So entscheiden in der globalen Wirtschaft die Mächtigeren regelmäßig die Partie für sich, ob es sich um Staaten oder Unternehmen handelt. Mehr als zwei Drittel aller Käufe und Verkäufe werden von multinationalen Konzernen abgewickelt. Aufgrund recht einseitiger Regeln werden viele Arbeiter und Kleinbauern im Süden ausgebeutet. Doch obwohl eine große Koalition aus Politik, Wissenschaft, Wirtschaft, Gewerkschaften, Kirchen und Zivilgesellschaft sich für ein gerechteres Miteinander einsetzt, ist eine wesentliche Veränderung noch nicht in Sicht.

In dieser Situation setzt der faire Handel gerechtere Praktiken bereits seit einem halben Jahrhundert in kleinem Maßstab um. Das fängt damit an, dass vermeintlich Feststehendes hinterfragt wird, wie zum Beispiel die Preise von Waren. Ob man sie persönlich als hoch oder niedrig empfindet, hat vor allem mit dem eigenen Einkommen und den eigenen Wünschen zu tun. Gerecht oder ungerecht – das spielt im wirtschaftlichen Geschehen normalerweise keine Rolle. Die Frage nach gerechten Tauschverhältnissen jedoch ist alt. Schon in der Antike stritten Gelehrte darüber, was wohl ein angemessener oder gerechter Preis sei. Bis heute gibt es dazu in der Wissenschaft zwei extreme Positionen: Die Vertreter der objektiven Werttheorie, wie Karl Marx, bestehen darauf, dass der Wert einer Ware objektiv zu bemessen sei, abhängig von der Menge an Arbeit, Natur oder Kapital, die für ihre Produktion aufgewendet worden ist. Die Vertreter der subjektiven Werttheorie dagegen sind der Meinung, der Wert beruhe auf ihrem jeweiligen Wert für den Nutzer einer Ware und pendle sich da ein, wo Angebot und Nachfrage auf einem Markt zur Deckung kommen. Ihre Sichtweise hat sich durchgesetzt. Damit wird jedoch lediglich erklärt, wie Preise zustande kommen. Das Ergebnis wird nur unter Effizienzgesichtspunkten betrachtet, der Aspekt Gerechtigkeit völlig ausgeblendet. Dabei wird eine blinde Ausrichtung auf den Markt am Ende auch zur Bedrohung für die Freiheit der Menschen und damit den obersten Wert der Liberalen.

Die Forderung nach einem fairen Preis für Waren und einer fairen Entlohnung der Produzenten ist berechtigt. Die Akteure des fairen Handels überlassen die Preisbildung darum ganz bewusst nicht allein dem Spiel der Kräfte auf dem freien Markt, sondern legen einen angemessenen Preis für denjenigen fest, unter dessen Händen Kaffee, Kakao oder Bananen gedeihen.

DIE GESCHICHTE DER WELTLÄDEN

Wiederholt haben Menschen im Lauf der Jahrhunderte skandalöse Produktionsbedingungen angeprangert und bekämpft, auch wenn sie nicht selbst darunter zu leiden hatten. Als sich die Abolitionisten im England des 18. Jahrhunderts für die Abschaffung der Sklaverei einsetzten, galt diese mitnichten allgemein als eines der übelsten Verbrechen in der Menschheitsgeschichte, sondern war nach Ansicht der meisten Zeitgenossen vielmehr unverzichtbar für ein funktionierendes Wirtschaftssystem. Selbst der Church of England gehörten Farmen in Übersee. Unter erbärmlichen Bedingungen ließ sie dort Sklaven sogenannte Kolonialwaren wie Zucker oder Kakao anbauen.

Zunächst hatten die Abolitionisten politisch Druck aufgebaut, beispielsweise durch Eingaben an die Regierung und Parlamentarier. Aber ihr Einfluss war begrenzt. Denn zu dem Zeitpunkt konnten nicht alle Menschen in England wählen – das war ein Privileg für eine Minderheit. Unter den Parlamentariern waren die wirtschaftlich Mächtigen entsprechend stark vertreten. Und diese wollten mehrheitlich alles beim alten belassen, weil sie davon profitierten.

Die Aktivisten dachten sich neue Formen des Protests gegen den Sklavenhandel aus, als sie auf politischem Weg erfolglos blieben. Da alle Menschen Lebensmittel kauften, konnten sie mit ihrer Kaufent-scheidung einen gewissen wirtschaftlichen Druck erzeugen. Dieser Überlegung folgend, riefen die Abolitionisten die englischen Verbraucher zum Boykott von Zucker auf, und tatsächlich: Hunderttausende kauften keinen Rohrzucker mehr. Damit brachte zum ersten Mal in der Geschichte eine nennenswerte Zahl von Menschen im Norden ihre Empörung über die Ausbeutung anderer, weit entfernt lebender Menschen zum Ausdruck.

In den USA gründeten Abolitionisten auch schon damals die Vorläufer heutiger Weltläden. Benjamin Ludy, ein Zeitungsherausgeber, eröffnete 1826 in Baltimore einen sogenannten »Free Produce Store«, in dem es Waren zu kaufen gab, die auf keinen Fall von Sklaven gefertigt worden waren. Gleichgesinnte eröffneten weitere fünfzig Läden in acht Bundesstaaten der USA und England; zum Sortiment gehörten Kleidung, Kurzwaren, Schuhe, Eiscreme und andere Süßigkeiten. Die alternativen Händler organisierten sich sogar landesweit und gründeten 1838 die Dachorganisation American Free Produce Association. In ihrem Manifest erklärten sie, »so lange Sklaven der Früchte ihrer Plackerei beraubt werden, sind alle, die diese verbrauchen, Teil des Raubs«. Wer als Verbraucher von Sklaven angebauten Zucker aß, war demnach mitverantwortlich für das Elend auf den Plantagen.[1]

Das Konzept war auch unter Abolitionisten umstritten. Kritiker bemängelten, dass die Ladenbetreiber und deren Kunden zu viel Zeit und Mühen für den Einkauf aufwendeten und zu wenig für den politischen Kampf übrig bleibe. Außerdem, so wandten sie ein, sei der Ansatz ungerecht, weil sich ärmere Menschen keine ethisch einwandfreien Waren leisten könnten. Oft könne man auch nicht eindeutig erkennen, ob eine Ware denn nun von einem Sklaven oder einem freien Arbeiter hergestellt worden sei. Ähnliche Einwände werden noch heute – fast zwei Jahrhundert später – vorgebracht, wenn es um Sinn oder Unsinn von ethischem Konsum geht.

Die Free-Produce-Bewegung des 19. Jahrhunderts blieb nur eine kurze Episode und verschwand schnell wieder in der Schublade der Geschichte. Aber Mitte des 20. Jahrhundert wurde die Idee erneut aufgegriffen, und der moderne faire Handel entstand – nicht aus der Theorie, sondern aus der praktischen Lebenswirklichkeit. 1958 eröffnete die US-Amerikanerin Edna Ruth Byler in Akron, Pennsylvania, einen Fair-Trade-Shop. Sie engagierte sich zu dem Zeitpunkt schon seit 14 Jahren für das Thema. Anlass dafür war ein Erlebnis auf der Insel Puerto Rico gewesen, wohin sie ihren Mann bei einer Geschäftsreise begleitet hatte.

Als sie dort Frauen traf, die ihre Handwerkserzeugnisse für Hungerlöhne verkaufen mussten und Schwierigkeiten hatten, ihre Kinder zu ernähren, war sie entsetzt. Kurzerhand kaufte sie ihnen einen ganzen Batzen Ware für einen Preis, den sie als anständig empfand, ab. Zuhause verkaufte sie die aus Puerto Rico mitgebrachten Stücke an Verwandte, Nachbarn und Freunde weiter. Das kam gut an, und sie begann die Aktion zu wiederholen. Bald halfen ihr Gleichgesinnte beim Direktimport und Verkauf, die Bewegung Self Help Crafts entstand. Beim Aufbau fairer Handelskontakte arbeitete Byler, eine gläubige Mennonitin, mit ihrer Kirche zusammen: 1952 bot sie auf der Weltkonferenz der Mennoniten in Basel erstmals Handwerksprodukte an. 1966 erhielt ihr Projekt den Namen Ten Thousand Villages, und es existiert noch heute – als eine der größten Fair-Trade-Organisationen der Welt.

Überhaupt spielten Christen beim Aufbau des fairen Handels eine zentrale Rolle, auch bei der zweiten Vorläuferorganisation, die in England entstand. Hier gründeten Quäker 1942 das Oxford Committee for Famine Relief, kurz Oxfam. Sie unterstützten damit zunächst Hungernde in den Ländern, die durch den Zweiten Weltkrieg zerstört waren. Als die Menschen in Europa keinen Hunger mehr litten, orientierte sich die Organisation nach Süden. Mit der Gründung von Oxfam Fairtrade, der weltweit ersten Organisation, die sich ausschließlich auf den Import fairer Waren konzentrierte, brachte Oxfam die Idee wesentlich voran.

Ten Thousand Villages und Oxfam waren von Anfang an stark von Menschen getragen, deren Handlungsmotiv christliche Nächstenliebe war. Wohltätiges Handeln bestand für sie darin, für Waren einen anständigen Preis zu zahlen. Der Handel als Möglichkeit, die Mitbürger in Europa über die ungerechten Handelsbedingungen und die Armut der Menschen im Süden aufzuklären, rückte erst mit der Gründung einer dritten Institution in den Fokus. Premiere war in den Niederlanden. Jugendliche Mitglieder der Katholischen Volkspartei gründeten dort im Jahr 1959 in Kerkrade die Organisation Komitee Steun Onderontwikkelde Streken, kurz S.O.S. – die Keimzelle des fairen Handels in Europa. Gerade einmal 15 Kilometer entfernt, in Aachen, entstand etwa zur gleichen Zeit Misereor, das Hilfswerk der katholischen Kirche. Die Zusammenarbeit beider Organisationen führte wenig später zu einer Ausweitung des alternativen Handels nach Deutschland.

Mit der Unterstützung der fairen Idee wollten kirchliche Organisationen in Europa vor allem Armen im Süden helfen, aber manche Kirchenvertreter hegten auch Hintergedanken: Der faire Handel stellte für sie ein Abwehrinstrument gegen den Sozialismus dar, mit dem in den 1960ern viele Menschen im Süden sympathisierten.[2] Zudem erhoffte sich mancher Kirchenfunktionär, mit dem Thema wieder mehr junge Menschen an die Kirche binden zu können, die ihr damals in Europa in Scharen abhanden kamen.

HYPOTHEKEN AUS DER KOLONIALZEIT

Als Entwicklungsländer bezeichnete man ab Mitte des 20. Jahrhunderts Staaten mit geringer Wirtschaftsleistung. Meist handelte es sich um Länder, die nach dem Zweiten Weltkrieg ihre Unabhängigkeit erreichten. Zur Einstufung wurde unter Experten das fünfstufige Modell von Walt Whitmann benutzt, in dem der US-Ökonom die wirtschaftliche Entwicklung einer Volkswirtschaft in fünf Wachstumsphasen einteilte: traditionelle Gesellschaft, Gesellschaft im Übergang, wirtschaftlicher Aufstieg, Entwicklung in Reife und das Zeitalter des Massenkonsums. Die Politik des Nordens fußte darauf, dass die Länder des Südens über den Transfer von Geld, Wissen und anderen Maßnahmen – zusammengefasst unter der sogenannten Entwicklungshilfe – nach den Maßstäben der industrialisierten Länder aufholen und zu diesen aufschließen sollten.

In der Praxis stießen die Entwicklungsländer auf zahlreiche Hindernisse. Sie hatten gewaltige volkswirtschaftliche Defizite bei Infrastruktur, Industrie, Forschung und Ausbildung. Die europäischen Kolonialmächte hatten in den besetzten Gebieten wenig Wert darauf gelegt. Als der Kongo im Jahr 1960 die Unabhängigkeit von Belgien erklärte, gab es im Land nur 14 Menschen, die studiert hatten, fast alle Theologen und Philosophen aus Priesterseminaren.[3] Ein ähnliches Bild bot sich vielerorts in Afrika, Asien und Lateinamerika.

Gemessen an den Kriterien der ehemaligen Kolonisatoren fehlte es in den jungen Nationen nicht nur an ausgebildeten Menschen, sondern auch an einer industriellen Basis. Ihre Wirtschaft war einseitig auf Landwirtschaft und Bergbau ausgerichtet, da die französischen, britischen, belgischen, spanischen, portugiesischen, niederländischen und deutschen Kolonialherren vor allem an den Rohstoffen in den Kolonien interessiert gewesen waren. Geblieben waren riesige Monokulturen: Baumwolle, Kakao und Erdnüsse in Westafrika; Kautschuk und Palmöl im Kongo; Kaffee und Bananen in Lateinamerika.

Die Verarbeitung erfolgte bis auf wenige Ausnahmen in Europa, wo die Großröstereien für Kaffee entstanden und die Fabriken, die Seife aus Palmöl oder Schokolade aus Kakao herstellten – und bis heute herstellen. Die Einnahmen der Entwicklungsländer hingen oft von der Ausfuhr eines einzigen oder weniger Roherzeugnisse ab, und schwankende Weltmarktpreise stellten sie sofort vor große Probleme. Gleichzeitig richteten sich die Handelsbedingungen nach Regeln, die meist von den Industrieländern bestimmt wurden.

Einmal griff die internationale Politik erheblich zugunsten von Entwicklungsländern, die auf den Verkauf von Landwirtschaftsprodukten angewiesen waren, in das Marktgeschehen ein: Sie beschloss das legendäre, von Anfang der 1960er-Jahre bis 1989 geltende Kaffeeabkommen, das Preise und Mengen für Rohkaffee regelte. Gerne hätten die Länder mehr solcher Rohstoffabkommen gesehen, für Zucker, Kakao, Zinn oder Banane. Aber dazu kam es nicht, obwohl das Thema mehrfach auf der internationalen Tagesordnung stand, auch bei der ersten Welthandelskonferenz in Genf 1964. Damals war die Hoffnung der Regierungen aus dem Süden groß, über die Etablierung der UN-Konferenz für Handel und Entwicklung, kurz UNCTAD, ihre Lage zu verbessern.

Eine der besonders wortgewaltigen Stimmen aus dem Süden war der brasilianische Bischof und Befreiungstheologe Dom Hèlder Camara. 1968, bei der zweiten Konferenz der UNCTAD in Delhi, stellte er klar: »Wenn die Länder des Überflusses den Entwicklungsländern gerechte Preise für ihre Produkte zahlen würden, könnten sie ihre Unterstützung und ihre Hilfspläne für sich behalten.« Die sogenannte Dritte-Welt-Bewegung im Norden griff diese Schlussfolgerung auf und machte den Slogan »Handel statt Hilfe« zum Leitgedanken des fairen Handels. Konkret wurden die Forderungen aus dem Süden übernommen, nämlich angemessene Preise und ein besserer Zugang zu den Märkten im Norden, beispielsweise durch den Abbau von Zöllen für verarbeitete Produkte.

So entstand in Europa in den 1960er-Jahren, zunächst auf der Basis sogenannter Solidaritätsgruppen, eine neue soziale Bewegung, die allen soziologischen Kriterien dafür – Existenz eines sozialen Akteurs, eine gewisse Dauerhaftigkeit sowie weitgesteckte Ziele, die auf den Wandel sozialer und wirtschaftlicher Verhältnisse setzen – entsprach: die Dritte-Welt-Bewegung. Anfangs ging es vor allem um politische Aktionen: Anhand von Waren klärten die Aktivisten, oft junge Christen beider Konfessionen, Mitbürger über ungerechte Handelsstrukturen auf. Waren dienten ihnen dabei als Vehikel, um mit den Menschen ins Gespräch zu kommen. Mit dem Verkaufserlös wurden Entwicklungsprojekte finanziert. Der alternative Handel als Institution kam später, und an den Verkauf fair zertifizierter Waren im Supermarkt dachte damals noch niemand.

»SÜDWAREN« ALS LEHRMATERIAL

»Wir sind der Meinung, dass die Aktion Dritte Welt Handel sich in erster Linie als eine Aktion der Bewusstmachung der neokolonialistischen Tendenzen des Welthandels verstehen sollte. Sie will eindeutig politisch Stellung nehmen und zur politischen Stellungnahme aufrufen«, schrieb die Arbeitsgemeinschaft der Evangelischen Jugend Deutschlands (AEJ) 1971 im typischen Jargon der Zeit. Davor hatten engagierte Jugendliche unter anderem in Iserlohn, Fulda, Kassel und Donauwörth Aktionen mit Waren wie Rohrzucker, Reis oder Kaffee durchgeführt.[4] Im September 1970 wurde dann die Aktion Dritte Welt Handel (A3WH) gegründet, aus deren Umfeld der alternative Handel und später der faire Handel in Deutschland entstehen sollten. Die beiden christlichen Jugendverbände AEJ und Bund der Deutschen Katholischen Jugend (BDJK) setzten sich vier Ziele: Unter Bürgern in den Industrieländern Informationen über die Probleme der Dritten Welt verbreiten, benachteiligten Handwerkern und Kleinbauern Verkaufsmöglichkeiten auf dem europäischen Markt verschaffen, die Bildung von Genossenschaften fördern sowie mit erwirtschafteten Gewinnen Entwicklungshilfeprojekte fördern. Die Prinzipien bilden bis heute den Kern der Idee.

Ein Teil der Aktivisten aus der Dritte-Welt-Bewegung hielt den Ansatz der A3WH allerdings für falsch, weil hoffnungslos naiv: Die angedachte Förderung von Genossenschaften sei »illusionär«, die Schaffung eines Absatzmarktes in Europa wegen einer absehbaren Sättigung »gefährlich« und der beabsichtigte Bewusstseinswandel der Konsumenten nicht mehr als ein »frommer Wunsch«, monierten die Kritiker und mahnten, mit ihrem Vorhaben werde die A3WH die vorherrschenden ungerechten Verhältnisse stabilisieren statt abschaffen.[5] Aber die Kampagne setzte ihre Ideen in die Tat um.

Gerd Nickoleit wurde ihr erster bezahlter Mitarbeiter. Plastisch erzählt der 73-Jährige in der Wuppertaler Zentrale des fairen Handelshauses Gepa von den politischen Kampagnen der Anfangsjahre, zum Beispiel von der Aktion »Indio-Kaffee«: Dabei wurde Kaffee von Fedecoagua, einem Genossenschaftsverband aus Guatemala, zusammen mit einem Merkblatt verkauft, das darüber informierte, wer den Kaffee produziert hatte, und wie sich der Preis im Einzelnen zusammensetzte. Solche Informationen sucht der Verbraucher im konventionellen Handel bis heute meist vergeblich.

Um den gewünschten Aufklärungseffekt zu erzielen, brachten die Aktivisten auch schon einmal konventionelle Ware unter die Mitbürger, allerdings umgepackt und mit einer politischen Botschaft versehen. »Süß für uns, bitter für andere« stand in großen Lettern auf der quadratischen, mit gelbem Papier eingewickelten konventionellen Schokolade, der eine Postkarte an die Bundesregierung beilag. Auf der Rückseite las der Käufer, was es mit dem ungerechten Handel auf sich hat: »Die Importzölle der Industriestaaten steigen mit dem Grad der Weiterverarbeitung. Für Rohstoffe wie das Aluminiumerz Bauxit und unverarbeitete Kakaobohnen sind die Zollsätze entsprechend niedrig, für die weiterverarbeiteten Produkte Aluminiumfolie und Schokolade liegen die Zollsätze sehr viel höher.«

So werde der Export von Rohstoffen aus Entwicklungsländern gefördert, aber der Aufbau einer weiterverarbeitenden Industrie dort behindert. Daran hat sich bis heute nichts wesentlich geändert. Kakao wird heute immer noch größtenteils in den Industrieländern weiterverarbeitet. Den Entwicklungsländern entgehen damit besser bezahlte Jobs und Devisen. Nach Jahren ist Nickoleit desillusioniert; die Strukturen des Welthandels seien »ungerecht wie eh und je«, sagt der Betriebswirt, der heute noch aktiv ist beim Forum Fairer Handel.

EINE ALTERNATIVE SCHAFFEN

Nach der 1968 in Delhi abgehaltenen Konferenz der UNCTAD, bei der es wieder einmal um den ungerechten Welthandel und die Folgen für den Süden ging, hatte der niederländische Journalist Dick Scherpenzen die Idee, einen festen Ort für die Aufklärungsaktionen im Norden einzurichten: einen Laden. Dort könnten engagierte Menschen dauerhaft fair gehandelte Waren verkaufen und die Kunden dabei auf die Ungerechtigkeiten im Welthandel hinweisen.

Kurz danach setzten Jugendliche den Vorschlag in der niederländischen Gemeinde Breukelen in die Tat um: »Wereldwinkel« tauften sie ihren Laden, den ersten Weltladen der Welt. Das Projekt sorgte für Aufsehen, und schnell fanden sich Nachahmer. In den Niederlanden gab es 1971 bereits 170 solcher Läden, aber auch in Deutschland, Österreich, der Schweiz und anderen Ländern waren sie zu finden. Heute gibt es etwa 2.700 Weltläden in Europa; sie nennen sich Magasins du Monde, Bottega del Mondo oder Worldshop. Immer noch sind es normalerweise keine Angestellten, die hinter der Theke stehen, sondern Ehrenamtliche. Mit eigenen Importeuren und Läden stellen die Weltläden bis heute eine echte Alternative zum konventionellen Handel dar.

Anfangs bezogen viele Weltläden ihre Waren von der niederländischen Importorganisation S.O.S., heute Fair Trade Original. Auch über die Niederlande hinaus, insbesondere im deutschsprachigen Raum, spielte sie eine Schlüsselrolle beim Aufbau des fairen Handels, mit Tochtergesellschaften in Deutschland, Österreich und der Schweiz. Aus diesen entstanden später eigenständige Importorganisationen: in Deutschland die Gesellschaft zur Förderung der Partnerschaft mit mit der Dritten Welt (Gepa), in Österreich die Entwicklungszusammenarbeit mit der Dritten Welt GmbH (EZA) und in der Schweiz OS3, heute Claro. Darüber hinaus gründeten Aktivisten noch eine Vielzahl weiterer alternativer Handelshäuser und Importorganisationen in Europa, wie Traidcraft in England, Gebana in der Schweiz, Andines in Frankreich oder Banafair, El Puente und DWP in Deutschland.

Die Idee des fairen Handels setzten viele Menschen unabhängig voneinander um, nach ihren eigenen Vorstellungen. Manche spezialisierten sich auf ein Produkt, andere auf bestimmte Regionen. Alle alternativen Handelshäuser verkaufen bis heute selbst Waren, gewöhnlich über Weltläden oder Onlineshops.

Anfangs waren persönliche Erlebnisse und Freundschaften entscheidend bei der Auswahl der Produzenten und ihrer Erzeugnisse. Es ging um Kunsthandwerk wie Töpferwaren aus Peru, Jutepüppchen aus Indien oder Strickpullover aus Chile, und im Vordergrund standen eindeutig entwicklungsbezogene Ziele und nicht Kundenbedürfnisse wie etwa die Qualität der Waren.[6] Das Geschäftsmodell beruhte ganz auf Vertrauen: Die Aktivisten vertrauten ziemlich blind den Herstellern der Waren im Süden, und die Kunden hierzulande vertrauten darauf, dass die Akteure beim Weiterverkauf nicht in die eigene Tasche wirtschafteten. Einheitliche Standards wären damals jedem noch absurd vorgekommen; sie wurden erst später ein Thema, als zum Beispiel die Gepa zwei Jahre nach ihrer Gründung verifizierbare Kriterien für den Einkauf von Produkten und die Auswahl von Produzenten festlegte.

Ziel der ersten Weltläden war nicht weniger als ein Bewusstseinswandel bei den Bürgern, der diese – so das Kalkül der Aktivisten – veranlassen sollte, politischen Druck auf die Regierungen auszuüben. Denn eigentlich wollte man sich nicht in der Nische einrichten, sondern die Welthandelsregeln geändert sehen, hin zu einem fairen Handel für alle.

Wer im Weltladen arbeitete, war meist ein Anhänger der sogenannten Dependenztheorie. Ökonomen hatten sich die Frage gestellt, warum die Diskrepanz des Wohlstands zwischen Nord- und Südamerika trotz Entwicklungshilfe bestehen blieb, und dazu in den 1960er-Jahren die sogenannte Dependenztheorie formuliert. Die Industrieländer bildeten demnach das Zentrum und die Entwicklungsländer die Peripherie der Weltwirtschaft. Und durch protektionistische Maßnahmen zementierten die Industrieländer ihre dominierende Stellung, so die Deutung.

Mancher Vertreter der Denkschule hielt eine Einbindung von Entwicklungsländern in die Weltwirtschaft für schädlich, jedenfalls dann, wenn ein Land vor allem Primärgüter exportierte und Industriegüter importierte, wie damals fast alle Entwicklungsländer. Die Ökonomen begründeten dies mit der gegenläufigen Preisentwicklung von Gütern: Während die Preise für Primärgüter (landwirtschaftliche Erzeugnisse und Rohstoffe) stark schwankten, waren die Preise für Industriegüter wie Traktoren oder Maschinen wesentlich stabiler und stiegen tendenziell sogar; deswegen verschlechterten sich die sogenannten *Terms of Trade* – also die Austauschverhältnisse – für Entwicklungsländer kontinuierlich, während sie sich für die Industrieländer verbesserten. Der Begriff der Terms of Trades avancierte schnell zum Schlagwort in der Entwicklungspolitik. Für Aufsehen sorgte eine Studie von US-Wissenschaftlern, derzufolge der Großteil der Entwicklungshilfe alleine durch sich verschlechternde *Terms of Trade* aufgezehrt worden war.

Die Dependenztheoretiker zogen daraus zwei komplett unterschiedliche Schlüsse: Einige hielten das kapitalistische Wirtschaftssystem für unreformierbar. Andere jedoch sahen eine Möglichkeit, die Entwicklungsländer aus dem preislichen Dilemma zu befreien, indem ihr Handel zeitweise privilegiert würde. Letztere rieten Regierungen zu einer Strategie der Importsubstitution, also einer Verteuerung der Einfuhren durch Zölle, um die Wettbewerbsfähigkeit heimischer Firmen zu

27

verbessern – das heißt, ihrerseits vorübergehend protektionistischen Maßnahmen zu ergreifen. Für einige asiatische Staaten wie Südkorea, Taiwan oder später China funktionierte das sehr gut, Staaten in Lateinamerika waren weniger erfolgreich damit.

Auf der weltpolitischen Bühne wurden 1972 für heutige Vorstellungen ziemlich radikale Reformen diskutiert: Die Entwicklungsländer forderten bei der 3. UNCTAD-Konferenz in Santiago de Chile eine neue Weltwirtschaftsordnung. Die Warenströme sollten weniger von den Märkten und mehr von den Staaten gelenkt werden. Doch die Ideen waren bald vom Tisch. Die Regeln des Welthandels wurden geändert, aber im gegenteiligen Sinn: Es wurde dereguliert und privatisiert, im Norden und im Süden.

Viele Aktivisten gaben damals die Hoffnung auf einen gerechten Welthandel für alle durch politische Reformen auf. Die Bildungsarbeit in der gesellschaftlichen Auseinandersetzung, bislang ihr zentrales Anliegen, verlor für sie an Bedeutung. Wozu sollten sie Mitbürger aufklären und zum politischen Engagement auffordern, wenn die notwendigen Änderungen auf politischer Ebene völlig utopisch erschienen? Außerdem war ihr Unterricht auf andere Art zunehmend obsolet geworden: Ungerechte Austauschverhältnisse oder Ungleichgewichte im Welthandel wurden jetzt als Stoff in Schulbüchern behandelt und damit zu Allgemeinwissen. Der Ausbau des alternativen Handels zur direkten wirtschaftlichen Unterstützung der Produzenten bekam ein anderes Gewicht, und immer mehr Weltläden wurden gegründet.

POLITISCH KAFFEE TRINKEN

Das christliche Milieu des Alternativen Handels vermischte sich bald mit der erstarkenden alternativen Bewegung in West- und Mitteleuropa, bei der es um die unterschiedlichsten Themen ging: Umweltschutz, Ausstieg aus der Atomenergie, Frauenrechte oder die Unterstützung von linken Regierungen in Mittelamerika. Gleichzeitig betonten viele nun die Einflussmöglichkeiten der Verbraucher auf die Entwicklung im Süden. Exemplarisch dafür ist die Aktion »Jute statt Plastik« in den Jahren 1978/79, bei der die Initiatoren Entwicklungsfragen mit Aspekten des eigenen Konsum- und Lebensstils verknüpften. »Wandel durch Handel«, sagt Gerd Nickoleit lächelnd mit Blick auf das kratzende Symbol der Dritte-Welt-Bewegung schlechthin: die Jutetasche aus Bangladesch. Er holte sie nach Deutschland. Mit ihr verbreitete sich die Idee, nach der jeder Einzelne als Konsument die Welt ein Stück weit verbessern konnte, ganz nach dem Motto »Das Private ist politisch«.

Und manchmal ging es nicht um die Verbesserung der Verhältnisse von Kleinbauern und ihren Familien durch den richtigen Einkauf, sondern um die Unterstützung einer Revolution. Im mittelamerikanischen Nicaragua war 1979 der Diktator Anastasio Somoza gestürzt worden. Linke Revolutionäre übernahmen die Regierung, und die Hoffnungen der Menschen auf einen gesellschaftlichen Wandel, aus dem sich ein Modell Nicaragua entwickeln könnte, waren groß, besonders in linken Kreisen in Europa. Einige Unterstützer bildeten sogar Solidaritätsbrigaden, die sich auf den Weg nach Nicaragua machten, um ganz konkret beim Aufbau einer gerechteren Gesellschaft mitzuhelfen – bei der Alphabetisierung, der Verbesserung der medizinischen Versorgung oder dem Aufbau einer in Kooperativen organisierten Landwirtschaft. Daheim organisierten andere Spenden, zum Beispiel Bleistifte, Röntgengeräte oder Krankenwagen. Zum wichtigsten Zeichen der politischen Solidarität avancierte jedoch das Trinken von Kaffee aus Nicaragua. Denn die Sympathisanten der Sandinisten rekrutierten sich in Europa aus dem gleichen Milieu wie der alternative Handel.

Die US-Regierung hatte die Revolution in dem kleinen Land mit seinen drei Millionen Einwohnern zunächst toleriert. Nach dem Ausscheiden bürgerlicher Politiker aus der ersten Regierung und Plänen für radikale Wirtschaftsreformen zugunsten der ärmeren Bevölkerung änderten sie ihre Haltung. 1981 erklärte US-Präsident Ronald Reagan Nicaragua zum größten Sicherheitsproblem seines Landes und entwarf das Schreckgespenst weiterer sozialistischer Machtübernahmen in anderen Entwicklungsländern. Seine Regierung half – größtenteils im Geheimen – maßgeblich beim Aufbau einer militärischen Opposition im Land, den sogenannten Contras. Es kam zu einem Bürgerkrieg. Außerdem verhängten die USA ein wirtschaftliches Embargo, infolgedessen die Wirtschaft in Nicaragua fast kollabiert wäre. Um dem Land ökonomisch unter die Arme zu greifen, organisierten Aktivisten nun den Verkauf wichtiger Exportgüter wie Bananen oder vor allem Kaffee nach Europa. Ob beim Gewerkschafts- oder Kirchentag: Bald tranken viele derjenigen, die Menschen im Süden unterstützen wollten, Solidaritätskaffee, den beispielsweise die Gepa und die von der politischen Solidaritätsbewegung getragene Importorganisation Mitka 1980 erstmals nach Deutschland brachten. Als die Encafé, die staatliche Kaffeeverkaufsgesellschaft Nicaraguas, angesichts Engpässen nur die konventionelle Konkurrenz weiter belieferte, weil diese mit Vertragsstrafen drohte und die Lieferungen an den fairen Handel weitgehend kappte oder ihm nur Ware von schlechter Qualität zukommen ließ, sorgte das vorübergehend für Missmut. Scherzhaft sprach die Szene von der »Sandino-Dröhnung«. Der miserable Ruf des »Nica-Kaffee«, der in dieser Zeit entstand, sollte sich später als wesentliche Hürde bei der Einführung des fairen Kaffees im konventionellen Handel erweisen.

1980 jedoch gaben Verbraucher alleine in der Bundesrepublik vier Millionen Dollar für Soli-Kaffee aus Nicaragua aus, wovon 367.000 Dollar in Bauernprojekte fließen konnten.

Als Spinner seien sie zu Beginn für ihre Idee eines alternativen, die Kleinbauern im Süden direkt mit den Konsumenten im Norden verbindenden Handels verlacht worden sollte, erzählt Nickoleit. Das habe sie jedoch nur weiter angespornt.

1 zitiert nach Lawrence B. Glickman, *Buying Power. A History of Consumer Activism in America,* Chicago 2009, S. 74
2 Ruben Quaas, *Fair Trade. Eine global-lokale Geschichte am Beispiel des fairen Kaffees,* Köln/Weimar/Wien 2015, S. 60ff
3 Luc Leysen, »Die Eleganz der Freiheit«, in: *Tageszeitung,* 30.6.2010
4 Bastian Hein, *Die Westdeutschen und die Dritte Welt: Entwicklungspolitik und Entwicklungsdienste zwischen Reform und Revolte 1959–1974,* München 2006, S. 145
5 Hein, *Westdeutschen,* a.a.O, S. 143
6 Sandra Bäthge, *Verändert der Faire Handel die Gesellschaft?,* Studie von Ceval im Auftrag von Transfair, 2016, S. 30

Kapitel 2 | Aus dem Weltladen in den Supermarkt

»Diese Wirtschaft tötet. Der Mensch wird wie ein Konsumgut betrachtet, das man gebrauchen und dann wegwerfen kann.« *Papst Franziskus*

Ab Mitte des 20. Jahrhunderts verschlechterten sich die Bedingungen für viele Kleinbauern im globalen Süden: Während Schutzregeln löchriger wurden, stieg der ökonomische Druck. Ab den 1980ern mussten viele Regierungen sogar Hilfsprogramme für schwächere Teile der Bevölkerung streichen, wenn sie Kredite von Organisationen wie dem Internationalen Währungsfonds (IWF) bekommen wollten.

Was zunächst paradox klingt, war begründet in einer radikalen Wende in der internationalen Politik, die wiederum ihren Ursprung in wirtschaftlichen Problemen im Norden hatte. Europa und Nordamerika litten Anfang der 1970er-Jahre unter der ersten schweren Wirtschaftskrise seit dem Zweiten Weltkrieg. In dieser Lage gewannen neoliberale Ratgeber in Think Tanks und internationalen Organisationen wie der Weltbank, dem IWF oder der Organisation für wirtschaftliche Zusammenarbeit (OECD) sowie bei vielen Regierungen politischen Einfluss. Sie empfahlen die massive Förderung des Privatsektors, unter anderem durch eine Deregulierung der Wirtschaft und Privatisierung bislang öffentlich organisierter Bereiche wie Telekommunikation, Gesundheitswesen, Bahn etc. sowie den Ausbau des Handels zwischen Staaten. Und diese Ratschläge spielten nun auch in der Politik gegenüber Entwicklungsländern eine wesentliche Rolle.

Mit dem Ende des Kalten Krieges 1989 verstärkte sich der Effekt noch. Denn abgesehen von wenigen Ausnahmen wie Nordkorea wuchs damit die ganze Welt zu einem Markt zusammen. Das löste im Süden eine enorme Entwicklung aus. Viele Menschen in Ländern wie Indien, Indonesien oder Brasilien schafften den wirtschaftlichen Aufstieg. Weltweit gehört heute rund die Hälfte der Menschheit der Mittelschicht an. Immer noch hungert jeder neunte Mensch. Aber noch nie galt ein geringerer Anteil der Menschen als extrem arm.[1]

Am meisten profitierten jedoch große Konzerne und ihre Eigentümer von der Entwicklung. Für sie brachen Ende der 1980er-Jahre goldene

Zeiten an: Von 1989 bis 2013 steigerten sich die Umsätze der größten 30.000 global agierenden Unternehmen von jährlich 56 auf 130 Billionen Dollar um mehr als das Doppelte. Zum Vergleich: Die größten sieben Industriestaaten zusammen – darunter die USA, Deutschland und Japan – geben in einem Jahr weniger als die Hälfte davon aus. Die Gewinne der größten 30.000 Konzerne haben sich seitdem sogar verfünffacht, nach Abzug von Steuern und Zinsen für Kredite.[2] Wenn sich der Umsatz verdoppelt und der Gewinn in der gleichen Zeit verfünffacht hat, müssen die Kosten der Konzerne, ganz nach der betriebswirtschaftlichen Gleichung »Umsatz – Kosten = Gewinn«, stark gesunken sein. Tatsächlich sind die Kosten, vor allem durch den technischen Fortschritt, erheblich zurückgegangen.

Die Kosten für Telekommunikation etwa, unverzichtbar für den Handel zwischen Staaten, haben sich drastisch verringert. Wer 1930 von London aus ein Drei-Minuten-Gespräch mit New York führte, zahlte 245 US-Dollar. 1990 waren es noch 30 US-Dollar, 2005 sogar nur noch 30 Cent, und dank Internettelefonie sind die Preise weiter gefallen. Die Transportkosten sind gesunken, weil die Ingenieure immer größere Schiffe gebaut und das System der Container erfunden haben; für Schiffsfracht zahlen Unternehmen deshalb heute 65 Prozent weniger als vor siebzig Jahren. So kommt es, dass vom Verkaufspreis eines Fernsehers aus Asien gerade einmal 1,4 Prozent auf den Transport entfallen.[3] Die technologische Entwicklung macht es für Unternehmen erschwinglich, Waren von weither zu beziehen – auch von Standorten, wo die Arbeiter für Hungerlöhne in Fabriken arbeiten, oder die Bauern für ihre Erzeugnisse miserabel bezahlt werden. Das macht den Deal noch rentabler. Und bedeutet oft Ausbeutung.

Wo Menschen ausgebeutet werden, wird in irgendeiner Form Zwang ausgeübt. In vorkapitalistischen Gesellschaften erfolgte dieser Zwang meist direkt und unter Anwendung oder Androhung von Gewalt, wie bei Sklaven oder Leibeigenen. In der Frühzeit des Kapitalismus beuteten die Unternehmer ihre Beschäftigten manchmal auf subtilere Art, aber nicht minder hemmungslos aus. Mit Frauen und Kindern stellten sie in den Fabriken und Bergwerken oft diejenigen ein, die sich am wenigsten wehren konnten.

Rückblickend schreibt der Ökonom Walter Eucken mit wissenschaftlichem Understatement: »Nachfragemonopole auf Arbeitsmärkten haben wesentlich zur Entstehung der sozialen Fragen beigetragen.« Dank ihrer dominanten Marktstellung drückten die Unternehmen die ohnehin geringen Löhne noch stärker, als dies bei einer Konkurrenz der Unternehmer der Fall gewesen wäre. Auf einem ungeregelten Arbeitsmarkt können Unternehmer die Arbeiter häufig gegeneinander ausspielen. Menschen stimmen miserablen Arbeitsbedingungen und Hungerlöhnen bisweilen sogar vertraglich zu, weil sie sonst gar keinen Job bekämen. Viele Menschen in Asien empfinden es wie einen Lotteriegewinn, wenn sie einen Job in einer Textilfabrik ergattern.

Zu Beginn des 21. Jahrhunderts haben Gewerkschaften im Großen und Ganzen keinen sehr guten Stand. Wer für Arbeitsrechte eintritt, muss vielerorts Repressalien befürchten. Innerhalb von 141 erfassten Ländern gibt es in sechs von zehn keine Tarifverhandlungen, in sieben von zehn sind Streiks verboten, und in fast jedem zweiten Land drohen für arbeitsrechtliches Engagement willkürliche Verhaftungen.[4] Von weltweit rund 2,9 Milliarden Arbeitnehmern sind gegenwärtig nur 200 Millionen in einer freien Gewerkschaft organisiert, also nicht einmal sieben von hundert Arbeitnehmern. In China sind freie Gewerkschaften verboten.

Gewerkschaften sind nicht nur in Ländern schwach, wo Diktatoren sie unterdrücken. Sie verlieren auch in alten Demokratien an Zugkraft. Dabei spielten sie besonders in Europa eine zentrale Rolle bei der Einführung fundamentaler Sozial- und Arbeitsrechte und sorgten dafür, dass die Beschäftigten stärker am Wohlstand beteiligt werden. Heute dagegen sind sie häufig nicht mehr in der Lage, bestehende Regelungen zu verteidigen, geschweige denn Fortschritte für die Beschäftigten zu erreichen. Der signifikante Unterschied in der Entwicklung von Reallöhnen und Arbeitsproduktivität ist ein Beleg dafür. Dieser Trend lässt inzwischen selbst Ökonomen beim Internationalen Währungsfond (IWF), auf dessen Druck in vielen Ländern Schutzrechte für Arbeitnehmer seit den 1980er-Jahren abgebaut worden sind, Alarm schlagen: Die Schwäche der Gewerkschaften sei ein wichtiger Grund für die zunehmende soziale Ungleichheit, weil dadurch die Verhandlungsposition bei Lohnverhandlungen schwächer geworden ist; die Kluft zwischen Normalverdienern und Topverdienern sei deswegen gewachsen. Außerdem erodierte der Mindestlohn in den zwanzig führenden Volkswirtschaften von 1980 bis 2010.[5] Dass sich die Einkommen großer Teile der Bevölkerung so schwach entwickeln, ist die zentrale Ursache für die Wachstumsschwäche der Weltwirtschaft. Betriebswirtschaftlich betrachtet mögen niedrige Löhne vorteilhaft sein, weil sie die Wettbewerbsfähigkeit einer Firma erhöhen. Gesamtwirtschaftlich sieht die Rechnung jedoch anders aus. Wer wenig verdient, fragt auch nur wenig Produkte und Dienstleistungen nach.

Diese Entwicklungen hatten erhebliche Auswirkungen auf zwei wichtige Akteure des fairen Handels. So sei Armut bei Kleinproduzenten und Arbeitern sowohl Ursache als auch Folge ihrer Marginalisierung im Handel, konstatiert Fairtrade International, die Schirmorganisation von 25 Siegelinitiativen, im Jahr 2015. In ihrer *Theory of Change*, einem ausführlichen Papier über die Wirkungsweise ihres Handelns, nennt sie verschiedene Merkmale von Armut: niedrige und unsichere Einkommen, geringe Produktivität, geringer Zugang zu sozialen Sicherungssystemen, wenig Einfluss auf Institutionen, die die eigenen Lebensumstände beeinflussen; zudem litten arme Menschen oft besonders unter Umweltschäden und Klimawandel.[6]

AM ANFANG STEHT DER KAFFEE

Als Ende der 1980er-Jahre die erste nationale Fairtrade-Organisation (NFO) gegründet wird, steht vor allem ein Problem auf ihrer Agenda: die katastrophale Lage der Kleinbauern, die Kaffee für den Export anbauen. Sie leiden unter dem Preisverfall auf den Weltmärkten, welcher zu dem Zeitpunkt vor allem eine Folge des freien Wettbewerbs und einer bewussten Deregulierung der Wirtschaft ist. Was war geschehen?

1962 hatten Regierungen das erste Weltkaffeeabkommen bei den Vereinten Nationen verabschiedet und 1968 neu gefasst. Ziel war laut Artikel 1: »Ein vernünftiges Gleichgewicht zwischen Angebot und

Nachfrage auf einer Grundlage zu erzielen, die eine angemessene Kaffeeversorgung der Verbraucher sicherstellt und den Erzeugern Absatzmärkte zu gerechten Preisen gibt.«[7] Fortan handelte eine Kommission jeweils vierteljährlich eine Exportquote aus und setzte einen Mindesthandelspreis für den Kaffee fest. Nur für den Fall, dass die Weltmarktpreise für Kaffee an den Börsen höher notierten, durften die Produzentenländer mehr Kaffee exportieren als vereinbart. In den folgenden Jahren wurde das Abkommen mehrfach verlängert, und es nahmen weitere Länder daran teil. Schließlich deckte es rund 90 Prozent der Nachfrage nach Kaffee ab. Außen vor blieben nur die Länder des Ostblocks und die arabischen Länder. Über die Ausführung des Abkommens wachte die von Staaten gegründete International Coffee Organisation mit Sitz in London.

Das Ganze war kein perfektes System, aber es funktionierte leidlich. In den folgenden 25 Jahren sank der Kaffeepreis nur selten unter einen Mindestpreis von 1,20 US-Dollar für ein britisches Pfund (entspricht 453,6 Gramm), womit das wesentliche Ziel einer Einkommensstabilisierung in den Kaffee produzierenden Ländern erreicht war. Aber gerade der Mindestpreis blieb ein Streitpunkt: Manche hielten ihn angesichts der Lebensumstände der Bauern noch für zu niedrig, andere wollten ihn ganz abschaffen, weil er den Markt verzerrte. Mitverantwortlich für die Krise der Rohstoffdiplomatie waren auch die Kommissionsmitglieder aus den Ländern des globalen Südens selbst, weil sie häufig für das eigene Land möglichst viel herausschlagen wollten, zulasten anderer Entwicklungsländer: »Die ruinöse Konkurrenz mancher Rohstoffproduzenten verunmöglicht heute von vorneherein jegliche Marktregelung auf der Basis von Produktionsbeschränkungen«, schrieb Mitte der 1980er-Jahre in einem Strategiepapier Richard Gerster, damals Koordinator für Entwicklungspolitik in der Arbeitsgemeinschaft der Schweizer Hilfswerke Swissaid, Fastenopfer, Brot für Brüder und Helvetas.

1989 war Schluss mit dem bisherigen Kaffeeabkommen. Die US-Regierung machte nicht mehr mit, und auch das hatte mit dem Ende des Kalten Krieges zu tun. Präsident Ronald Reagan sah keinen Grund mehr für stabilisierende Preiseingriffe, beispielsweise um Bauern davon abzuhalten, zu linken Guerillagruppen überzulaufen. Seine Regierung übernahm die Forderung des Kaffeeverbands der USA, der den freien, ungesteuerten Handel der Bohnen forderte. Nun waren für den gesamten Kaffeehandel wieder die Börsenpreise maßgeblich, ob für die vor allem aus Lateinamerika stammenden, hochwertigen Arabica-Bohnen, die wegen der geografischen Nähe traditionell vor allem an der New Yorker Börse gehandelt werden, oder für die weniger edlen Robusta-Sorten aus Afrika und Asien, die vor allem an der Londoner Börse notiert sind – ein Relikt aus der Kolonialzeit. Preisvorstellungen aus den Erzeugerländern spielten auf dem Kaffeemarkt seit dem Ende des ursprünglichen Kaffeeabkommens eine immer geringere Rolle. Gewinner waren vor allem große Röster wie Nestlé oder Jakobs und Einzelhändler. Auch Spekulanten konnten nun wieder auf die Entwicklung von Kaffeepreisen wetten und beeinflussten die Preise damit ihrerseits. Zur Zeit des regulierten Kaffeemarkts war der Gewinn etwa hälftig in den Produzenten- und Absatzländern angefallen, bald sollten viele Produzenten Verlust mit dem Anbau von Kaffee machen.

Die Weltbank hatte für den Fall einer Liberalisierung des Kaffeemarkts einen steigenden Preis vorhergesagt – tatsächlich brach er ein: Innerhalb weniger Jahre sank der durchschnittliche Börsenpreis von Kaffee von 1,34 US-Dollar (Durchschnittswert 1984–1988) auf 0,77 US-Dollar (1990–1994), mit katastrophalen Folgen für die weltweit 25 Millionen Kaffeebauern. Wiederholt lagen deren Erlöse unter ihren Kosten, sie zahlten also drauf. Mancher Kaffeebauer gab auf und zog in die Slums der Metropolen oder versuchte, als illegaler Einwanderer in die USA, nach Kanada oder Europa zu gelangen. Andere halfen sich durch den Anbau von Drogen aus der ökonomischen Misere.

In dieser Lage zerbrachen sich Aktivisten des fairen Handels den Kopf darüber, wie sie der Not der Kleinbauern wirkungsvoll etwas entgegensetzen könnten. Dabei kamen sie auf die Idee, neue Vertriebswege zu erschließen – und planten bald eine kleine Revolution: Statt wie bisher nur auf eigene Läden und Importeure zu setzen, wollten sie nun auch die konventionellen Wirtschaftsakteure für fairen Handel gewinnen, also all diejenigen, die sie bislang für die Notlage der Kaffeebauern mitverantwortlich gemacht hatten: Röster und Handelskonzerne.

An der Idee schieden sich die Geister in der Szene. Einige sahen darin die Chance auf mehr Gesamtgerechtigkeit, wodurch das vorhandene System etwas gerechter gestaltet würde. Andere hielten daran fest, dass das bestehende Wirtschaftssystem zu überwinden sei, und lehnten darum jede Zusammenarbeit mit dem Klassenfeind kategorisch ab.[8] Die Pragmatiker setzten sich schließlich durch: Die wesentlichen Akteure – also vor allem kirchliche Hilfswerke und Nichtregierungsorganisationen (NGO) – entschieden sich für den Strategiewechsel. Dass die Welt sich zu dem Zeitpunkt in einem gravierenden politischen Umbruch befand, mag dafür mit ausschlaggebend gewesen sein. Mit dem Ende des Kalten Kriegs und seiner Konfrontation zwischen dem Westen und dem Osten schien das kapitalistische Wirtschaftssystem für fast alle Menschen auf der Welt Alltag geworden zu sein.

»Vom Ende der Geschichte« schrieb der US-Politikwissenschaftler Francis Fukuyama 1989 über seinen berühmten Aufsatz in der politischen Fachzeitschrift *The National Interest*. Seiner These nach setzen sich die Prinzipien des Liberalismus in Form von Demokratie und Marktwirtschaft nach dem Zusammenbruch der UdSSR und der von ihr abhängigen sozialistischen Staaten endgültig und überall auf der Welt durch.

Das gefühlte Ende der sozialistischen Utopie stürzte große Teile der Linken in eine Sinnkrise und erfasste auch die Dritte-Welt-Bewegung. Die Aufmerksamkeit der europäischen Gesellschaften richtete sich nun vor allem auf Ost- und Mitteleuropa sowie aufstrebende Schwellenländer wie China und Indien. Süd- und Mittelamerika, also jene Regionen, deren Situation den Akteuren des alternativen Handels ursprünglich ganz wesentlich am Herzen gelegen hatte, verschwanden weitgehend aus dem Blick. Der Widerstand gegen eine Handelsausweitung war aber auch deshalb gering, weil am Ende die meisten diesen Weg am besten fanden, um den Bedürftigen im Süden zu helfen.

WELTPREMIERE IN DEN NIEDERLANDEN

Nachdem Frans Vanderhoff ein Jahrzehnt als Arbeiterpriester in Slums in Brasilien und Mexiko gewirkt hatte, ließ er sich 1980 in einer kleinen Gemeinde im mexikanischen Bundesstaat Oaxaca nieder. Wie die lokale indigene Bevölkerung pflanzte er Kaffee an und stieß zu der Kooperative Unión de Comunidades Indígenas de la Región del Istmo, die ursprünglich von Bauern aus sieben Gemeinden gegründet worden war. Sie hatten sich ihre Unabhängigkeit von Großgrundbesitzern und Zwischenhändlern erstritten und dafür einen hohen Preis in Kauf genommen. Mehrere Bauern aus der Kooperative waren von Auftragsmördern erschossen worden, wiederholt hatte man ihnen die Ernte angezündet.

Anfangs wird die Kooperative von der mexikanischen Regierung mit Mitteln aus Armutsprogrammen unterstützt. Aber nach der Fastpleite des Staates im Jahr 1982 tröpfelt die staatliche Hilfe nur noch, und die Kooperative sucht händeringend nach einem Ausweg. Die Verkäufe der Bohnen über den alternativen Handel – also die Importorganisationen und Weltläden – sind noch bescheiden. Auf der Suche nach anderen Vertriebswegen und möglichen neuen Vermarktungsmöglichkeiten in Europa nutzt die mexikanische Genossenschaft die Kontakte von Vanderhoff in seine niederländische Heimat.

Im Jahr 1987 macht sich eine Gruppe von vier Gesandten auf den Weg dorthin und besucht zunächst Großröstereien, um ihr Produkt anzubieten.[9] Diese geben ihnen jedoch alle einen Korb, sie wollen keinen Kaffee direkt von der Kooperative beziehen. Sie wollen an ihrem bisherigen Geschäftsmodell festhalten, bei dem sie keine Verantwortung für die Produzenten haben, sondern den Rohstoff anonym über die Börse beschaffen. Dann treffen sich die Gesandten mit Nico Roozen, dem Direktor der niederländischen Entwicklungsorganisation Solidaridad, einer interkirchlichen Aktionsgruppe für Lateinamerika. Mit ihm diskutieren sie, wie sich der alternative Handel ausbauen ließe: mit einer Kennzeichnung, die es ermögliche, fair gehandelte Waren künftig auch im ganz gewöhnlichen Einzelhandel zu verkaufen, solange sich die beteiligten Unternehmen an festgelegte Standards hielten.

Inspiriert wurde der Gedanke auch durch den Erfolg von Umweltlabels wie dem Blauen Engel, der in Deutschland bereits zehn Jahre zuvor – 1978 – eingeführt worden war. »Für die Fair-Trade-Bewegung schien der ethische Konsum ein ähnliches Potenzial zu bieten«, schreibt Matthew Anderson in *A History of Fair Trade in Contemporary Britain*.[10] Würden damit nicht viel mehr Verbraucher in die Lage versetzt, die Bedingungen am Anfang der Lieferkette zu verbessern, indem sie ethische Produkte kauften, und darüberhinaus noch dem Markt ein klares Zeichen zu geben, dass ihnen nicht egal ist, unter welchen Umständen Waren produziert werden?

Es gibt Kritik an dem Ansatz. Die Konsumenten könnten doch nur dann einen echten Einfluss auf das Marktgeschehen nehmen, wenn ihnen außer den Informationen über ein Produkt auch Informationen über die dahinterstehenden Firmen zur Verfügung stünden, bemerkt beispielsweise die englische Ethical Consumer Research Association. Sonst bestünde die Gefahr, dass ein generell problematisches Unternehmen eines oder wenige als fair oder ökologisch ausgezeichnete Produkte auf den Markt bringe und damit die Verbraucher gewissermaßen über seinen wahren Charakter täusche.

Vanderhoff und Roozen sehen das anders. In ihren Augen ist die Zeit reif, um ethische Produkte mit einem solidarischen Aufpreis in den Massenmarkt zu bringen. Gestartet wird der strategische Schritt wenig später mit einer Werbekampagne für »Zuivere Koffie«, übersetzt: sauberer Kaffee. 1988 führt Solidaridad in den Niederlanden das erste Siegel ein, mit dem gewöhnliche Händler und Unternehmen ihre Waren fortan als fair kennzeichnen und verkaufen können, wenn sie sich an die vorgegeben Regeln des fairen Handels halten. Werbewirksam binden sie das Königshaus in die Öffentlichkeitsarbeit ein, indem sie Prinz Claus das erste Päckchen Kaffee in die Hand drücken. Das sorgt über die Landesgrenze hinaus für Aufmerksamkeit: Der »Sprung aus dem Ghetto der Dritte Weltläden« sei gelungen, schreibt die *Tageszeitung* 1988.

Jetzt gibt es zwei Varianten des fairen Umgangs mit den Produzenten im Süden: Der bisherige Ansatz der Alternative Trade Organisations (ATO) mit eigenen Importeuren, Läden und Produkten wird weiter-

hin wie gehabt verfolgt, und der neue Ansatz, bei dem als fair zertifizierte Produkte über konventionelle Handelsketten vertrieben werden, wird ausgebaut. »Im Prinzip haben die Fairtrade-Siegelinitiativen
die von den ATOs entwickelten Fair-Trade-Kriterien schlicht standar-
disiert und sie dann all denjenigen Firmen angeboten, die zur Anwendung dieser Kriterien bereit sind [...] und die darüber hinaus einer
Kontrolle der Einhaltung zustimmen«, schreibt Martin Kunz, einer
der Pioniere des fairen Handels. Gleichzeitig weist er auf einen zentralen Unterschied hin: Siegelinitiativen handelten anders als der
alternative Handel nicht selbst mit Waren.[11]

Als Namen für das Siegel wählen die holländischen Vorreiter Max
Havelaar, den Titel eines Romans von Eduard Douwes Dekker, bekann-
ter unter seinem Pseudonym Multatuli, in dem bereits 1860 der men-
schenverachtende holländische Kolonialismus angeprangert wurde.
Die katastrophalen Lebensumstände der Menschen auf den Kaffeeplantagen Javas hatte Dekker als Kolonialbeamter vor Ort selbst erlebt. Wer Mitte des 19. Jahrhunderts von einem schlechten Gewissen
geplagt wurde, wenn er dank der Ausbeutung anderer günstig Kaffee trank, hatte nur eine Wahl: Gar keinen Kaffee mehr trinken.
Mehr als 120 Jahre später ist für bewusste Verbraucher ein Weg zwischen Totalboykott und dem schuldbeladenen »Genuss« von Kaffee
hinzugekommen. Sie können sich im Supermarkt gegen den gewöhnlichen und für den unter ethischen Gesichtspunkten »sauberen« Kaffee entscheiden. Ein gutes Gewissen ist vergleichsweise günstig zu
erwerben: Umgerechnet gerade einmal 25 Eurocent teurer ist ein
Pfund fairer Bohnen in den Niederlanden Ende der 1980er-Jahre.
Die ersten Erfolge der Siegelinitiative klingen zahlenmäßig bescheiden: Binnen zwei Jahren wächst der Marktanteil von ethischem
Kaffee in den Niederlanden von 0,2 Prozent auf 2,2 Prozent. Das
moralisch gute Gefühl ist demnach weiterhin nur einer Minderheit
das Geld wert. Aber das ist erst der Anfang und in Wirklichkeit schon
ein großer Erfolg in einem gesättigten Markt, wo die Verbraucher
kaum noch mehr von einer Ware nachfragen und ein neuer Anbieter seine Produkte nur noch zulasten des bisherigen Angebots an
den Mann und die Frau bringen kann.

Vom Start weg nimmt der Supermarktriese Albert Heijn den »sauberen Kaffee« in sein Programm auf, was dem fairen Handel den Einstieg sehr erleichtert. 1990 verkaufen bereits 89 Prozent aller Supermärkte in den Niederlanden von Max Havelaar zertifizierten Kaffee. Der große Erfolg ist auch den Medien zu verdanken, die die Idee des ethischen Konsums breit aufgreifen. Der Sprung aus dem begrenzten Milieu der Weltläden in die Mitte der Gesellschaft ist gelungen.

Für die niederländischen Weltläden, die zu dem Zeitpunkt 70 Prozent ihrer Umsätze mit Kaffee machen, stellt sich das neue Siegel als mögliche Bedrohung dar. Ihre ehrenamtlichen Betreiber fürchten, durch die Konkurrenz im konventionellen Handel Umsätze zu verlieren. Doch das geschieht nicht. Stattdessen passiert etwas anderes: Die Unternehmen, die zunächst außen vor geblieben waren, stehen unter wachsendem Druck. Manche, die partout nicht mitmachen wollen, reagieren mit Alibihandlungen, so wie der Kaffeeröster Douwe Egberts, mit 60 Prozent Marktanteil damals der Branchenriese. Unter seiner Federführung beschließt der holländische Kaffeeverband, selbst Kaffeebohnen direkt von Bauernkooperativen zu importieren – allerdings zum ganz gewöhnlichen Weltmarktpreis. Weil keine Zwischenhändler beteiligt sind, erhalten die Bauern so mehr Geld, aber einen Mindestpreis oder eine Prämie für die Bauern gibt es nicht. Durch die Minimallösung kann man auf die unliebsame neue Konkurrenz zumindest auch inhaltlich reagieren.

Das Ziel von Max Havelaar Niederlande ist seit dem Start 1988 die Stärkung genossenschaftlich organisierter Kleinbauern in den Produzentenländern, weswegen die Stiftung den Schulterschluss mit Kooperativen in Anbauländern Lateinamerikas sucht. Im Juli 1989 trifft man sich in Costa Rica mit Bauernvertretern aus Mexiko, Guatemala, Honduras, Nicaragua, der Dominikanischen Republik, Haiti, Peru und Costa Rica. Als Partner aus Deutschland ist die Friedrich-Ebert-Stiftung dabei. Bei dem Treffen wird die Frente de Cafetaleros Solidarios de América Latina (Frente) gegründet, die erste internationale Interessenvertretung von Kleinbauern; sie wird beim Aufbau der Labelinitiativen als Repräsentanz der Kleinbauern eine wichtige Rolle spielen. Aber auch Staatsbetriebe finden sich auf der Liste der Produzenten, bei denen fairer Kaffee eingekauft wird – dem sogenannten Kaffeeregister –, wenn der faire Handel deren Regierungen als progressiv einstuft. Ein Beispiel dafür ist Tansania mit seinem Regierungsmodell eines »afrikanischen Sozialismus«, das zu der Zeit große Popularität in Europa genießt, auch über linke Kreise hinaus.

Die Zertifizierung kostet Geld. Vor allem müssen Prüfer bezahlt werden, die sich vor Ort umschauen und kontrollieren, ob die Kooperativen sich an die vereinbarten Regeln halten. Für die Produzenten ist ihre Zertifizierung anfangs kostenlos. Weil der faire Handel den Produzenten keine Absätze garantiert, erscheint es den Architekten des Fairtrade-Siegelsystems unfair, sie für eine Zertifizierung zur Kasse zu bitten. Schließlich ist nicht einmal klar, ob die Kooperativen die Kosten für die Zertifizierung über den Verkauf ihrer Waren refinanzieren können. Zudem haben die Kooperativen schon regelmäßig Investitionen zu tätigen, um die Ansprüche der konventionellen Aufkäufer hinsichtlich Qualität, Unversehrtheit der Waren und pünktlicher Lieferung zu erfüllen.

EINE IDEE PFLANZT SICH FORT

Der Erfolg des sauberen Kaffees in den Niederlanden ermuntert Aktivisten anderswo bald zur Nachahmung. Schnelle Markterfolge gibt es zum Beispiel in der Schweiz. Doch ein Selbstläufer ist die Sache mit dem fairen Label nicht überall; die Akteure müssen teils erhebliche Widerstände überwinden, auch in Deutschland und Österreich. Große Unternehmen zögern nämlich, bei der Idee mitzumachen, und anfangs greifen nur sehr wenige Verbraucher bei der fairen Alternative zu.

In den 1990er-Jahren wurden in der Schweiz, einem Land mit acht Millionen Einwohnern, absolut die meisten gesiegelten Waren verkauft. Noch heute geben die Schweizer pro Kopf mit Abstand am meisten Geld für Fairtrade-Waren aus. Woran liegt das? Schweizer sind im Schnitt wohlhabender als der Durchschnitt der Europäer, und es gab in dem Land früh eine rege öffentliche Debatte über Themen des Welthandels sowie der Konzernverantwortung, und der alternative Handel war sehr aktiv. Die Konsumenten in der Schweiz haben außerdem schneller als in Deutschland ein schlechtes Gewissen beim Einkaufen, fand der Soziologe Patrick Schenk heraus: »Sie sehen in fair gehandelten Lebensmitteln viel öfter die moralisch richtige Alternative als Deutsche.«[12] Günstig war sicher auch, dass die beiden Großverteiler Migros und Coop – bei denen im Jahr 1992 mehr als zwei Drittel aller Schweizer einkauften – gleich von Anfang an mitmachten, wenngleich erst nach monatelangen Verhandlungen und öffentlichem Druck.

Die Verhandlungen mit den beiden Ketten führte Rolf Buser, ein Pendler zwischen der konventionellen Geschäftswelt und der Entwicklungszusammenarbeit. Nach einem in den 1970ern in Kalifornien erworbenen MBA-Abschluss und ersten Berufserfahrungen war er zunächst in das Familienunternehmen eingestiegen, die Schweizer Hotelkette Sunstar. Als sein jüngerer Bruder an Krebs starb, beschloss er jedoch, einen neuen Lebensweg einzuschlagen. Davor schon lange bei Amnesty engagiert, sah er sich den Bereich Entwicklungszusammenarbeit genauer an. Hielt er diese für sinnvoll, und wenn ja, könnte darin seine berufliche Zukunft liegen? Antworten auf diese Fragen suchte er bei verschiedenen UNO-Organisationen in Genf, Paris und New York sowie bei einer Reise durch Lateinamerika. In Lima begegnete er bolivianischen Flüchtlingen, die nach dem Militärputsch 1980 aus ihrem Heimatland nach Peru geflohen waren. Sie motivierten Buser, nach Bolivien zu gehen, eines der ärmsten Länder Lateinamerikas, und brachten ihn noch während der Zeit der Militärdiktatur in Verbindung mit Oppositionskreisen. Er nahm eine Arbeit beim Instituto Politécnico Tomás Katari (IPTK) an, einer linksgerichteten bolivianischen Entwicklungsorganisation, die sich als Instrument der Befreiung verstand. »Da ging es wirklich um Befreiung in jeder Hinsicht, politisch und wirtschaftlich«, erinnert er sich.

Danach beriet Buser im Auftrag der Schweizer Direktion für Entwicklung und Zusammenarbeit (DEZA) fünf Jahre lang Kooperativen von Kleinbauern, die vor allem Kaffee und Kakao anbauten. Er begegnete dabei bald einem wesentlichen Entwicklungshindernis, das ihn zeitlebens beschäftigen sollte.

Der gängige Ratschlag in der landwirtschaftlichen Entwicklungshilfe lautete: Effizienz steigern, um mehr zu produzieren. Das fand Buser zu einseitig; schließlich erhöhe ein Bauern seine Einnahmen nicht nur durch den Anbau von mehr Kaffee, sondern vor allem durch bessere Vermarktung. Und der stand unter anderem mangelnde Bildung im Weg. Oft waren die Bauern Analphabeten, und selbst wenn sie des Lesens mächtig waren, kamen sie kaum an die notwendigen Informationen, etwa über Preise, heran.

Außerdem fehlte es ihnen an Möglichkeiten, ihre Waren dorthin zu bringen, wo höhere Preise für ihre Erzeugnisse gezahlt wurden. So waren sie auf Gedeih und Verderb Zwischenhändlern ausgeliefert, die zu ihnen kamen. Angesichts verderblicher Waren und fehlender Alternativen hatten sie eine schlechte Verhandlungsposition: Wenn sie den angebotenen Preis ablehnten, fuhren die Händler einfach weiter, und sie blieben auf ihrem Kaffee sitzen.

Wer sich mit den Zwischenhändlern anlegte, rüttelte an bestehenden Machtstrukturen. »Davor schreckten viele zurück«, sagt Buser, der in den von ihm betreuten landwirtschaftlichen Projekten dennoch stets eine Vermarktungskomponente einbaute. So konnte eine Kooperative beispielsweise einen Kredit aufnehmen, um einen Lkw anschaffen und sich damit ein Stück aus der Abhängigkeit lokaler Zwischenhändler befreien zu können; oder einen Kredit, um Liquiditätsengpässe zu überbrücken, wenn eine Kooperative nicht ausreichend Mittel verfügbar hatte, um die Ernte ihrer Mitglieder aufzukaufen.

Da Buser für alle Kontakte der DEZA mit NGOs in Lateinamerika zuständig war, bekam er Einblick in viele landwirtschaftliche Entwicklungsprojekte. Er nutzte seine Kontakte für die Anbahnung direkter Geschäftsverbindungen zwischen Südamerika und der Schweiz und vermittelte zum Beispiel den bolivianischen Verband der Kakaogenossenschaften El Ceibo an die Schweizer Importgesellschaft des Alternativhandels OS3 (heute Claro).

1990 ging Buser der Gesundheit zuliebe nach Europa zurück und nahm einen Job in Spanien an. Denn das jahrelange Reisen – fast täglich stundenlange Fahrten im Jeep durch verschiedenste Klimazonen und vor allem auch zwischen Tiefland und Regionen bis auf 4.500

Meter Höhe – forderten ihren Tribut. Er sei »aufgezehrt« gewesen, erzählt er, mit ärztlichem Verbot für Aufenthalte in den Tropen. Er übernahm eine Aufgabe im väterlichen Unternehmen, für das er einen geplanten Bau eines Hotelkomplexes in Spanien verantwortete, und siedelte sich erst 1990 wieder dauerhaft in der Schweiz an. Wie es der Zufall wollte, erfuhr er kurz nach seiner Rückkehr von den Überlegungen der sechs großen Schweizer Hilfswerke Swissaid, Fastenopfer, Brot für alle, Helvetas, Caritas und Heks zu einer großen Kampagne. Das Thema stand noch nicht fest; um Kaffee oder das Klima würde es gehen: Letzteres bewegte seit der noch relativ neuen Diskussion über die Erderwärmung weltweit die Gemüter, aber auch das Thema Kaffeehandel war weiterhin hochaktuell.

Die Dritte-Welt-Laden-Bewegung, damals mit rund 500 Verkaufsstellen in der Schweiz vertreten, kam an ihre Grenzen. Immer öfter mussten die Organisationen Produzenten aus dem Süden, die gerne überhaupt oder mehr faire Waren auf diesem Weg verkaufen wollten, einen Korb geben, weil es dafür in den Weltläden nicht genügend Käufer gab. Gleichzeitig beschäftigten sich die Entwicklungsexperten bei den Hilfswerken mit dem großen Überschuss der Schweiz im Handel mit Entwicklungsländern, damals jährlich fünf bis sieben Milliarden Franken, und dem insgesamt sinkenden Anteil der Entwicklungsländer am Schweizer Außenhandel. Beide Entwicklungen waren in den Augen der Hilfswerke Alarmsignale, zumal die Schweizer Politik das Allheilmittel in einer noch weiteren Liberalisierung der Handelspolitik zwischen den Ländern des Nordens und Südens sah.

Und dann gab es da diese erfolgreiche Initiative in den Niederlanden. Die Schweizer hatten sich einige Zeit davor schon selbst mit der Einführung eines Labels im Zusammenhang mit Ananas beschäftigt. »Wir hatten mit den Großverteilern Migros und Coop über ein entwicklungspolitisches Gütesiegel gesprochen«, erzählt Richard Gerster, der die Schweizer Entwicklungspolitik über Jahrzehnte prägte und bis heute als Berater unterwegs ist. Doch zur Umsetzung war es nicht gekommen.[13]

Ausgelöst hatte die Überlegungen der Import von Ananas von den Philippinen durch die Firma Del Monte. Völlig legal, aber doch auf ziemlich fragwürdige Weise hatte der US-Konzern dort auf der Halbinsel Mindanao Land erworben, wodurch rund zehntausend Kleinbauernfamilien ihre Existenzgrundlage verloren hatten. Die Arbeiter, die Del Monte auf den Plantagen beschäftigte, erhielten nicht den – ohnehin sehr niedrigen – gesetzlichen Mindestlohn, und es gab faktisch keine Gewerkschaftsfreiheit. 1981 hatte die Schweizer NGO Erklärung von Bern das »Geschäft mit dem Hunger« schon einmal im Rahmen einer Kampagne aufgegriffen. Es kam daraufhin zu Gesprächen zwischen Vertretern von Migros, der philippinischen Botschaft und Hilfswerken, die die Einführung einer Sozialklausel in die Verträge mit dem Ananaslieferanten forderten. Beim Vorschlag, die menschenrechtlichen Ansprüchen genügende Ananas entsprechend zu kennzeichnen, habe Migros abgewunken, erinnert sich Gerster. »Sie verwiesen auf Durchführungsprobleme und sahen auch keinen Markt für ein solches Gütesiegel.«

Zehn Jahre nach diesem gescheiterten Anlauf kam Rolf Buser zum Einsatz, um es noch einmal zu versuchen. Im Auftrag der Hilfswerke sollte er eruieren, ob eine Kaffeeinitiative wie in den Niederlanden auch in der Schweiz möglich wäre, und ob einer der beiden Großverteiler Migros oder Coop doch dafür gewonnen werden könnte. Im Grunde war die Schweizer Bevölkerung dem fairen Handel gegenüber positiv gestimmt; außerdem konnte er in der Schweiz an eine Politik anknüpfen, in der der faire Umgang mit Beschäftigten immer wieder eine wichtige Rolle gespielt hatte: Bereits 1877 hatte die Regierung Kinderarbeit verboten, und in der Landwirtschaft war lange vor 1992 ein Anspruch von Bauern auf faire Entlohnung durchgesetzt worden. Von 1942 bis 1968 hatte es sogar ein Label für Produkte gegeben, die »unter gerechten, das heißt sozial fortschrittlichen Bedingungen« hergestellt wurden.

Das politische Klima Anfang der 1990er-Jahre war günstig. Bundespräsident Alphons Egli hatte selbst Reformen verlangt – und von den Konsumenten in den Industrieländern die Bereitschaft, für Waren aus dem Süden einen »fairen Preis zu bezahlen«. Den Hilfswerken gehe es um nicht weniger als eine neue Strategie für »entwicklungskonforme Produkte«, bemerkte damals Richard Gerster.[14]

Nur Handel, Röster und Importeure hatten nicht auf eine Initiative für fairen Kaffee gewartet – sie reagierten erst einmal ablehnend. Warum sollten sie sich von Branchenfremden vorschreiben lassen, bei wem und zu welchen Bedingungen sie Kaffee kaufen sollten? Und das war ja noch nicht alles: Der faire Handel stellte auch noch Forderungen, nämlich ein Mitspracherecht bei der Gestaltung der Packung, was beispielsweise die Abbildungsgröße des Siegels oder die Menge der Informationen anbelangte, und verlangte ein Kontrollrecht.

Der Handel hatte außerdem erhebliche Zweifel daran, dass das Ganze überhaupt funktionieren könnte. Wären Kleinbauern denn in der Lage, Liefertermine regelmäßig einzuhalten oder die geforderte Qualität zu produzieren? Würde es genügend Verbraucher geben, die bereit wären, einen gewissen Aufpreis zu zahlen? Diesen Zweifeln setzte Buser Argumente entgegen und lud Importeure, Röster und Händler aus den Niederlanden ein, die es schon besser wussten. Die Gäste berichteten, dass die Waren reibungslos geliefert wurden und die Kundschaft das Produkt in durchaus nennenswertem Ausmaß nachfragte. Mit einer breit angelegten Kampagne von Hilfswerken, Kirchen, Konsumentenorganisationen und Medien wurde öffentlicher Druck auf die Unternehmen in der Schweiz aufgebaut, sich ebenfalls auf einen Praxisversuch einzulassen.

Rolf Buser trat gegenüber dem Handel als von den Hilfswerken unabhängiger Berater auf. Zu den Gesprächen mit Einkäufern und Managern sei er im Sonntagsanzug mit Krawatte gegangen, erzählt er, die Visitenkarten mit seinem MBA-Titel gezückt. »Damit wollte ich ganz bewusst den verbreiteten Vorurteilen aus der Wirtschaft gegenüber dem Birkenstock-Image der Hilfswerke entgegentreten.« Obwohl die Gespräche »harzig« verlaufen seien, muss Buser den richtigen Dreh gefunden haben: Am Ende gewann er beide Großverteiler, Migros und Coop, vom Start weg für das Experiment mit dem fair gehandelten Kaffee.

Auch 25 Jahre später kann er sich noch genau an seine Argumentation erinnern, die er auf dem damals historisch niedrigen Preis für Rohkaffee und dem Dilemma von Kaffeekäufern aufbaute: »Unsere

Aussage, die Konsumenten würden ohne die Wahl eines fair gehandelten Kaffees im Supermarkt unfreiwillige Komplizen der Ausbeutung und der Armut, wirkte.«

ANFREUNDEN MIT DEM KLASSENFEIND

Die Verhandlungen mit Migros und Coop zogen sich über Monate. Buser verlangte Lizenzgebühren von den Kaffeeimporteuren, um Aufbau und Unterhalt der Organisation zu finanzieren. Die Firmen wiederum wollten Begriffe wie »Ausbeutung« oder »Blutkaffee«, die zum klassischen Vokabular des alternativen Handels gehörten, nicht auf den Verpackungen sehen – und setzten sich damit durch. Selbst bei »fair« hatte man Bedenken, weil man befürchtete, dass die Verbraucher dann alle anderen Kaffees als unfair einstufen würden. »Innerlich habe ich genickt«, so Buser, »dann aber dem Begriff sauber zugestimmt, um die Sache vorwärts zu bringen.«

Kurz vor dem Ziel wurde es noch einmal spannend. Die Rivalität von Migros und Coop brachte die für den Herbst 1992 geplante Markteinführung zunächst ins Stocken. Buser erinnert sich noch gut daran, wie beide Unternehmen ihm binnen 24 Stunden mitteilten, sie würden jetzt die Medien darüber informieren, dass sie als erste Handelskette sauberen Kleinbauernkaffee in ihr Sortiment aufnähmen. Die Zeitschrift, in der Coop seinen Kunden die Neuigkeit erzählte, war schon unterwegs; postwendend erhielt Buser ein Fax von Migros: Aufgrund der Publikation des Konkurrenten fühle man sich nicht mehr an die Abmachung für die Markteinführung im Oktober 1992 gebunden. Wieder klingelte das Telefon. Kaffeeimporteur Douque und der Röster Neuteboom aus den Niederlanden baten Buser eindringlich, er möge bitte kommen. Vor Ort erfuhr er, Migros wolle Kaffeepackungen mit dem holländischen Max-Havelaar-Label in die Schweiz einführen und dort verkaufen.

Dem Projekt eines einheitlichen fairen Siegels drohte noch vor dem Start in der Schweiz das Aus, denn Coop hatte ebenfalls bereits Packungsmuster mit einem eigenen Label gezeigt. »Da half nur noch ein Notbluff«, sagt Buser. Er teilte daraufhin beiden Firmen mit, »sie sollten das gescheiter bleiben lassen, denn wir würden zusammen mit den Konsumentenorganisationen der Öffentlichkeit in den nächsten Wochen unser Schweizer Label vorstellen«. Coop erklärte sich zu dessen Nutzung bereit, wenn die dafür notwendigen Druckunterlagen am 12. Januar vorlägen.

Unter Hochdruck entschied sich die Arbeitsgruppe nun für den Namen Max Havelaar und den Slogan »Mit dem Plus für Alle«. Mit einem befreundeten Grafiker entwarf Buser zwischen Weihnachten und Neujahr das Siegel. Jetzt gab es auch grünes Licht für eine formelle Stiftungsgründung. Am 14. Februar 1992 gründeten sechs Hilfswerke die Max Havelaar-Stiftung und bewilligten rasch finanzielle Mittel für die ersten fünf Jahre. Das Bundesamt für Außenwirtschaft (heute SECO) gab eine entsprechende finanzielle Starthilfe: 1,6 Millionen Franken für fünf Jahre. Die Entscheidung war »eine halbe Revolution«, erinnert sich später Staatssekretär Jean-Daniel Gerber.[15]

Aus dem Beratungsbüro von Buser wurde die erste Geschäftsstelle von Max Havelaar Schweiz, Buser ihr Geschäftsführer, neben dem zwei Teilzeitkräfte anfingen. Am 29. März 1992 – ein halbes Jahr früher als geplant – wurde das Label für sauberen Kaffee bei einer Pressekonferenz vorgestellt. Erst kurz zuvor hatte Migros Buser mitgeteilt, man halte zwar am Import der Kaffeepackungen aus Holland fest, werde sie aber mit dem Schweizer Label versehen. Wenige Tage später begann der Verkauf bei Migros, Coop und der regionalen Einkaufskette Volg. Buser konnte aufatmen. Anfangs wurden 5 Röster und 2 Importeure von der Stiftung zertifiziert, die wiederum 21 kleinere Röster belieferten.[16] Man übernahm nicht nur den Namen von der niederländischen Schwesterorganisation, sondern auch die Bedingungen für die Vergabe des Siegels: Die Importeure mussten einen Mindestpreis für den Kaffee sowie eine Fairtrade-Prämie an die Kooperative zahlen. Ihren Handelspartner konnten sie aus dem vorgegebenen Register von Produzenten wählen.

Buser veränderte aber das Kaffeeregister von Max Havelaar Holland, weil er meinte, den Großverteilern in der Schweiz bestimmte Kooperativen aus politischen Gründen nicht zumuten zu können. Übrig blieben 30 Kooperativen aus Costa Rica, der Dominikanischen Republik, Guatemala, Mexiko und Peru und Zaire.[17]

Anfangs kostete die Packung 3,50 Franken und war damit deutlich teurer als ein durchschnittlicher Markenkaffee für 2,80 bis 2,90 Franken. Auf der Verpackung wurde der faire Mehrpreis begründet: Es handle sich dabei nicht um eine Spende aus Mitleid, sondern um den gerechten Lohn für harte Arbeit. Von einer »Aktion, die nur das Gewissen der Konsumenten beruhigt«, sprach dagegen Alexander Galliker, Generalsekretär des Einzelhändlers Denner AG. In die gleiche Kerbe schlug Kurt Bucher, Direktor bei der Verbrauchermarktkette Merkur AG, und führte die alte marktliberale Kritik an: Auf höhere Preise reagierten die Bauern doch nur mit vermehrtem Anbau, was wiederum zu einem Preisverfall führe. Bei Nestlé war man überzeugt, dass das Experiment schnell beendet sein werde: »Wir glauben nicht an den langfristigen Erfolg.«[18]

Schon in den ersten neun Monaten jedoch wurden 1.400 Tonnen sauberer Kaffee verkauft, zehnmal mehr als im Alternativhandel vorher in einem ganzen Jahr. Der faire Kaffee erreichte einen Marktanteil von 4,5 Prozent und war damit mehr als doppelt so hoch wie in den Niederlanden, wo man vier Jahre nach dem Start bei 2,1 Prozent angekommen war – eine Sensation.[19]

Mehr als ein Tropfen auf den heißen Stein waren die fairen Verkäufe dennoch nicht. Während zur Zeit des alten, von 1962 bis 1989 geltenden Kaffeeabkommens alle Kaffeebauern der beteiligten Länder von einem Mindestpreis profitierten, waren es jetzt nur rund 250.000 Bauern, also etwa jeder Hundertste der weltweit rund 25 Millionen Kaffeebauern. 2017 profitieren vom Fairtrade-System, das wesentlich auf dem Produkt Kaffee fußt, 445 Kooperativen mit zusammen 812.500 Mitgliedern.[20] Nestlé und die anderen Pessimisten lagen mit ihrer negativen Prognose daneben: In der Schweiz wird heute sogar jede zehnte Tasse Kaffee aus fairen Bohnen gebrüht.

DEUTSCHLAND GEHT EIGENE WEGE

In Deutschland hatte man in Kreisen des alternativen Handels seit 1986 über die Einführung eines sozialen Siegels zur Kennzeichnung fairer Arbeitsbedingungen nachgedacht, auch aus der berechtigten Sorge, ein Dritter könnte sonst ein solches Siegel alleine aus Gewinninteresse einführen und dabei geringere Standards verlangen. Der Erfolg von Max Havelaar in den Niederlanden brachte das Thema zurück auf die Agenda. Arbeitsgemeinschaft Kleinbauernkaffee nannte sich der informelle Kreis, in dem Vertreter von NGOs, kirchlichen Hilfswerken und politischen Stiftungen zusammenkamen, um es zu diskutieren. 1991 gründeten zehn Organisationen aus den Bereichen Entwicklungszusammenarbeit, Kirche und Verbraucherschutz dann den Verein Kleinbauernkaffee: Die Aktion Arme Welt, die AG3WL, Misereor, Frente, die Verbraucher Initiative, die Friedrich-Ebert-Stiftung, die Christliche Initiative Romero, der Hochschulring der Katholischen Studierenden Jugend sowie der Kirchliche Entwicklungsdienst und das Bildungswerk des Deutschen Gewerkschaftsbundes. Manche angefragte Institution blieb bewusst außen vor, wie die FDP-nahe Friedrich-Naumann-Stiftung, die sich an einem solchen Eingriff in die liberale Marktordnung nicht beteiligen wollte. Die Gepa war beratend dabei.

In Deutschland stellten sich die Beteiligten die gleichen Grundsatzfragen wie zuvor die niederländischen Pioniere: Sollten sie mit Konzernen kooperieren, die in ihren Augen doch für die miserable Lage der Kleinbauern in Entwicklungsländern mitverantwortlich waren? Dass sich diejenigen durchsetzten, die diese Frage mit »ja« beantworteten, lag unter anderem an der allgemeinen gesellschaftlichen Entwicklung.

Der Kalte Krieg war vorbei, die Revolutionäre in Nicaragua waren demokratisch abgewählt, und Gesellschaftsutopien schienen obsolet. Klaus Piepel, späterer Vorstandschef des Transfair-Vereins, schildert die Stimmung rückblickend so: Um 1990 habe kaum noch jemand behauptet, dass es eine seriöse Alternative zur Marktwirtschaft gebe. Sie sei vielmehr wie eine Tatsache erschienen, »zu der man sich verhalten« müsse.

Über die Möglichkeiten des Ansatzes machten sich die Befürworter des Verkaufs fairer Waren im Supermarkt keine Illusionen. Sie waren der Meinung, es sei im Grunde unmöglich, die ungerechten Weltwirtschaftsstrukturen nur durch das Segment des fairen Handels zu verändern. Das gehe nur mit einer gerechten Welthandelsordnung. Da die nicht in Sicht war, könnten Verbraucher den Produzenten im globalen Süden zumindest helfen, wenn sie einen fairen Preis für deren Waren zahlten, fanden sie.

Die Friedrich-Ebert-Stiftung, die Parteistiftung der SPD, spielte beim Aufbau des Vereins eine wichtige Rolle. Die Schlüsselfunktion bei der Gründung nahmen jedoch zwei große kirchliche Hilfswerke ein: Misereor von der katholischen Kirche und der Kirchliche Entwicklungsdienst KED der evangelischen Kirche. Ihre Rückendeckung war für die Entwicklung des fairen Handels entscheidend, denn sie verfügten über die notwendigen finanziellen Mittel – und über Reputation. Selbstverständlich war ihre Unterstützung für das Projekt anfangs nicht. Mancher hielt es nicht für die Aufgabe der Kirchen, in das Wirtschaftsgeschehen einzugreifen, andere zweifelten an der Wirksamkeit des Ansatzes. Sie störte die indirekte Vorgehensweise, bei der erst die wirtschaftliche Lage der beteiligten Produzenten verbessert werden sollte, um ihnen auf diese Weise zu besseren Entwicklungschancen zu verhelfen: Sei es nicht sinnvoller, Menschen gleich durch direkte Förderung zu helfen, zum Beispiel in den Bereichen Gesundheit oder Bildung?

Beim Treffen der AG Kleinbauern am 13. November 1989 wurde Jan Hissel, langjähriger Geschäftsführer der Gepa, trotzdem beauftragt, zu überprüfen, ob und wie sich der niederländische Ansatz auf Deutschland übertragen ließe. Parallel sollte Klaus Willkens vom Kirchlichen Entwicklungsdienst mit dem Deutschen Kaffeeverband über Möglichkeiten sprechen, sauberen Kaffee einzuführen.

Ermutigend war in den Augen der Befürworter die Aktion der Tübinger Basisgruppe Aktion Arme Welt, die in der Studentenstadt den Verkauf von alternativem Gepa-Kaffee durch die Supermarktkette Gottlieb organisiert hatte – mit großem Erfolg. Schließlich votierte eine Mehrheit der Arbeitsgemeinschaft Kleinbauernkaffee für die Gründung von Transfair e. V., einem Verein zur Förderung des fairen Handels mit der Dritten Welt. Die Kirchen übernahmen die Anschubfinanzierung und stellten in den ersten Jahren umgerechnet jeweils einen fünfstelligen Eurobetrag zur Verfügung. »Ohne die kirchlichen Hilfswerke hätte die Gründung sicherlich länger gedauert«, sagt

Norbert Dreßen. Der Justitiar bei Misereor hat die Entwicklung von Transfair seit den Anfängen verfolgt; heute sitzt er im siebenköpfigen Aufsichtsrat von Transfair Deutschland. Seiner Einschätzung nach wäre die Idee in Deutschland früher oder später auch ohne Mitwirkung der Kirchen umgesetzt worden, »wegen der Initiativen, die es bereits im Ausland gab, und wegen des großen Interesses der Verbraucher«.

Weil mit dem Namen Max Havelaar kaum jemand in Deutschland etwas verband, entschied man sich für einen anderen Namen. Transfair erschien auch international besser verwendbar als Max Havelaar und weniger auf Kaffee ausgerichtet; denn schon damals dachte man darüber nach, in Zukunft noch andere faire Produkte unter einem fairen Siegel zu verkaufen. Der Mann, der bis heute Motor und Gesicht der Siegelinitiative in Deutschland ist, kam über eine Stellenausschreibung in der *Frankfurter Rundschau* zu Transfair.

Dieter Overath erinnert sich noch genau daran, was er damals dachte: »Die Chance, etwas ganz Neues zu schaffen, hat man im Leben nicht oft.« Tatsächlich wurden der Aufbau und die Weiterentwicklung von Transfair zu seiner beruflichen Lebensaufgabe. Die Entscheidung dafür fiel nicht ohne Zweifel, vielmehr beriet er sich dafür eigens mit einer befreundeten Astrologin. Die Hinweise aus den Sternen führten mit dazu, dass der 37-Jährige weder als Manager beim Kölner Konzertveranstalter Tanzbrunnen anfing noch einen sicheren Job in der Verwaltung der EU-Kommission antrat. Stattdessen entschied er sich, den Posten des Geschäftsführers beim neu geschaffenen fairen Handel zu übernehmen.

Er startete mit einem Einjahresvertrag – man wusste ja nicht, ob die Idee in Deutschland funktionieren würde. Das Neue reizte ihn. »Wir wollten nicht die hundertste Organisation gründen, die gegen Ungerechtigkeit in der Welt kämpft, sondern eine wirtschaftliche Alternative schaffen«, sagt er. Das Budget für den Verein betrug rund 50.000 Euro für ein Jahr. Eine noch vor Arbeitsantritt geplante Reise nach Costa Rica, wo Overath zu einer Hochzeit eingeladen war, machte er kurzerhand zu seiner ersten Geschäftsreise in Sachen fairer Handel. In dem mittelamerikanischen Land gab es mit dem Consorcio des

Cooperativas Cafetaleras de Guanacaste y Montes de Ora (Coocafé) nämlich einen besonders interessanten Dachverband von fünf Klein- bauernkooperativen, die bereits seit 1989 Kaffee in Weltläden ver- kauften und enge Kontakte zur Friedrich-Ebert-Stiftung pflegten. Vor Ort begegnete Overath live einem damals ganz selbstverständ- lichen Paradox: Obwohl er durch die Fenster seiner Pension auf die Kaffeeplantagen blickte, bekam er Nescafé serviert. »Das ist, wie wenn du an der Mosel Urlaub machst und am Abend Amselfelder eingeschenkt kriegst«, erinnert er sich. Aber so war es üblich in den Kaffeeanbauregionen Mittelamerikas.

Coocafé mit seinen 15.000 Mitgliedern wurde eine der Kooperativen, die stark vom fairen Handel profitieren. Das ist auch darin begründet, dass sie sich professionalisiert haben. Ihren Kaffee ordern heute viele konventionelle Einkäufer, nicht aus Solidarität, sondern wegen der hohen Qualität. Seit Mitte der 2000er-Jahre röstet die Kooperative außerdem für den heimischen Markt, weswegen man dort heute, anders als früher, außer löslichem Kaffee vielerorts frisch aufgebrüh- ten Kaffee trinken kann.

Seit einem Vierteljahrhundert führt Overath Transfair mittlerweile. Er ist der einzige nationale Geschäftsführer, der seit den Gründungs- zeiten in Europa aktiv dabei ist. Dass die Geschäftsführer einerseits ein Händchen für Marketing, Öffentlichkeitsarbeit und Personalfüh- rung haben und andererseits politisches Verständnis mitbringen sol- len, ist eine besondere Herausforderung des Stellenprofils. Da die Trägerorganisationen über die Jahre schon einmal die Ansicht ge- wechselt haben, welcher Aspekt der wichtigere sei, gab es anders- wo häufig Wechsel an der Spitze. Bei Overath kommen beide Quali- fikationen zusammen.

In den 1980er-Jahren engagierte er sich wie viele seiner Generation bei Amnesty International. Als Mitglied der Guatemala-Koordinie- rungsgruppe und ehrenamtlicher Vorstand für Öffentlichkeitsarbeit in der deutschen Sektion der Menschenrechtsorganisation sammelte er Erfahrungen mit politischer Kampagnenarbeit und lernte, wie ent- scheidend Durchhaltevermögen ist. Aber Overath hat auch eine spie- lerische Seite, die sich zeigt, wenn der 62-Jährige auf der Bühne auf-

tritt. Mehrfach war er Gast beim Hope Theatre, einem Schauspielpro-
jekt, bei dem arme Jugendliche aus Kenias Hauptstadt Nairobi eine
Chance erhalten. Er selbst hat sich hochgearbeitet: Nach seinem
Hauptschulabschluss hatte Overath eine Lehre zum Bürokaufmann
gemacht und danach, während seiner Zeit als Bundeswehrzeitsoldat,
auf der Abendschule die Fachhochschulreife erworben. Nach einem
anschließenden Studium der Betriebswirtschaftslehre, mit Schwer-
punkten auf Marketing und Personal, schien ein Job in einem Unternehmen vorprogrammiert.

Aber in die gewöhnliche Wirtschaft wollte er nicht. Er gehörte er zu
denen, die sich für die Revolution in Nicaragua begeisterten, und half
dort sogar ein Jahr lang bei der Kampagne für die Alphabetisierung
der Bevölkerung. Zurück in Köln, gab er im Spanischen Zentrum unter anderem lateinamerikanischen Flüchtlingen Deutschunterricht,
in der Volkshochschule Aussiedlern aus den Staaten der ehemaligen
Sowjetunion. Mit Gleichgesinnten gründete er später eine Werkstatt-
schule für arbeitslose Jugendliche in Gummersbach, wo er sieben
Jahre als Ausbilder arbeitete. In seiner Freizeit engagierte er sich in
der Amnesty-Kogruppe Guatemala.

Als 1986 Guatemalas Staatspräsident Vinicio Cerezo Arevalo zum
Staatsbesuch nach Deutschland kam, bot das die ersehnte Gelegenheit, um sich – angesichts des »Verschwindens« von über 40.000 Gua-
temalteken – kritisch zu der von der deutschen Regierung geplanten
Entwicklungshilfe für die Polizei des mittelamerikanischen Landes
zu äußern. Der Besuch lief fast komplett außerhalb der Öffentlichkeit ab, und so konzentrierte man sich ganz auf eine einzige Aktion,
die bei einem Empfang in dem Barocklustschlösschen Redoute in
Bad Godesberg stattfinden sollte. Man meldete eine Mahnwache mit
Fackeln und Plakaten Verschwundener an und begann, Transparente
zu malen.

Als die geplante Aktion seitens des Polizeipräsidenten überraschend
von der beantragten Stelle weg verlegt werden sollte, riefen die Aktivisten das Verwaltungsgericht an. Dieses wollte sich der erstaunli-
chen Begründung, die Würde eines Staatsbesuches werde durch den
Anblick von Demonstranten verletzt, und das Völkerrecht verbiete

solche Aktionen, nicht anschließen und gab ihnen Recht. So kam es, dass die schwarzen Limousinen dann doch an ihren Transparenten und Fackeln vorbeirauschten. Wenig später kamen überraschend fünf Teilnehmer der Delegation aus der Redoute, darunter drei Abgeordnete des guatemaltekischen Kongresses, der Botschafter Guatemalas in Spanien und ein Journalist. Man diskutierte eine Stunde auf der Straße über die Lage der Menschenrechte. »Die Meinungen blieben kontrovers, aber man sprach miteinander«, schrieb der Richter Volker Golyschny, damals Sprecher der Kogruppe Guatemala.[21] Mehrere Zeitungen, darunter die *Süddeutsche*, berichteten über die Aktion; im *Spiegel* gab es einen Artikel über die geplante Polizeihilfe in Form von Material und Ausbildungshilfestellungen, und sogar den *Tagesthemen* war das Ganze einen längeren Beitrag wert. Von solchen Erfahrungen, mit geringen Mitteln viel Aufmerksamkeit für die gute Sache zu erreichen, profitierte Overath beim Aufbau des jungen Vereins.

Anfangs gab es in dem neuen Job weder Kollegen noch ein Büro; seine ersten Arbeitswochen verbrachte er im heimischen Wohnzimmer. Dank der Vorarbeit der alternativen Händler und der niederländischen Kollegen sowie des großen Interesses der Bauern an neuen Abnehmern waren schnell Kontakte zu Produzenten geknüpft.

Aber während das auf Vertrauen basierende System des alternativen Handels gut in dem bisherigen Milieu funktionierte, wo Menschen aus Überzeugung in Weltläden kauften, musste im gewöhnlichen Handel nun ein weitgehend anderes Klientel davon überzeugt werden, dass das Fairnessversprechen auch eingelöst wurde. Man brauchte ein glaubwürdiges und dokumentiertes Kontrollsystem. Es wurde von den Akteuren des fairen Handels ausgetüftelt, in Form von bestimmten Kriterien, die bis heute zu erfüllen sind.

So ist zum Beispiel festgelegt, dass Unternehmen Preise zahlen, die einem Ernährer und seiner Familie einen menschenwürdigen Lebensunterhalt ermöglichen sowie ausreichend Spiel für Investitionen und einen Umgang mit der Natur ermöglichen, bei dem diese sich regenerieren kann. Die Mindestpreise sind das zentrale und zugleich das am schwierigsten zu handhabende Instrument des fairen Handels.

Mit ihnen soll verhindert werden, dass ein gravierender Preisverfall bei einem Erzeugnis – der regelmäßig auf dem Weltmarkt vorkommt, gerade auf den volatilen Märkten für Agrargüter – die Produzenten ins Elend reißt.

Wegen der Beschaffenheit der Arbeitsmärkte haben Mindestpreise für landwirtschaftliche Erzeugnisse im globalen Süden eine enorme Bedeutung. Anders als in den Ländern der Europäischen Union, wo sechs von zehn Beschäftigten mit schriftlichem Arbeitsvertrag und Absicherung gegen Krankheit, Alter und Arbeitsplatzverlust angestellt sind, arbeitet die große Mehrheit der Bevölkerung in den Entwicklungsländern selbstständig. Ökonomischen Risiken ist sie weitgehend schutzlos ausgesetzt. Dazu zählen auch die rund 500 Millionen Kleinbauern weltweit, von deren Einkommen wiederum rund zwei Milliarden Menschen abhängen, mehr als jeder vierte Mensch. Sie haben keinen Anspruch auf Rente oder Arbeitslosengeld. Die Mindestpreise beim fairen Handel werden regelmäßig überprüft, und natürlich können Produzenten und Abnehmer jederzeit auch höhere Preise vereinbaren. Zusätzlich erhalten die Produzenten einen Aufschlag, den gewöhnlich die Importeure der Waren zahlen: die sogenannte Fairtrade-Prämie.

Von Anfang an war ein Gütesiegel Dreh- und Angelpunkt des fairen Ansatzes in Deutschland, wie schon in den Niederlanden und der Schweiz. Es basierte auf den gleichen Richtlinien und grundsätzlichen Vereinbarungen wie das Max-Havelaar-Siegel in den Nachbarländern, lief in Deutschland aber unter dem Namen Transfair. Die Regeln für die Nutzung des Siegels lauteten auch hier: Der Kaffee musste bei Kleinbauernvereinigungen eingekauft werden, die im Produzentenregister des fairen Handels aufgelistet waren.

Nutzen konnten die Unternehmen das Logo, wenn sie den Bauern einen Mindestpreis von 126 Dollar pro Sack Rohkaffee (à 60 Kilogramm) zahlten. Das entsprach etwa dem Doppelten des damaligen Weltmarktpreises – und lag ungefähr auf dem Niveau des Preises, der zur Zeit des staatlich vereinbarten Kaffeeabkommens gegolten hatte. Nach Jahren war der Rohkaffeepreis durch die Anstrengungen einer privaten Initiative also wieder dort angekommen, wo er sich zuvor schon einmal unter allgemeinem Einverständnis befunden hatte – und zwar für alle Kaffeegeschäfte, nicht nur die von ausgewählten Produzenten und Abnehmern.

Längst nicht jeder aus der alternativen Szene fand den gewählten Mindestpreis auch wirklich fair. Thomas Lampe vom Infoladen Dritte Welt im Berliner Stadtteil Neukölln gehörte zu den Kritikern, denen die Bezeichnung »fair gehandelt« euphemistisch schien. Beim Vergleich des damit erzielten Einkommens der Kaffeebauern mit hiesigen Löhnen kam er zu dem Schluss, dass Kaffee je Pfund eigentlich mehr als 50 D-Mark (umgerechnet rund 25 Euro) kosten müsste, um den Gerechtigkeitsanspruch tatsächlich einzulösen.[22] Hier zeigte sich der Konflikt zwischen dem kurzfristig Möglichen und dem prinzipiell Gewünschten. Er zieht sich wie ein roter Faden durch die Geschichte des fairen Handels.

Wer mit fair zertifizierten Kaffeebauern in Nicaragua oder Baumwollbauern in Burkina Faso spricht, bekommt einen Eindruck davon, wie weit Realität und Wunschvorstellung auch bei fairen Preisen auseinanderliegen können. Es geht ihnen oft besser als den Bauern, die gar nicht am fairen Handel teilnehmen. Gemessen an mitteleuropäischen Maßstäben leben jedoch auch sie weiterhin in sehr bescheidenen Verhältnissen. Das liegt unter anderem daran, dass sie die faire Entlohnung nur für die Menge an Ware erhalten, für die sich ein fairer Abnehmer findet. Letzterer muss sich jedoch auf dem Markt behaupten, das heißt, er ist selbst abhängig von der Nachfrage der Konsumenten. »Fair« bedeutet auch in der heutigen Praxis nur so fair, wie es möglich ist, auch ausreichend große Mengen an Ware verkaufen zu können.

EIN LANGER ANLAUF

Der faire Handel hat selbst keinen Einfluss auf die Preissetzung durch die beteiligten Unternehmen. Welche Gewinnmargen Hersteller und Handel festsetzen, entscheiden sie allein. Da die eingekauften Rohstoffe oft noch verarbeitet werden müssen, man aber nicht weiß, welche Kosten dadurch entstehen, ist der Spekulation Tür und Tor geöffnet, was die Margen im fairen Handel betrifft. Dass sie für den

Käufer intransparent sind, sorgt bei manchen für Misstrauen und Unmut. Von Margen bis zu 45 Prozent war in der *Arte*-Dokumentation »Fairer Handel auf dem Prüfstand« die Rede.[23] Eine solche Gewinnspanne ist Vertretern des fairen Handels nicht bekannt, die Gepa hält die Einschätzung für übertrieben.[24] Gewöhnlich liegt die durchschnittliche Handelsspanne im Einzelhandel – also die Differenz zwischen Listenverkaufspreis und Einkaufspreis – bei 30 Prozent.

Notwendig wäre hier echte Transparenz, um festzustellen, wer eigentlich in welchem Umfang an fairen Produkten verdient. Und selbst dann wird noch schwer zu beurteilen bleiben, wie fair die Verteilung von Gewinn und Risiko zwischen Bauern und Importeuren, Herstellern und Händlern sowie dem System des fairen Handels ist.

Neben Mindestpreisen macht der faire Handel den Abnehmern im Norden diverse andere Auflagen. So müssen sie 60 Prozent des Kaufpreises im Voraus bezahlen, also den Produzenten bei Bedarf Vorkredit einräumen, womit diese beispielsweise Saatgut oder Düngemittel vorfinanzieren können. Damit werden die Kleinbauern aus der traditionellen Abhängigkeit von lokalen Geldgebern befreit, die sie häufig übervorteilen. Abnehmer fairer Ware müssen sich außerdem vertraglich auf eine längerfristige Lieferbeziehung einlassen, was den Produzenten eine gewisse Absatz- und damit Planungssicherheit verschafft.

Zum Wohl der Produzenten im Süden greift der faire Handel in das Wirtschaftsgeschehen ein, während beim Verkauf der Waren im Norden Marktkräfte walten. Sein Erfolg hängt von der Nachfrage der Konsumenten ab, die bislang vor allem in Europa leben. Geert van Dok, langjähriger Mitarbeiter bei der Caritas Schweiz und viele Jahre im Vorstand bei Max Havelaar Schweiz: »Gerade damit stellt der faire Handel eine Herausforderung für das herrschende, liberalistische Wirtschaftssystem dar: Herausforderung deshalb, da er allein durch sein Funktionieren beweist, dass Handel auch ohne soziale und ökologische Ausbeutung funktionieren kann und trotzdem nichts mit staatlichem Protektionismus oder Planwirtschaft zu tun haben muss. Die Regulierungen im fairen Handel wurden im Hinblick auf die herrschende Nachfrage für kontrolliert produzierte Güter von privater Seite her initiiert und eingeführt und sind damit ein Auswuchs des Marktes selbst.«[25] Man kann den fairen Handel also als eine marktwirtschaftliche Antwort auf die Bedürfnisse einiger Kunden auffassen, Waren zu kaufen, bei deren Herstellung Fragen der Gerechtigkeit als moralisches Motiv eine Rolle spielen. Mit ihm wurde für solchermaßen motivierte Menschen der notwendige Markt geschaffen, damit sie entsprechend einkaufen können.

Vertrauen ist gut, Kontrolle ist besser – nach diesem Motto verfährt auch der faire Handel. Bis Mitte der 1990er-Jahre waren die nationalen Initiativen dafür zuständig, die Qualität der Produktion und die Einhaltung von Regeln wie dem Verbot der Kinderarbeit zu überprüfen und Ratschläge für eine Verbesserung der Produktion zu geben. Damals waren Kontrollen durch private Organisationen etwas Neues in der Wirtschaft.

Etwa ein Drittel seiner Arbeitszeit verbrachte Dieter Overath zunächst auf Reisen, um die Kooperativen zu besuchen. Auf der anderen Seite mussten die Zertifizierer stark gegenüber den Händlern im Norden auftreten, wozu beispielsweise ein »wasserdichter Lizenzvertrag« gehörte. Um unliebsame Überraschungen zu verhindern, ließ man sich professionell von Wirtschaftsprüfern und in juristischen Fragen pro bono vor allem von Martin Schockenhoff beraten, einem auf Gesellschaftsrecht spezialisierten Partner bei der Kanzlei Gleiss und Lutz.

Im August 1992 hatte Transfair Deutschland die ersten Verträge abgeschlossen, mit acht Röstern und zwei Importunternehmen. Erster Lizenznehmer wurde die Gepa, was die Sache vereinfachte: Als Urgestein der alternativen Handelsszene teilte die Gepa mit Transfair einige Gesellschafter, wie zum Beispiel Misereor und den Kirchlichen Entwicklungsdienst, der später in Brot für die Welt aufging. Außerdem erhielt die Gepa Sonderkonditionen. Sie brauchte für die entsprechende Menge fairen Kaffee, die sie bereits vor der Gründung von Transfair verkauft hatte, keine Lizenzgebühren an den Verein zu bezahlen. Mancher Kirchenvertreter wünschte sich sogar noch mehr Sonderrechte für die Gepa, was von der Mehrheit aber abgelehnt wurde.

Am 7. Oktober 1992 stellte Overath das Projekt der Öffentlichkeit vor, mit dem Kaffeethema im Mittelpunkt: »Auf dem Weltmarkt ist Kaffee so billig wie nie zuvor. Heute muss ein Verbraucher in Deutschland neunmal weniger arbeiten als vor 15 Jahren, um sich ein Pfund Röstkaffee leisten zu können. Im gleichen Zeitraum sind die ohnehin niedrigen Einnahmen der kleinen Kaffeebauern um das Vierfache gesunken. Je nach Qualität und Sorten bekommen die Produzenten in der ›Dritten Welt‹ auf dem Weltmarkt für ein Pfund Kaffee derzeit zwischen 60 und 80 Pfennig. Für fair gehandelten Kaffee erhalten sie das Doppelte«, schrieb er in der ersten Pressemitteilung des Vereins. Das Medienecho im Gründungsjahr war beachtlich. So hieß es im *Spiegel*: »Bohne mit Bonus. Die Ethikwelle rollt: Kaffee mit Solidaritätsaufschlag für arme Drittwelt-Bauern soll zum Bestseller in deutschen Supermärkten werden.«[26] Aber kaum ein Unternehmen wollte einsteigen.

Anders als in der Schweiz hatten die Initiatoren des Siegels in Deutschland losgelegt, ohne schon Abnehmer aus dem gewöhnlichen Handel mit an Bord zu haben. Overath, der sich mittlerweile mit Architekten ein Büro in einem Kölner Hinterhof teilte, ließ sich nicht davon abschrecken, dass die hiesigen Kaffeeröster seine Kontaktversuche ignorierten. Hartnäckig versuchte er immer wieder, mit ihnen ins Gespräch zu kommen. Schließlich machten kleine, unbekanntere Firmen den Anfang. Im Dezember 1992 stellte die Mindener Coop-Genossenschaft, eine regionale Supermarktkette, einen von Transfair gesiegelten Kaffee ins Regal. Bernd Ohlemeyer, dort zuständig für Einkauf und Vertrieb, hatte sich von dem Konzept überzeugen lassen und bei der Dortmunder Rösterei Schirmer eine Tonne der fairen Marke Viva bestellt, geröstet aus peruanischen Kaffeebohnen.

»Nur eine Werbeaktion?«, fragte das Mindener Tagblatt anlässlich des Verkaufsstarts in 28 Depot- und 15 Coop-Supermärkten im Kreis Minden-Lübecke und im angrenzenden Niedersachsen. Ohlemeyer klärte daraufhin über die Tatsachen auf: »Der Kaffeepreis bewegt sich auf einem Niveau wie vor 20 Jahren. Das kann man nicht mehr nachvollziehen. […] Ein Preisniveau wie derzeit würde auf Dauer bewirken, dass in den Produktionsländern wegen der fehlenden Mittel immer schlechtere Arbeitsbedingungen herrschen würden und damit auch die Qualität des Kaffees leiden würde.« Solche Botschaften kannte die Öffentlichkeit von Aktivisten, aber nicht von Vertretern des gewöhnlichen Handels.

Nach einigen Monaten waren auch große Anbieter bereit, die Sache auszuprobieren; ab Februar 1993 führten der Kaufhof, das KaDeWe und einige Rewe-Supermärkte die Bohne mit dem sozialen Gütesiegel im Sortiment. Die Kunden mussten 10 bis 12 D-Mark für das Pfund zahlen, deutlich mehr als für konventionellen Kaffee, der mancherorts in Deutschland schon für sieben D-Mark zu haben war.

Parallel dazu mobilisierten die Mitgliedsorganisationen des fairen Handels die Konsumenten, zum Beispiel Christinnen, die das Thema zum Weltgebetstag, der größten ökumenischen Veranstaltung christlicher Frauenorganisationen, aufgriffen. So kam Schwung in die Sache, und immer mehr Kunden fragten im Supermarkt nach der fairen Variante. Ob der Handel von dem neuen »Trend« genervt war oder ihn als Gelegenheit begriff, ein Geschäft zu machen, ist schwer zu rekonstruieren. Tatsächlich machten aber schnell immer mehr Unternehmen mit. Rewe versprach »der Kaffee mit dem Hut, der schmeckt gut« für den von der Rösterei Union hergestellten Pedro-Kaffee, den sie quer durch die Republik anboten. Damit war Rewe die erste Kette, die fair gehandelten Kaffee in allen – 5.000 – Filialen führte. Ende 1994 war der faire Kaffee in über 20.000 Supermärkten erhältlich und hatte damit in Deutschland einen Marktanteil von 2 Prozent erreicht. Es ging langsamer voran als in Holland und war im Ergebnis weniger als in der Schweiz – angesichts des schwierigen und speziellen Marktes für Kaffee in Deutschland aber trotzdem ein Erfolg.

TCHIBO, JACOBS & CO

Coffee to go war Anfang der 1990er noch nicht die Selbstverständlichkeit, als die wir ihn heute kennen. Starbucks, wo Verbraucher je nach Kreation ohne großes Murren einige Euro zahlen, startete erst 2002 auf dem deutschen Markt. 1992 war es auch noch nicht schick, sich teure Kaffeemaschinen anzuschaffen, sondern man brühte sich Filterkaffee auf – und sah dabei auf den Preis.

Im Handel tobte ein gnadenloser Kampf um den Preis und um die Kaffeekunden. Preisveränderungen waren Thema der Berichterstattung in den Medien, ähnlich wie heute Benzinpreiserhöhungen. Im Wettbewerb, sich gegenseitig zu unterbieten, hatten sich die Kaffeepreise in Deutschland von den Weltmarktpreisen abgekoppelt; selbst die großen Röster konnten angesichts der Tiefpreise kaum noch Gewinn machen. Kräftig angeheizt wurde der Preiskampf von den Discountern, vor allem von Aldi Süd und Aldi Nord. Sie nutzten billigen Kaffee als Vehikel, um Kunden in ihre Filialen zu locken.[27] Vom fairen Handel ließen die führenden Röster damals die Finger. Eine Ausnahme machte dabei die J.J. Darboven GmbH & Co KG, der kleinste unter den fünf größten Röstern in Deutschland.

Albert Darboven, zu dem Zeitpunkt 57 Jahre alt, verkörpert die vierte Generation der Hamburger Kaffeedynastie. Sein kinderloser Onkel, Arthur Darboven, hatte ihn 1950 adoptiert, in einer Zeit, als Bohnenkaffee ein Luxusartikel war und mancher noch Ersatzkaffee aus Pflanzenwurzeln trank. Verkauft wurde Darboven-Kaffee zunächst überwiegend in rund 300.000 kleinen Lebensmittelläden, im Volksmund liebevoll Tante-Emma-Läden genannt. Die Werbung dafür passte zum biederen Zeitgeist: So trat in einem Fernsehspot etwa Albert Darboven persönlich in einem Fernsehspot auf, ließ sich eine Tasse »Idee-Kaffee« servieren, zwinkerte der Kellnerin verschwörerisch zu und sprach vom Engel in der Bohne.

Als sich dieser bekannte Röster zum Konzept des Fairtrade-Siegels bekannte, war das ein Durchbruch. Darboven kaufte nun einen Teil seines Kaffees bei Fairtrade-Genossenschaften in Lateinamerika und Afrika ein und willigte ein, bei Nachfrage bis zu 60 Prozent vorzufinanzieren. Andere »Kaffeebarone« reagierten darauf mit Befremden, für sie war Darboven eine Art Überläufer. Gänzlich kalt ließen aber auch sie die fairen Bohnen nicht. Sie reagierten mit Abwehrmaßnahmen.

Tchibo zum Beispiel investierte einen zweistelligen Millionenbetrag in eine Werbekampagne, in der dem Kunden ein im Vergleich zum bisherigen Normalprodukt höherwertiger Kaffee angepriesen wurde. Bei einem solch hochpreisigen Produkt komme mehr Geld bei dem

Produzenten an, so das Versprechen. Theoretisch stimmte das, praktisch wohl eher nicht. Denn Tchibo kaufte seinen Kaffee nicht direkt von genossenschaftlich organisierten Kleinbauern, sondern von Importeuren und deren lokalen Aufkäufern. Die Firma blieb jahrelang auf Distanz zum fairen Handel und rief noch 1995 die Polizei, als Overath friedlich mit südamerikanischen Kaffeebauern vor der Hamburger Konzernzentrale protestierte.

Auch Branchenriese Jacobs präsentierte bald einen Kaffee, der angeblich direkt von peruanischen Kleinbauern bezogen wurde, genannt El Condor. Kontrollen unabhängiger Dritter lehnte der Importeur ab. Transfair stellte ob der Verwechslungsgefahr richtig: »Angesichts der klaren Unterschiede kann bei El Condor weder von einem fair gehandelten Kaffee noch von einem Transfair-ähnlichen Konzept gesprochen werden.« Statt des Transfair-Mindestpreises von 126 Dollar zahlte Jacobs für den Direktimport nur den Weltmarktpreis, rund 60 Dollar, plus Qualitätsaufschlag. Unabhängige Experten überraschte der Widerstand der Kaffeekonzerne gegen den fairen Kaffee zum damaligen Zeitpunkt nicht. »Sie arbeiten vor allem mit den Regierungen und der Oberschicht in diesen Ländern zusammen und wollen diese Verbindungen natürlich nicht zerstören«, sagte der Ökonom Hans-Joachim Timm vom Hamburger Wirtschaftsforschungsinstitut HWWA.[28]

Der anhaltende Preiskampf auf dem deutschen Kaffeemarkt hatte erhebliche Konsequenzen für kleinere und mittlere Röster und damit das Rückgrat des fairen Verkaufs. Sie konnten oft nicht mithalten, worauf laut Transfair der Umsatzeinbruch um acht Prozent im Jahr 1998 zurückzuführen war. Wenn die Preisunterschiede zu groß waren, wechselten viele Verbraucher doch wieder zu konventionellen Anbietern. Bitter war dies für die Kleinbauern, für die der faire Handel mit seinem Mindestpreis eine existenzielle Rolle spielte; der Weltmarktpreis für Rohkaffee hatte sich gerade halbiert. Auch Darboven verkaufte nur noch geringe Mengen fair gesiegelten Kaffees, und im Jahr 2000 listete die bundesweit aktive Handelskette Plus fair gesiegelten Kaffee aus. Der Umsatz mit fairen Waren sank in dem Jahr um ein Zehntel.

Es waren schwere Jahre für Transfair in Deutschland. Overath, eigentlich nie um Worte verlegen, wirkte angesichts des Verhaltens der Verbraucher ein wenig hilflos: »Es nützt ja nichts, wenn wir unseren Partnern [...] faire Preise garantieren, die bei Robusta-Sorten aus Afrika derzeit bis zum Fünffachen des Weltmarktpreises betragen, aber auf der anderen Seite immer weniger faire Produkte gekauft werden.«[29] Vielleicht hätte er gerne mit seinem Schweizer Kollegen getauscht. Im Nachbarland hatte fair gesiegelter Kaffee im Jahr 2000 bereits einen fünfmal höheren Marktanteil erreicht als in Deutschland. »Dort fragen die Supermarktketten sogar bei unserer Partnerorganisation Max Havelaar an, wann es wieder neue faire Produkte gibt«, so Overath, »das ist in Deutschland im Moment undenkbar.«[30] Mancher Kommentar aus Unternehmenszentralen zur Lösung der existenzbedrohenden Kaffeekrise der Kleinbauern klang fast schon zynisch, wie bei Jacobs: »Wenn jeder Chinese täglich eine Tasse Kaffee trinken würde, hätten wir kein Problem mehr.«[31] Heute trinken viele Chinesen Kaffee, aber die Situation der Bauern hat sich grundsätzlich immer noch nicht zum Besseren gewendet.

Gelegentlich nahm die Auseinandersetzung zwischen der konventionellen Kaffeebranche und dem fairen Handel absurde Züge an, zum Beispiel bei einem vom öffentlich-rechtlichen Fernsehen inszenierten Kaffeetest. Anlässlich des häufig vorgebrachten Vorwurfs, der faire Kaffee sei von schlechterer Qualität, lud die Redaktion des *NDR* zu einer Blindverkostung von vier Kaffees, bei der Vertreter des jeweiligen Unternehmens den eigenen Kaffee herausfinden sollten. Und siehe da, der wortgewaltige Rolf Sauerbier, Pressesprecher von Jacobs, hielt fälschlicherweise die faire Dröhnung für die Krönung aus eigenem Hause, während Overath die richtigen Sorten herausschmeckte – »Dafür hatte ich wochenlang geübt«, gesteht er heute schmunzelnd. Die Revanche folgte vier Jahre später beim Europäischen Kaffeeforum in Bremen, wo in einem Nebenraum auf Betreiben Sauerbiers ein kritischer Filmbericht des *ZDF* über Transfair in Dauerschleife lief. Overath erinnert sich, dass die meisten Leute bei der Veranstaltung auf Distanz zu ihm gingen, ganz wie in Franz Josef Degenhardts Lied »Spiel nicht mit den Schmuddelkindern«.

Der Widerstand der Kaffeeriesen war umso erstaunlicher, als es der faire Handel mit seinem Zertifizierungsprinzip den Unternehmen wesentlich einfacher machte als seine Vorgänger vom alternativen Handel. Sein Selbstverständnis war nicht notwendigerweise an Sympathien für linke revolutionäre Bewegungen und Parolen gegen multinationale Konzerne geknüpft. Fairtrade griff nicht einzelne Unternehmen oder Regierungen an, sondern richtete sich in »erster Linie gegen unbestimmt und anonym bleibende, als ungerecht klassifizierte Welthandelsstrukturen«.[32] Heute kann es sogar passieren, dass eine Mitarbeiterin von Fairtrade auf einem Branchenevent als Nachwuchsmanagerin geehrt wird.

Während die alternativen Handelshäuser seit jeher eine breitere Palette Waren anbieten, neben Nahrungsmitteln auch Handwerkserzeugnisse, haben die Siegelorganisationen ihr Spektrum erst allmählich auf ein breiteres Spektrum landwirtschaftlicher Konsumgüter erweitert. Dabei wurde fair gehandelter Kaffee, mit dem alles begann, inzwischen von manchem anderen Produkt überholt: Sein Marktanteil liegt in Deutschland heute bei knapp 4 Prozent; bei Kakao sind es 6 Prozent, bei Bananen 10 Prozent und bei Rosen rund 25 Prozent. Den größten Erfolg im Fairtrade-Universum kann sich wohl Max Havelaar Schweiz bei Bananen zusprechen: Mehr als jede zweite Banane ist fair gehandelt, es waren sogar schon einmal deutlich mehr. Insgesamt rund 7.000 Produkte sind heute, 2017, in Deutschland, Österreich und der Schweiz als fair hergestellte und gehandelte Produkte gekennzeichnet.

ÖSTERREICH: ANSCHUB DURCH DIE POLITIK

In Sachen Geschwindigkeit und schnelle Erfolge ähnelt der Start von Fairtrade Österreich dem der Schwesterorganisation in Deutschland, die anfangs langsam vom Fleck kam und nach zehn Jahren gerade einmal 50 Millionen Euro Gesamtumsatz aufzuweisen hatte. Im Frühling 1993 hoben zwölf Nichtregierungsorganisationen, darunter die EZA als die klassische alternative Importorganisation, die Arbeitsgruppe der Weltläden sowie Vertreter von Gewerkschaften Transfair Österreich aus der Taufe. Treibende Kraft dafür war Jean-

Marie Krier, Geschäftsführer der EZA. Der Gründungsbeschluss, verkündet bei einer Pressekonferenz in Salzburg, stieß in den Medien zunächst auf wenig Interesse. Nur ein Journalist kam zu der Veranstaltung, um dann jedoch auf einer ganzen Seite für die Salzburger Nachrichten davon zu berichten.

Helmut Adam – ein gestandener Marketingmanager mit Stationen bei Kodak und Unilever – las den Artikel. Als wenig später die Geschäftsführung des neuen Vereins ausgeschrieben war, nutzte er die Gelegenheit für den ersehnten Seitenwechsel. Ursprünglich sei er eher ein Wirtschaftsliberaler gewesen, der kein Problem damit gehabt habe, bei multinationalen Konzernen zu arbeiten, erzählt er rückblickend. Wenn er sich jedoch daran erinnert, wie er in dieser Funktion in der Welt herumgefahren sei, habe er sich später, aus der Perspektive des Transfair-Geschäftsführers, nur über die eigene Ignoranz wundern können. »Wir haben uns nur für die Schwankungen der Rohstoffpreise interessiert.« Dass hinter den nackten Zahlen Menschen steckten, deren Existenzen von den Preisen abhingen, hätten er und seine Kollegen vollkommen ausgeblendet. »Ich habe erst 15 Jahre später begriffen, wie clean diese Welt der Multis war, was alles ausgeblendet wurde.«

Neun Jahre war Helmut Adam Geschäftsführer bei Transfair Österreich, dann wechselte er zur NGO Südwind, einer der Organisationen, die den fairen Handel in Österreich mitgegründet hat. Seit seiner Pensionierung arbeitet er bei der Tafel für Bedürftige in Wien mit. Der alternative Handel war Adam schon früh ein Begriff. Sein Vater betrieb als selbständiger Kaufmann einen 26-Quadratmeter-Gemischtwarenladen in Pürgg, einem Dorf in der Steiermark, wo Adam Senior als erster kommerzieller Laden überhaupt in Österreich Kleinbauernkaffee der EZA verkaufte; geliefert von Adam Junior, der – wie die EZA – damals in Salzburg ansässig war.

Die armselige Lage der Kaffeebauern erlebte Adam Junior familienbedingt, als er seinen Bruder besuchte, der Ende der 1980er-Jahre als Entwicklungshelfer in Nicaragua arbeitete. Adam sah sich erstmals mit den erbärmlichen Lebensbedingungen der Menschen konfrontiert, die Rohstoffe für Konzerne herstellen, bei denen er arbeitete.

Die aufwühlenden Einblicke zeigten ihm eine »furchtbar abgeschnittene Welt, von der ich gar nicht wusste, dass sie existiert«. Als Mensch »mit zwei linken Händen« sei er für den Einsatz als Entwicklungshelfer untauglich gewesen, aber er nahm sich vor, bei nächster Gelegenheit seinen Job zu wechseln. Als Geschäftsführer von Transfair Österreich hatte er dann Gelegenheit, gegen die Ignoranz derjenigen zu kämpfen, zu denen er selbst lange gehört hatte.

Auf der Suche nach Lizenznehmern für ein faires Gütesiegel verwiesen ihn die für Österreich zuständigen Vertreter internationaler Röstereien lediglich an ferne Konzernzentralen. Die Manager österreichischer Röstereien hielten nicht viel von der Idee, fairen Kaffee im konventionellen Markt einzuführen, und wimmelten ihn ebenfalls ab. Ihrer Meinung nach könne das nicht funktionieren, und in einem Jahr werde es Transfair Österreich nicht mehr geben. Auch die Handelsketten hatten kein Interesse: »Lasst uns mit so einem Blödsinn in Ruhe«, erinnert Adam sich an die harschen Absagen der großen Einzelhandelsketten Billa und Spar.

Sein Budget für die beiden Anfangsjahre 1993 und 1994 belief sich auf jeweils rund 500.000 Schilling, umgerechnet etwas mehr als 35.000 Euro. »Wir konnten gar nicht viel mehr tun, als den Leuten zu sagen, dass fairer Handel wichtig ist und sich auch in Österreich etablieren wird. Manche haben es von Beginn an geglaubt und manche eben nicht.« In dieser Situation halfen familiäre Kontakte Adam aus der Patsche. Über seinen Vater kannte er jemanden in der Zentrale des genossenschaftlich organisierten Einzelhandelsverbunds ADEG, damals zweitgrößter Einzelhändler in Österreich. Der Handelsverbund erklärte sich nun doch bereit, fairen Kaffee in sein Sortiment aufzunehmen. Die regionale Supermarktkette Mpreis und das deutsche Handelsunternehmen, das damals mit Löwa und Zielpunkt in Österreich vertreten war, folgten.

Weil allerdings heimische Röster sich weiterhin nicht interessiert zeigten, mussten die Supermärkte den fairen Kaffee aus Deutschland beziehen. Dennoch hatten im Herbst 1993, zum Zeitpunkt der ersten Pressekonferenz von Transfair Österreich, schließlich rund 1.500 Geschäfte den fairen Kaffee gelistet, im Verhältnis ungefähr die gleiche Größenordnung wie in Holland oder der Schweiz. Aber anders als in den beiden Ländern floppte in Österreich der Verkauf. »Es wurde fast kein fairer Kaffee unter dem neuen Siegel verkauft«, erinnert sich Adam. »Kein Kunde kannte die neuen Marken, der Handel war skeptisch, und die Leute, die fairen Handel verstanden, kauften in Weltläden ein.«

Der Slogan »Shopping for a better world« klingt heute abgedroschen, aber Anfang der 1990er-Jahre war er etwas ganz Neues. Es war der Titel eines Bestsellers in den USA, und unter dem gleichen Namen organisierte Transfair Österreich 1994 in Wien eine Messe für faire Waren. Mit der Veranstaltung wollte Adam um Konsumenten werben, die eigentlich aufgeschlossen sein müssten, faire Waren zu kaufen. In einem Zeitungsinterview erläuterte er den Gedanken dahinter: »In der Nachkriegszeit waren vor allem Preisargumente kaufentscheidend, mit wachsendem Wohlstand kamen Qualitätsargumente hinzu, das steigende Umweltbewusstsein ließ die ökologischen Aspekte folgen. Der logische nächste Schritt ist die Frage nach dem sozialen Hintergrund.«

Er beteiligte sich mit seinem Verein auch an diversen anderen öffentlichkeitswirksamen Aktionen: Gemeinsam mit dem kommunalen Netzwerk Klimabündnis organisierte man eine ökofaire Staffel quer durch Österreich von Voralberg bis Wien, bei der Menschen zu Fuß, mit dem Fahrrad, dem Skateboard oder anderen ökologischen Fortbewegungsmitteln zwei bis drei Wochen unterwegs waren.

Über mangelnde Aufmerksamkeit in der Öffentlichkeit konnte sich Transfair Österreich nicht beklagen. Trotzdem griffen in den ersten drei Jahren kaum Konsumenten zu. Das gefährdete sogar ernsthaft die gesamte Idee des Verkaufs fairer Waren im Supermarkt, wie Vorstand Helmut Hartmeyer im Jahresbericht 1995 leicht verklausuliert warnte: »Die Gefahr, dass der Handel negativ reagiert, wenn eine Ware Regalplatz verstellt, ohne entsprechend oft verkauft zu werden, ist immer gegeben.« Wohl aus gutem Grund finden sich keine Verkaufszahlen in dem damaligen Jahresbericht. Wirtschaftlich überlebte der Verein vor allem dank der Lizenzeinnahmen seines Mitglieds EZA, also des klassischen Importeurs. Nur hatte der auch schon vorher seinen Kaffee verkauft. Den gewünschten Effekt, nämlich zusätzlichen Absatz für die Kleinbauern im Süden, generierte die Gründung der Siegelorganisation in Österreich zunächst kaum. Die EZA musste die Initiative durchschleppen, und 1996 schien ihr Geduldsfaden dem Zerreißen nahe. Jean-Marie Krier, Geschäftsführer der EZA, schrieb an den »lieben Helmut«, was denn geschehen solle – und drohte »für den Falle einer unbefriedigenden Antwort« mit der Kündigung der Lizenzvereinbarung. Das hätte vermutlich das Ende von Transfair Österreich bedeutet, zumal andere potenzielle Geldgeber, die man angefragt hatte, ihre Unterstützung verweigert hatten. Ehrlich, aber fast schon resignierend gab Adam zu, das Verkaufsziel sei »dramatisch verfehlt« worden und man wisse im Moment keine Antwort auf die Frage, wie mehr Konsumenten gewonnen werden könnten.

Edeltraud Novy, für die Katholische Frauenbewegung bis Mitte 2017 im immer noch ehrenamtlich organisierten Vorstand von Transfair Österreich tätig, hat eine Erklärung dafür, warum sich das Prinzip Fairtrade in Österreich so schwertut. Sie hat miterlebt, wie ihre Eltern ihr Lebensmittelgeschäft wegen der knallharten Preispolitik der großen Ketten aufgeben mussten. Mit der späteren Pleite des Konsum sei dann quasi der »letzte natürliche Verbündete« für Transfair Österreich unter den großen Einzelhändlern abhanden gekommen. Im März 1995 hatten die kreditgebenden Banken dem gewerkschaftseigenen Einzelhandelskonzern mit 17.000 Beschäftigten den Kredithahn abgedreht. Es folgte eine der größten Pleiten in Österreich. »Ein grausiger Konkurs«, erinnert sich Novy, »damit gab es keinen Einzelhändler mehr, der nicht rein kapitalistisch funktioniert.« Denn dem Konsum, der historisch Teil der Arbeiterbewegung gewesen war, ging es der Idee nach ursprünglich um eine bessere und günstigere Versorgung von Arbeitern mit Waren und nicht um eine Maximierung des eigenen Gewinns.

Bei einer Tasse Tee erzählt Novy, wie sie über die politische 68er-Bewegung, aber auch durch Bewunderung für die Befreiungstheologen in Lateinamerika in den 1980er-Jahren zum Thema fairer Handel kam. Der Schritt in die Supermärkte sei richtig gewesen, auch wenn

man ständig Gefahr laufe, von Unternehmen als Feigenblatt miss-
braucht zu werden, deren Ziel die Maximierung des eigenen Gewinns
ist und bleibt. Denn andererseits sei die Idee in gewisser Weise eine
ziemlich subversive Sache. »Wenn Supermärkte in ihrer Werbung
ganzseitig über den fairen Handel schreiben, bringen sie die Konsumenten doch zum Nachdenken, wie es sich eigentlich mit dem restlichen Sortiment verhält.«

Wichtige Hilfestellung bekam Transfair Österreich in der misslichen
Lage vom Staat, und zwar insbesondere von konservativ-bürgerlichen
Politikern. »Auf der bürgerlichen Seite wurden solche Initiativen be-
grüßt, nach dem Motto: Das ist Handel, und Handel ist Wirtschaft, das
unterstützen wir«, erzählt Adam. Skeptischer seien die Sozialdemokra-
ten gewesen. »Sie haben immer mehr die Arbeitsrechte gesehen, die
waren am Anfang bei Fairtrade ja kein großes Thema.« Erst später
beschäftigte sich der faire Handel über Mindestpreise und verlässli-
che Lieferbedingungen hinaus auch mit den Arbeitsbedingungen auf
Plantagen, und erst seit relativ kurzer Zeit steht auch die Situation
von Arbeitern in Textilfabriken im Fokus.

Vom österreichischen Außenministerium, damals auch für Entwicklungspolitik zuständig, flossen schließlich Gelder an den Verein. Damit konnte unter anderem eine Journalistenreise nach Nicaragua und
Costa Rica finanziert werden, um mehr Menschen über die Idee zu
informieren. Außerdem wurde ein Bus angeschafft, mit dem ehrenamtliche Helfer nun kreuz und quer durchs Land fuhren, um mit Bürgern fairen Kaffee zu kosten und die Werbetrommel zu rühren.

Endlich fanden sich nun auch erste Interessenten unter heimischen
Produzenten, wie der Röster Hornig, der schon für die EZA tätig war.
Richtig vorwärts gegangen sei es mit dem Absatz fair gesiegelter Wa-
ren aber erst nach der Einführung des Tees im Jahr 1994, sagt Adam.
Entscheidend sei in dem Fall wohl gewesen, dass – anders als beim
Kaffee – gleich von Anfang an zwei renommierte Markenartikler mit-
machten, nämlich Teekanne und Milford. »Vorher musste man den
Eindruck gewinnen, große Firmen scheuen den fairen Handel in Ös-
terreich«, so Adam, »der Bann war nun aufgehoben.« Dass zwei
große Marken dabei waren, überzeugte offensichtlich davon, dass

ein wirtschaftlicher Sinn in der Unternehmung steckte und das Ganze doch funktionieren könnte. Befördert wurde der positive Trend auch durch eine weltweite Entwicklung. Viele unterschiedliche Akteure verlangten inzwischen von Unternehmen, sich um das Thema Nachhaltigkeit, um ökologische und soziale Aspekte zu kümmern, vor allem wegen massivem Druck der Zivilgesellschaft. Das blieb nicht ohne Folgen. Bestes Beispiel dafür ist Spar, eine Supermarktkette, zu der sich, wie auch in einigen anderen Ländern, Großhändler und Einzelhändler zusammenschlossen, um gemeinsam wettbewerbsfähiger zu sein. In Österreich befindet sich das Handelsunternehmen bis heute in der Hand mehrerer Familien.

Im Vorfeld der UN-Konferenz 1992 in Rio de Janeiro diskutierte die Welt über die Klimaerwärmung und mögliche Maßnahmen, um ihr entgegenzuwirken. Das wirkte sich auf die Agenda von Unternehmen aus: Umwelt war auf einmal das große Thema. Das galt auch für die zehn Grundsätze, die Spar im Jahr 1990 für das eigene Handeln als Unternehmen festlegte: »Wir tragen Mitverantwortung für die Gesellschaft«, stand darin als Grundsatz Nr. 7. Ein knappes Jahrzehnt später bezog Spar in diesen Leitsatz auch die Produzenten im Süden mit ein und entschied sich für den Verkauf fair zertifizierter Waren. Aus zunächst 40 Produkten ist bis heute ein Sortiment von mehr als 300 geworden. Für Transfair Österreich bedeutete die Listung bei Spar den Durchbruch. Denn jetzt klopften auch die anderen großen Einzelhandelsunternehmen des Landes an, ob Billa (gehört heute zu Rewe) oder Hofer (gehört zu Aldi).

FUNDAMENTALISTEN UND REALOS
Die strategische Entscheidung für den Eintritt des fairen Handels in den konventionellen Massenmarkt sorgte bei den bisherigen Akteuren für heftige Diskussionen über Nutzen und Nebenwirkungen. Theologe Helmut Schüller kennt sich mit Konflikten aus. Der langjährige Präsident der Caritas in Österreich wählt gerne offene Worte. So gehörte er zu den Befürwortern einer Priesterweihe für verheiratete Männer und sogar für Frauen, was nicht jedem gefiel. Der Vatikan entzog ihm unter Papst Benedikt ohne Angabe von Gründen

den Titel des Monsignore. Schüller ist heute Pfarrer an der Kirche des Heiligen Stephan in der Ortschaft Probstdorf, Universitätsseelsorger der Katholischen Hochschulgemeinde Wien und ehrenamtlich tätiger Vorstandsvorsitzender von Transfair Österreich. »Der Schritt, in die Masse zu gehen, war mutig und richtig«, findet er. Durch die Entscheidung habe man aber zwei Gruppen mit verschiedenen Meinungen unter ein Dach gebracht, und das führte natürlicherweise zu Spannungen.

Während man in der Phase davor mit dem alternativen Handel eine von den Produzenten zu den Weltläden konsequent faire Kette geschaffen hatte, bedeutete der faire Handel Kompromisse: Erstens ließ man sich dabei ein mit Einzelhändlern, die eigentlich als Teil des konventionellen Systems und insofern als Teil des Problems gesehen wurden. Und zweitens wurden ja nur einige faire Waren in den Supermärkten verkauft. Beim restlichen Sortiment blieb alles beim Alten, das heißt, es war mindestens unklar, ob es zu fairen Bedingungen hergestellt worden war, wenn nicht sogar unwahrscheinlich. Schüller sagt es selbst ganz offen: Die Entscheidung, mit dem Veränderungsversuch in quasi homöopathischer Dosis dort anzusetzen, wo drumherum alles wie gehabt seinen Gang geht, berge die Gefahr, sich der Mitwirkung bei *Fair Washing* verdächtig zu machen.

»Dieser uralte Vorwurf ist nicht auflösbar«, sagt der Theologe. Man habe sich eben entscheiden müssen, ob man mit einem Kompromiss einen größeren Hebel betätigen oder authentisch in der Nische bleiben wollte. Denn natürlich gebe es einen wesentlichen Unterschied zwischen den beiden Situationen: Über die Thematisierung des Problems im Weltladen werden die Verbraucher mit den ungerechten Strukturen im Welthandel konfrontiert und diskutieren sie vielleicht sogar, das heißt, es findet Bewusstseinsarbeit statt; im Supermarkt können sie ohne jede gedankliche Belästigung mit den Hintergründen des von irgendwoher ins Regal gelangten Angebots einfach nach fair gesiegelten Produkten greifen. »Insofern können wir hier nur einen Teil dessen erreichen, was wir eigentlich mit dem fairem Handel wollen«, so Schüller. »Man kann benützt werden oder zu wenig für die Produzenten aus dem Ganzen herausholen, wenn man es über den Massenmarkt spielt.« Gleichzeitig eröffne dieser aber die Chance auf größere Absatzmengen, was wiederum von direkter Bedeutung für die Existenz der Produzenten sei. Zu den Gewissenskonflikten fällt Schüller eine Anekdote von Karl Kraus ein, dem großen Satiriker Österreichs. Als dem ein junger Mann erzählt habe, er wolle Wirtschaftsethik studieren, habe Kraus ihm geantwortet, da müssen Sie sich wohl für eines entscheiden.

Der Soziologe Sebastian Koos beschreibt die unterschiedlichen Funktionslogiken des alternativen und des fairen Handels. Bei der »zivilgesellschaftlichen Koordinationslogik« des alternativen Handels kauften die Kunden ein Produkt aus Überzeugung, um Menschen zu helfen. Qualität und Geschmack eines Produkts spielten für sie eine untergeordnete Rolle. Anders sei es beim fair gesiegelten Kaffee. Hier gehe es um eine Marktdurchdringung im Massenkonsum, und entsprechend folge der Verkauf einer Marktlogik. In puncto Qualität und Geschmack müsse faire Ware mit der konventionellen konkurrieren können.[33]

Auf die Frage hin, ob er sich vorstellen könne, dass der faire Handel sich wieder aus den Supermärkten zurückzieht, antwortet Schüller sibyllinisch mit einer Episode aus seiner Zeit bei der Caritas Österreich. Dort habe es seinerzeit auch eine Diskussion gegeben, ob man sich aus einem Großteil des angestammten Angebots zurückziehen sollte, um Neues zu wagen. Eine mögliche Variante wäre gewesen, große Betriebe wie Senioren- und Pflegeheime sowie Einrichtungen für Menschen mit Behinderungen in Stiftungen zu verwandeln und außerdem mit einer neuen Caritas zu beginnen, die wieder auf der Straße anfängt, Suppen zu verteilen und Ähnliches. Der Geistliche überlegt laut: »Vielleicht braucht es das manchmal, dass Organisationen, die stark im Kompromiss groß geworden sind, präsent bleiben, aber dass es wieder kleine Setzlinge geben muss.«

WERBUNG UMSONST

Die Zentrale von Transfair Deutschland ist in einer ehemaligen Polizeiwache im Kölner Stadtteil Sülz untergebracht. Auf den Fluren werben der Fußballtrainer Jürgen Klopp und die Schauspieler Joachim

Król und Cosma Shiva Hagen in Schwarz-Weiß-Fotografien von Jim Rakete für den fairen Handel. Bekannte Gesichter oder Institutionen als Unterstützer waren von Anfang an wichtig für die Verbreitung der Idee. So stellte die Bundestagskantine, damals noch in Bonn, schon im Frühjahr 1993 komplett auf fairen Kaffee um, und nach dem Verkauf von einer Million fair zertifizierter Kaffeepackungen wurde die junge Organisation zu Bundespräsident Richard von Weizsäcker eingeladen. Wichtige prominente Unterstützer waren in der Anfangszeit vor allem der CDU-Politiker Norbert Blüm, der Fernsehmoderator Jean Pütz und die Schauspielerin Marie-Luise Marjan, bekannt als Mutter Beimer aus der TV-Serie Lindenstraße. Und werbewirksam nahm Bundespräsident Johannes Rau das 50-millionste Pfund Kaffee mit dem Transfair-Siegel im November 1999 in der Villa Hammerschmidt in Bonn entgegen.

Vor der Gründung der Siegelinitiativen kannte den fairen Handel nur ein kleiner Teil der Bevölkerung, vor allem im Kirchenmilieu. Acht Jahre nach dem Start in Deutschland, im Jahr 2000, lag die gestützte Bekanntheit des Siegels bei 40 Prozent, und bis heute hat sie sich mehr als verdoppelt. Gestützte Bekanntheit bedeutet, dass die Verbraucher – anders als bei einer offenen Frage – eine Abbildung des Siegels vorgehalten bekommen und gefragt werden, ob sie es kennen. In der Schweiz liegt die Bekanntheit bei 89 Prozent und in Österreich bei 92 Prozent. Laut einer Studie aus dem Jahr 2015 vertrauen dem fairen Siegel in Deutschland 95 Prozent derjenigen, die es kennen, mehr als dem gesetzlichen Biosiegel.

Drei Voraussetzungen sind notwendig, damit ein Siegelsystem überhaupt funktionieren und die Wirtschaft partiell verändern kann. Erstens: Um sich dafür entscheiden zu können, müssen die Konsumenten es erst einmal kennen. Zweitens müssen die Siegel einhalten, was sie versprechen. Und drittens: Die Konsumenten müssen die gesiegelte Ware auch tatsächlich kaufen. Das Label ist heute vereinheitlicht. Nachdem es anfangs in den verschiedenen Ländern individuell gestaltete Siegel gegeben hatte, wird seit 2003 fast überall das bekannte schwarz-grün-blaue, von englischen Werbern entworfene Logo mit dem Schriftzug Fairtrade genutzt.

Bis heute verfügen die nationalen Fairtrade-Organisationen nur über kleine Budgets für Werbung. Verglichen mit den Etats von Unternehmen sind sie winzig, und anfangs war das Geld noch knapper. Die Abteilungen für Öffentlichkeitsarbeit und Marketing stehen immer vor der Aufgabe, aus wenig viel zu machen.

Während die Schweizer es vergleichsweise leicht hatten mit ihren starken Einzelhandelspartnern und von deren millionenfach verteilten Kundenzeitungen profitierten, waren die Bedingungen in anderen Märkten wie England, Deutschland und Österreich schwieriger. Hier setzten die Organisationen auf eigene Öffentlichkeitsarbeit, vor allem in Form von Kampagnen und Aktionen, wie man sie sonst von NGOs kennt. So wurden beispielsweise Anlässe geschaffen, bei denen die Wahrscheinlichkeit groß war, dass Medien sie aufgriffen.

Typisch für dieses Verfahren war die Einführung der fairen Bananen in Deutschland, für die man den Künstler Thomas Baumgärtner gewann. Seine gesprühten Bananen im Stil der »Velvet-Underground-Banane« von Andy Warhol markiert viele Museen, Galerien und andere Kunstorte, bis heute über 4.000 in aller Welt. Er sprayte seine markante Banane auch auf die erste Palette Bananen, die unter dem fairen Siegel in Deutschland anlandete. Außerdem fand die Eröffnungspressekonferenz in der Kombüse des Bananenfrachters statt, eines in die Tage gekommenen lettischen Schiffs. »Beides brachte uns 27 Sekunden in der Tagesschau«, weiß Overath noch heute; gekostet habe die Aktion gerade einmal 2.000 D-Mark.

Mehr als ein Dutzend Mitarbeiter bei Transfair in Deutschland arbeiten im Campaigning und in der Öffentlichkeitsarbeit. »Das ist unsere DNA«, sagt Overath. Sie sei gerade in Deutschland notwendig, weil sich hier Verhandlungen mit Unternehmen wesentlich einfacher gestalteten, wenn eine Sache »erst einmal eine gewisse Bedeutung entwickelt hat«. Oft helfen einfache, aber gute Einfälle. So fotografierte die PR-Mitarbeiterin Maren Sartory aus einem Gebäude neben dem Kölner Dom eine Banane so, dass sie quasi auf dem Dom zu stehen scheint. Das Foto schaffte es in die Bildzeitung.

Eine zentrale Rolle spielen bei der Öffentlichkeitsarbeit mittlerweile auch die sozialen Medien, vorneweg Facebook. 80.000 Fans hatte

Fairtrade Deutschland 2016 und kam damit auf eine Reichweite von drei Millionen, sagt Daniel Caspari, der bei dem Verein die Online-kommunikation leitet. Ohne mit Geld nachzuhelfen, würde der Verein mit seinen Botschaften im Schnitt jedoch nur noch rund 15.000 seiner Fans erreichen. Ursache ist das Geschäftsmodell von Facebook, dass eben mit gezielter Werbung Geld verdient. Wer möglichst viele Kunden erreichen will, der muss dafür zahlen.

Bei der Einführung von fairem Gold nutzte Fairtrade Deutschland diese Möglichkeit und schaltete Werbung unter dem Slogan »Traut Euch« ganz gezielt bei Menschen, die sich gerade verlobt hatten oder Interesse am Thema Heiraten zeigten. Die Aufmerksamkeit von Menschen für eine gute Sache über die sozialen Medien zu gewinnen und zu halten, ist eine besondere Kunst. Weil die Aufmerksamkeits-spanne der Nutzer sinke, müssten die Inhalte immer kürzer darge-stellt werden, sagt Caspari: Ein Fünf-Minuten-Video schaue sich heute kaum noch jemand an, deswegen produziere man nun Clips von höchstens 1,5 Minuten Länge. Noch kürzer war eine Botschaft des Social-Media-Teams, die mehr als 98.000 Leute ansahen – ein einfa-ches und keineswegs neues Zitat, gepostet auf Facebook: »Jedes Mal, wenn du Geld ausgibst, stimmst du darüber ab, welche Art von Welt du willst.«

Die Zeiten haben sich geändert seit den Anfangstagen des alternati-ven Handels, als Aktivisten auf der Straße oft einzeln auf Passanten zugingen und so versuchten, ihren Mitbürgern ein differenziertes Bild über die Verhältnisse im Süden zu vermitteln. Dafür ist ein mäch-tiger neuer Informationskanal entstanden, unkompliziert, rund um die Uhr und für jeden zugänglich: Wer irgendwo vom fairen Handel gehört hat und mehr darüber erfahren will, findet heute auf den Homepages der Fairtrade-Organisationen gut aufbereitete Informa-tionen, individuell in der gewünschten Detailtiefe abrufbar.

1 Bei der Definition der Weltbank von extremer Armut wird die Kaufkraft des US-Dollars in lokale Kaufkraft umgerechnet. Menschen gelten als extrem arm, wenn sie nicht in der Lage sind, sich täglich die Menge an Gütern zu kaufen, die in den USA 1,90 US-Dollar kosten würde. Die 1,90-Dollar-Grenze gilt als finanzielles Minimum für einen Menschen, um zu überleben.

2 McKinsey Global Institute, *Playing to win: The new global competition for corporates*, September 2015

3 Bundeszentrale für politische Bildung, »Zahlen und Fakten der Globalisierung: Transport und Kommunikationskosten«, www.bpb.de / http://bit.ly/2pA1m8I

4 Globaler Rechtsindex des Internationalen Gewerkschaftsbundes 2015, www.ituc-csi.org / http://bit.ly/2ty1xkB

5 Florence Jaumotte, Carolina Osorio Buitron, *IMF Staff Discussion Note: Inequality and Labor Market Institutions*, Hrsg. International Monetary Fund, Juli 2015 SDN/15/14, www.imf.org / http://bit.ly/2vV7Y1E (PDF)

6 Fairtrade International, *Theory of Change. Version 2.0*, September 2015, www.fairtrade.net / http://bit.ly/2vEHW3A (PDF)

7 Gunhild Freese, »Gefecht mit grünen Bohnen«, in: *Die ZEIT*, 1.9.1972

8 Bäthge, *Verändert der Faire Handel die Gesellschaft?*, a.a.O., S. 31

9 Franz VanderHoff Boersma, »Poverty Alleviation through Participation in Fair Trade Coffee Networks: The Case of UCIRI«, September 2002, http://cfat.colostate.edu / http://bit.ly/2tykGCV (PDF)

10 Matthew Anderson, *A History of Fair Trade in Contemporary Britain*, Houndmills 2015, S. 108

11 Vgl. Martin Kunz, *Fair Trade. Im Vergleich mit anderen Bemühungen, Arbeitsbedingungen in der globalen Wirtschaft zu verbessern*, Wiesbaden 1999, S. 7

12 Yves Demutz, »Warum wir fairer einkaufen als die Deutschen«, in: *Beobachter*, 26.5.2017

13 vgl. Mario Carera, *Handelsbeziehungen Schweiz Dritte Welt: Was der bundesrätliche Bericht verschweigt*, Papier der AG Swissaid, Fastenopfer, Brot für Brüder, Helvetas, Bern 1990

14 Richard Gerster, »Für gerechten Handel mit der Dritten Welt«, internes Hintergrundpapier für die AG schweizerischer Hilfswerke

15 »Ein Handel zugunsten der Entwicklung«, in: *Neue Zürcher Zeitung*, 1.9.2005

16 Beteiligte waren die fünf Kaffeeröster Fritz Bertschi AG, La Semeuse, A. Kuster Sirocco-Kaffee AG, Giger Café AG, Oetterli & Co AG sowie die Importeure Blaser und Traeubler, s. Jahresbericht 1992 der Max Havelaar-Stiftung (Schweiz)

17 Rolf Buser, *Produzenten-Register*, internes Papier, Mai 1991

18 Susanne Wegmann, »Faire Preise«, in: *Schweizer Familie*, 4.3.1993

19 »Dritte-Welt-Kaffee hat es geschafft«, in: *Süddeutsche Zeitung*, 23.10.1992

20 Zahlen und Fakten zu Kaffee und seinen Produzenten auf der Website von Fairtrade International, www.fairtrade.net/products/coffee.html

21 Volker Golyschny, »Guatemalas Präsident auf Staatsbesuch. Eine Mahnwache mit Hindernissen«, in: *AI-info*, 12/86, S. 29f

22 Pickert, »Kaffee, an dem kein Blut klebt«, in: *Tageszeitung*, 22.1.1993

23 Donatien Lemaître, »Fairer Handel auf dem Prüfstand«, *Arte*, 2013

24 Gepa, Kundeninformation zur *Arte*-Dokumentation, www.fairhandeln.de / http://bit.ly/2vF7nC4 (PDF)

25 Carole Schaber, Geert van Dok: *Die Zukunft des Fairen Handels*, Luzern 2008, S. 17

26 *Der Spiegel*, 31.8.1992

27 »Lebensmittel. Kampf im Keller«, in: *Der Spiegel*, 24.7.1995

28 ebd.

29 *Chrismon Plus*, 1.3.2001

30 ebd.

31 *Weserkurier*, 20.9.2001

32 Quaas, *Fair Trade*, a.a.O., S. 353

33 vgl. Sebastian Koos, »Die organisierte Vermarktlichung der Moral und die Moralisierung der Märkte. Eine vergleichende Analyse der Fair-Handelsbewegung und der Entstehung ethischen Konsums in Europa«, in: *Berliner Journal für Soziologie*, Volume 26, Issue 2, 2016, S. 171–199

Kapitel 3 | Strukturen schaffen

»Fairtrade ist die einzige Nord-Süd-Organisation, in der die Geförderten selbst zu Gestaltern des Ganzen geworden sind.«
Dieter Overath, Geschäftsführer Transfair

Die National Fairtrade Organisations (NFO) waren zunächst – der Name sagt es – eine ziemlich nationale Veranstaltung. Erst später schlossen sich die Organisationen im Norden zusammen. Und obwohl im Zentrum des fairen Handels globale Zusammenhänge stehen, dauerte es sogar noch länger, bis die Initiatoren aus dem Norden und die beteiligten Produzenten aus dem Süden gleichberechtigt in dem System agierten. Vier Etappen lassen sich unterscheiden.

In der Gründungsphase seit 1988 entstanden zwei Familien von Siegeln: Max Havelaar, zunächst in den Niederlanden, Belgien und der Schweiz, und Transfair, zunächst in Deutschland, Österreich, Italien und Luxemburg. Letztere agierten von Anfang an unter einem Dach. Die zweite Phase ist gekennzeichnet durch den Wettbewerb beider Gruppen, was in den 1990ern fast zum endgültigen Auseinanderdriften geführt hätte. In der dritten Phase gewann dann die Einsicht Oberhand, die begonnene Arbeit doch gemeinsam fortzuführen, was mit der Gründung der Fairtrade Labelling Organization 1997 und der Vereinheitlichung der Siegel gelang. Damit brach auch die aktuelle, vierte Phase an. Sie kennzeichnet, dass die Macht zwischen den nationalen Fairtrade-Organisationen aus dem Norden und den Produzenten aus dem Süden gleichwertig verteilt wird – eine kleine Revolution.

EIN DACH FÜR EINIGE

Wer sich mit den Anfängen der Siegelinitiativen befasst, hört oft den Namen Martin Kunz. Kunz hat sich wie kaum jemand anderes mit der Idee des fairen Handels beschäftigt: als Aktivist, Autor, Wissenschaftler, Lobbyist, Angestellter und Unternehmer. Er hatte auch maßgeblichen Anteil an der Gründung und dem Aufbau von Transfair International, dem ersten Dachverband fairer Siegelinitiativen.

Schon in jungen Jahren sammelte er in Indien eigene Erfahrungen mit der Lebenssituation im Süden, wollte Dinge gestalten und seine Vorstellungen verwirklichen. Zu seiner Zeit galt in Deutschland Wehrpflicht; wer nicht Soldat werden wollte, musste den Kriegsdienst verweigern und nach bestandener Gewissensprüfung einen Ersatzdienst im sozialen oder ökologischen Bereich antreten. Auf Wunsch konnte ein Ersatzdienstleistender auch ins Ausland gehen. Als Kunz sich bewarb, wurde ihm eine Stelle im nordindischen Kalkutta zugewiesen, einer Stadt, die Mitte der 1970er-Jahre zu zerfallen und an krasser Armut unterzugehen drohte. Täglich starben in den Straßen unbeachtet Menschen, wurden auf Karren eingesammelt und abtransportiert. Mutter Theresa, mittlerweile vom Papst heilig gesprochen, kümmerte sich mit anderen Schwestern ihres Ordens um Todkranke, und in einem der Sterbehäuser begann Kunz seinen Ersatzdienst. Aber bald fragte sich der 19-Jährige, warum die Schwestern sich eigentlich würdevoll um Todgeweihte sorgten, ihr Gelübde aber deren Heilung verhinderte? Und die Betten der Kranken schienen ihm so eng beieinander zu stehen, dass sich die Lepra-Erkrankung leicht verbreitet konnte.

Weil er an diesen Zuständen vor Ort nichts ändern konnte, suchte er sich eine Stelle bei einer anderen Hilfsorganisation, mit mehr Gestaltungsmöglichkeiten. Nun kümmerte er sich in Kalkutta um Slumbewohner und organisierte im Auftrag einer kirchlichen Gruppe auch einen alternativen Handel. Kunz kaufte 10.000 handgefertigte Jutepüppchen, um sie daheim in Baden-Württemberg wiederum an Menschen im kirchlichen Milieu zu verkaufen, die die Armen unterstützen wollten. Nachdem sein Ersatzdienst beendet war, reiste er über den Landweg heim nach Süddeutschland, mit einer in Indien gewonnenen Überzeugung im Gepäck: »Wenn Arbeit fair entlohnt wird, kann sie ein Weg aus der Armut sein.«

1976 gründete er in Ludwigsburg mit Freunden aus dem CVJM, dem Christlichen Verein Junger Menschen, einen Dritte-Welt-Laden. Eher nebenher studierte er Anglistik und Politik in Tübingen. Mit 22 gleichzeitig zu unterhaltenden Direktkontakten zu Produzenten war die Arbeit für den Laden aufwendig. Später promovierte Kunz sogar über den fairen Handel und wechselte in den Kirchlichen Entwicklungsdienst. Als erstmals ein Aufsichtsratsvorsitzender für die Gepa gesucht wurde, fiel die Wahl auf Kunz. Er sollte dort eine wichtige Aufgabe erfüllen, als die Idee mit den Siegeln für fair zertifizierte Waren aufkam.

Nach der Gründung von Max Havelaar in Holland entstanden bald darauf gleichnamige Initiativen in anderen europäischen Ländern, unter anderem in Belgien, der Schweiz, Dänemark und Schweden. In Deutschland, Österreich, Italien und Luxemburg dagegen gründeten Aktivisten sogenannte Transfair-Initiativen, die von Anfang an durch eine gemeinsame Dachorganisation verbunden waren, den Verein Transfair International. Später kamen Japan, Kanada und die USA dazu, sodass schon sieben Märkte ein gemeinsames Logo hatten. Einen eigenen Weg schlugen zunächst die Engländer ein mit der Gründung der Fairtrade Foundation. Es sollten Jahre vergehen, bis sich alle Organisationen unter einem Dach vereinten und unter gleichem Namen agierten.

Am 12. Juni 1992 wurde Transfair International in Göttingen aus der Taufe gehoben. Gründungsmitglieder waren die EFTA – der Verband der klassischen alternativen Handelsorganisationen – und Transfair Deutschland. Nun kam Martin Kunz ins Spiel. Seine Aufgabe war die Ausweitung der Organisation. Er agierte zunächst alleine, als Geschäftsführer, später mit vier Mitarbeitern.

KONKURRENZKAMPF

Die zwei Siegelfamilien hatten ein unterschiedliches Selbstverständnis: Max Havelaar war als alternativer Kaffeehandel organisiert, und die Namensträger agierten selbstständig. Transfair dagegen setzte von Anfang an auf ein abgestimmtes Vorgehen und einheitliches Auftreten; ihre Vertreter strebten auch schneller ein breiteres Produktspektrum an, über Kaffee hinaus.

Ebenfalls unterschiedlich gingen die Siegelinitiativen mit den klassischen alternativen Händlern um, den Weltläden und Importeuren. So beteiligte Transfair International deren Verband, die EFTA, und gewährte den alternativen Händlern teils eine Vorzugsbehandlung;

gewissermaßen als Anerkennung ihrer langjährigen Pionierarbeit für die Sache. So brauchte die Gepa für ungefähr die Menge fairen Kaffee, die sie schon früher verkauft hatte, keine Lizenzgebühren an die Siegelorganisation überweisen. Rolf Buser, damals Geschäftsführer von Max Havelaar in der Schweiz, hielt solche Zugeständnisse für falsch. Er habe den alternativen Händlern von Anfang an gesagt, dass der Preis für sie der gleiche sei, um keine Wettbewerbsverzerrungen aufkommen zu lassen; dass sie ihren Kaffee aber schließlich nicht labeln müssten, wenn sie nicht daran glaubten. »Ich war ein bisschen der harte Hund, nach dem Motto: Take it or leave.« Allerdings habe Max Havelaar Schweiz die alternative Importorganisation OS3 für gewisse Vorleistungen finanziell entschädigt.

Martin Kunz ging offensiv vor bei seinem Expansionskurs für Transfair. Bald steckte das Transfair-Fähnchen weltweit auf der Landkarte, so auch in den USA, Japan und Kanada. Das sorgte für Streit. Das Max-Havelaar-Lager monierte, in den Ländern fehle die Basis für den Ansatz, also vor allem die Weltläden und entsprechende Importorganisationen, auf deren Arbeit man aufbauen könne. Kunz sah das pragmatisch: »Was sollte ich anderes machen als ja sagen, wenn Akteure auf uns zukamen und die notwendigen Voraussetzungen erfüllten?« Damals habe man kurz vor einer endgültigen Spaltung der Siegelinitiativen gestanden, berichtet Rolf Buser.

Kunz wiederum erinnert sich noch gut an den Logostreit zwischen dem Transfair-Lager und der Schweizer Max-Havelaar-Organisation. Denn die Siegelfamilien waren sich zwar einig über das große Ziel ihrer Arbeit, drohten sich aber in Gerangel um das Erscheinungsbild zu verstricken. Statt sinnvollerweise ein gemeinsames, für alle Verbraucher eindeutig wiedererkennbares Logo zu entwickeln, gingen die beiden Lager eigene Wege und schafften es nicht einmal, in den eigenen Reihen ein einheitliches Logo durchzusetzen.

Bert Beekman, der Chef von Max Havelaar in den Niederlanden, und Kunz hatten sich eigentlich darauf geeinigt, dass neu hinzukommende Länderinitiativen sich entweder Transfair oder Max Havelaar anschließen und entsprechend ihr Logo übernehmen sollten. In der Praxis ging das schief.

So führte die dänische Initiative einen Elefanten als Logo ein und die schwedische eine Wippe. Für Lizenznehmer, das heißt Importeure und Hersteller, die verschiedene Länder mit Produkten belieferten, bedeutete das beträchtlichen Mehraufwand: Sie mussten den Verpackungsvorgang der fairen Waren unterbrechen, um die Maschinen mit einem anderen fairen Logo zu bestücken.

In Frankreich entwickelte sich die Lage noch komplizierter. Dort waren parallel zwei Organisationen entstanden, die gegensätzliche Auffassungen darüber hatten, ob man mit dem traditionellen Dritte-Welt-Handel kooperieren oder ihn außen vor lassen sollte. Helmut Adam, der österreichische Geschäftsführer der nationalen Fairtrade-Organisation, sollte gemeinsam mit Kunz bei einem Treffen der beiden sich bekämpfenden Initiativen in Paris schlichten. Das Unterfangen scheiterte schon daran, dass die Gespräche – wenig überraschend – auf Französisch stattfanden, dessen die angereisten Vermittler jedoch nicht mächtig waren. Sie traten den Heimweg mit der klaren Einsicht an, dass es nun wirklich dringend einer einheitlichen Struktur bedurfte.

EIN DACH FÜR ALLE

Eine Arbeitsgruppe mit Vertretern aus den beiden Transfair-Ländern Deutschland und Österreich sowie den beiden Havelaar-Ländern Schweiz und Dänemark wurde 1994 gegründet. Man traf sich, mal in Köln, mal in Wien oder Basel oder an irgendeinem Ort dazwischen. Die Ideen der Arbeitsgruppe wurden dann regelmäßig bei den sogenannten Transmax-Versammlungen diskutiert, an denen Vertreter aller nationalen Organisationen beteiligt waren.

Die Verhandlungen waren komplex, es gab viel zu besprechen. Die nationalen Siegelinitiativen unterschieden sich in der Art ihrer Organisation und in ihren Standards. So waren manche Vorstände durch Vertreter von Entwicklungshilfeorganisationen besetzt und diesen rechenschaftspflichtig; andere schlugen ihre Nachfolger selbst vor; bei wieder anderen Initiativen waren auch Produzenten und Händler beteiligt. Einige Siegelinitiativen zertifizierten Plantagen, andere beschränkten sich auf kleinbäuerliche Betriebe.

Nach dreijährigen Verhandlungen konnten sich alle Beteiligten auf eine Vereinheitlichung einigen. Der Verein Fairtrade Labelling Organizations International, kurz FLO, wurde 1997 gegründet. Er hatte seinen Sitz zunächst in Schorndorf bei Stuttgart. Unter dem Dach von FLO versammelten sich nun alle fairen Siegelinitiativen von Transfair und Max Havelaar und auch die englische Fairtrade Foundation. Transfair International wurde aufgelöst, und Martin Kunz wurde erster Geschäftsführer bei FLO, kündigte aber schon bald wieder, um eigene Wege zu gehen. Noch 1997 zog der Verein nach Bonn um; wegen des Hauptstadtumzugs nach Berlin war die Stadt händeringend auf der Suche nach neuen Mietern und machte günstige Angebote. Sinnvoll erschien dieser Schritt aber auch, weil zum Zukunftskonzept von Bonn die Stärkung des Profils als Standort entwicklungspolitischer Arbeit gehörte. So ist heute im ehemaligen Abgeordnetenhaus – dem Langen Eugen – ein Teil des Klimasekretariats der Vereinten Nationen angesiedelt.

FLO agierte mit einheitlichen Regeln und einem zentralen Zertifizierungs- und Kontrollsystem. Vorher hatte es unterschiedliche Standards gegeben. Jetzt einigten sich die Beteiligten auf die Schaffung zweier Basisstandards, je einen für die in Kooperativen zusammengeschlossenen Kleinbauern und die Beschäftigten auf Plantagen. Was zusätzlich an spezifischen Vorgaben für die jeweiligen Erzeugnisse für sinnvoll erachtet wurde, floss in weitere, spezifische Standards ein. So entstand über Jahre eine Art Baukastensystem.

Eine einschneidende Änderung wurde mit der Organisationsreform für die Produzenten aus dem Süden beschlossen: Sie mussten jetzt eine Gebühr für die Zertifizierung und alle von da an regelmäßig folgenden Kontrollen zahlen, was eine Stange Geld kosten kann. Kooperativen geben dafür oft einige Tausend Euro jährlich aus; die genauen Kosten hängen von einer Reihe Faktoren ab, vor allem der Größe der Organisation bzw. des Unternehmens und der Anzahl der Beschäftigten und Produkte. Fehlen einer Kooperative die notwendigen Mittel für eine solche Zertifizierung, kann sie bis zu drei Viertel der Kosten dafür aus einem Zertifizierungsfonds von FLO erhalten.[1] Übersteigt der Bedarf an dieser Form der Unterstützung die vorhandenen Mittel, gibt es klare Prioritäten: Bevorzugt werden neue Produzenten oder solche, die biologisch anbauen oder aus den ärmsten Länder stammen. Maximal zweimal darf eine Kooperative diesen Zuschuss beanspruchen. Eingeschränkt wurde auch der Spielraum, den die Kooperativen bei der Verwendung der Fairtrade-Prämien haben. Seitdem müssen die Prämien jährlich ausgegeben werden, was manches sinnvolle, aber auf längere Frist angelegte Projekt nicht mehr ermöglicht hat. Davon ist zum Beispiel das Ansparen einer privaten Altersvorsorge betroffen, wie es von Arbeitern auf einer Teeplantage in Indien praktiziert wurde.

Seit dem Jahr 2001 nutzen alle Siegelinitiativen das gleiche Logo – mit einer Ausnahme: Die US-Amerikaner, die Organisation mit dem zweithöchsten Umsatz, hielten zunächst an ihrem Logo fest und schlugen später einen Sonderweg ein.

Im Jahr 2004 wurde FLO geteilt, und die Aufgaben wurden verteilt. Von da an operierten Fairtrade International e. V. und deren hundertprozentige Tochter Flocert, eine Art TÜV des fairen Handels, getrennt. Denn es macht wenig Sinn, wenn ein und dieselbe Organisation die Produzenten betreut und gleichzeitig kontrollieren soll, wie sie die entwickelten Standards umsetzen. Beide Organisationen haben ihren Hauptsitz in Bonn und unterhalten Regionalbüros in Lateinamerika, Afrika und Asien. Für Fairtrade International arbeiten heute etwa 120 Mitarbeiter, bei Flocert sind es hundert.

Die Unabhängigkeit von Flocert von der Mutterorganisation Fairtrade International wurde vertraglich fixiert. Der Zertifizierer lässt seine Vorgehensweise selbst überprüfen, von der nicht gewinnorientierten nationalen Akkreditierungsstelle der Bundesrepublik Deutschland (Dakks). Flocert ist ein offener Zertifizierer. Das bedeutet, dass jeder Produzent, der die Anforderungen erfüllt, zertifiziert werden muss. Fairtrade könnte also keine neuen Produzenten abweisen, um beispielsweise erst einmal dafür zu sorgen, dass die beteiligten Produzenten in größerem Ausmaß ihre Waren als faire verkaufen und von dem System profitieren können. Nur für Produzenten mit wesentlichen Absätzen über die Fairtrade-Schiene rechnet sich das System.

GLEICHBERECHTIGUNG FÜR DEN SÜDEN

Zwei Jahrzehnte lang war die Rollenverteilung beim fairen Handel klar: Menschen aus dem Norden engagieren sich für Menschen im Süden. Wie sah nun das Verhältnis zwischen diesen »Überzeugungstätern« im Norden und den Produzenten im Süden aus, wenn Entscheidungen über das weitere Vorgehen anstanden?

Einige Siegelinitiativen beteiligten von Anfang an Vertreter aus dem Süden in ihren Gremien, wie beispielsweise Transfair Deutschland Frente, die Vereinigung der Kaffeeproduzenten aus Lateinamerika. Auf diese Weise bekam man Informationen aus erster Hand und konnte das eigene Handeln legitimieren. Schließlich leitet der faire Handel seine Existenzberechtigung ganz wesentlich aus seiner Rolle als Anwalt für die Produzenten ab. Das letzte Wort hatten in den Gremien der nationalen Siegelorganisationen sowie auf der internationalen Ebene jedoch die Vertreter des Nordens. Sie entschieden am Schluss über die Strategie und die Verteilung der Mittel, auch noch nach der Gründung von Fairtrade.

Das hat sich geändert. Seit 2014 sind die Produzentenorganisationen in allen Gremien von Fairtrade International mit der Hälfte der Stimmen vertreten, haben die nationalen Vermarktungsorganisationen aus dem Norden und die Produzentenorganisationen aus dem Süden das gleiche Stimmgewicht.

Drei regionale Fairtrade-Organisationen gibt es im globalen Süden, in Asien, Lateinamerika und in Afrika. Nyagoy Nyong'o, Chefin von Fairtrade Africa, vergleicht das damalige Ungleichgewicht bei Fairtrade mit einer Wippe: Die Lieferanten aus dem Süden, nicht mit eigenen Stimmen vertreten, hingen jahrelang in der Luft, bildlich gesprochen, während die Vertreter des Nordens mit ihrem Stimmgewicht fest auf dem Boden saßen. Der Süden pochte auf mehr Mitsprache, vor allem die selbstbewussten Vertreter der Produzenten aus Lateinamerika. Bei einer ihrer Dachorganisationen, Frente, hatte es zwischenzeitlich sogar die Überlegung gegeben, eine eigene Verkaufsorganisation für ihre Waren in Europa zu gründen, was mancher im Norden als Drohung auffasste. Im Laufe der Jahre rückte das Thema einer gleichberechtigten Beteiligung der Produzenten aus dem Süden immer höher auf der Tagesordnung und sorgte unter dem Stichwort »Producer in the driver's seat« für Diskussionen. Noch heute existiert in manchen Teilen der Fairtrade-Szene die paternalistische Einstellung, man wisse schon am besten, was für den Süden richtig ist. Die große Mehrheit hielt diese Sicht jedoch bereits in den 2000er-Jahren für unzeitgemäß und entschied sich für eine Reform. Die Entscheidung fiel bei der Generalversammlung 2013: Der Norden gab Stimmen und Ressourcen an den Süden ab.

Im Jahr 2004 stellten die Produzenten aus Afrika, Lateinamerika und Asien und dem pazifischen Raum erstmals Mitglieder für den Aufsichtsrat von Fairtrade International, wenn auch nur in einer Minderheit. Drei Jahre später, 2007, erhielten die drei Produzentennetzwerke offiziellen, vollwertigen Mitgliedsstatus in der Organisation, und seit 2014 sind sie paritätisch im Aufsichtsrat vertreten. Vor allen Dingen haben die Produzenten nun die Hälfte der Stimmen bei der Generalversammlung, dem zentralen Entscheidungsgremium von Fairtrade International. Vertreten sind für Lateinamerika die CLAC (Coordinadora Latinoamericana y del Caribe de Comercio Justo) mit Sitz in San Salvador, für Asien und den pazifischen Raum das NAPP (Network of Asian & Pacific Producers) in Bangalore und für Afrika Fairtrade Africa in Nairobi.

Außerdem hat der Norden die Aufgabe der Beratung der Produzenten an den Süden übergeben, wodurch die Strukturen hier gestärkt wurden. Neue Stellen wurden möglichst nur noch im Süden geschaffen. Was so langwierig anlief, hat zu einem einzigartigen Ergebnis geführt: »Fairtrade ist die einzige Nord-Süd-Organisation, in der es eine Balance gibt und Geförderte zu Gestaltern des Ganzen geworden sind«, so Dieter Overath.

Auch die Kenianerin Nyong'o äußert sich zufrieden dazu. »Die Wippe ist im Gleichgewicht.« Bevor sie 2013 Geschäftsführerin bei Fairtrade Africa wurde, hatte sie acht Jahre als Kontrolleurin für Flocert gearbeitet, ein schwieriger Job. Bei manchen Arbeitern sei es schwer gewesen, sich Gehör zu verschaffen, »einzig und allein, weil ich eine Frau bin«. Aber die Skepsis gegenüber ihrem Frausein sei nicht einmal das Hauptproblem gewesen. Dazu kam, dass Nyong'o studiert und eine Doktorarbeit geschrieben hatte, über bessere Forstmethoden. In den Betrieben jedoch waren die meisten Geschäftsführer männlich, ohne Doktortitel und bisweilen auch weiß – gerade bei dem für Kenia wichtigen Fairtrade-Blumengeschäft gehören viele Farmen ausländischen Investoren.»Und dann spazierte ich herein, eine schwarze, gebildete Frau.« Nyong'o lernte, mit solche Hierarchiekonflikten umzugehen. Die Tante von Lupita Nyong'o, die für ihre Rolle mit einem Oscar ausgezeichnete weibliche Hauptdarstellerin in dem Film *12 years a slave,* ist nicht nur Geschäftsführerin, sondern auch Mutter dreier Kinder. Es sind selbstbewusste und gebildete Menschen aus dem Süden wie sie, die die Geschicke von Fairtrade International heute maßgeblich prägen. Die Gruppe der Entscheider ist bunter geworden.

Als informelles, übergeordnetes Netzwerk namens CAN (aus den Anfangsbuchstaben von CLAC, NAPP und Fairtrade Africa) beeinflussen die drei Produzentennetzwerke aus dem Süden ganz wesentlich die Agenda des fairen Handels. Sie stimmen sich im Vorfeld der jährlichen Generalversammlung von Fairtrade International ab. Wenn sie sich gemeinsamen gegen etwas stellen, geht nichts mehr.

Der Norden hat auch einer Umverteilung der Mittel zugestimmt, neue Stellen sollen möglichst nur noch im Süden geschaffen werden. Das schlägt sich im Budget der Gesamtorganisation nieder: 43 Prozent des Budgets wendet Fairtrade International für die Finanzierung der Arbeit der Produzentenvereinigungen in Afrika, Asien und Lateinamerika auf. Weitere große Posten sind die Steuerung der Organisation (15 Prozent) und globales Produktmanagement und Marketing (12 Prozent).[2] 2015 gab Fairtrade International 20,9 Millionen aus. Die Einnahmen von Fairtrade International stammen überwiegend von den 25 nationalen Fairtrade-Organisationen. Sie überweisen 28 Prozent ihrer Lizenzeinnahmen aus der Siegelvergabe und speisen damit den Haushalt von Fairtrade International zu knapp zwei Dritteln. Ein Drittel kam zuletzt aus Fördertöpfen wie etwa von der Europäischen Kommission und staatlichen Entwicklungshilfeagenturen aus Deutschland, Frankreich und Großbritannien.

WUNSCHLISTE AUS DEM GLOBALEN SÜDEN

Seit der Organisationsveränderung setzt der Süden Themen auf die Agenda, die bislang keine oder nur eine untergeordnete Rolle gespielt haben. Aus Sicht der Produzenten sei Fairtrade International davor viel zu sehr auf das Erlangen und den Erhalt der Zertifizierung ausgerichtet gewesen, sagt Rakesh Supkar, Geschäftsführer des des NAPP: »Die Produzenten haben eine viel weitergehende Vorstellung von einem System des fairen Handels.« Sie erhoffen sich davon Hilfe bei Themen wie der Qualitätsverbesserung in der Landwirtschaft, zu Saatgut oder Pestiziden, dem Umgang mit dem Klimawandel oder Geschlechterfragen. Typisch dafür seien Nachfragen der Kooperativen, die wissen wollten, was sie tun könnten, damit mehr Frauen in den für den fairen Handel wichtigen Gremien auf den Plantagen mitarbeiten.

In Indien bietet der faire Handel in solchen Fragen konkrete Hilfestellung. Mittlerweile verfügt das Network of Asia & Pacific Producers vor Ort über die notwendigen Mittel und Personal. Während man anfangs nur zu dritt war und eher wie ein Sekretariat arbeitete, indem man bei den Produzenten gesammelte Informationen an die Zentrale nach Bonn weitergab, sind mittlerweile 9 Mitarbeiter in der Zentrale in Bangalore und 15 weitere in der Region beschäftigt, verteilt von Usbekistan bis zu den Fidschi-Inseln. Supkar erinnert sich noch gut an den holprigen Anfang. Da 90 der 220 beteiligten Produzentenorganisationen aus der Region Asien & Pazifik in Indien ansässig sind und viele Menschen dort gut Englisch sprechen, war die Entscheidung für Indien als Sitz schnell getroffen. Dennoch gab es Hindernisse.

Wer sich in Indien als Nichtregierungsorganisation registrieren will, muss nämlich erst einmal fünf Jahre ehrenamtliche Arbeit leisten und diese nachweisen. Das Überweisen von Geld ins Ausland kann unter Umständen ebenfalls für Schwierigkeiten sorgen, etwa wenn die Empfänger in Pakistan oder China ansässig sind. Das NAPP ist als eine Art Genossenschaft organisiert und gehört den mehr als 200 Produzentenorganisationen. Sie haben darin jeweils eine Stimme und wählen unter anderem das 17-köpfige Board des NAPP. Bei dessen

Treffen werden momentan sieben Übersetzer benötigt, damit man sich untereinander verständigen kann; für Chinesisch, Hindi, Russisch, Tamil, Vietnamesisch und Thai. Aus Sicht von Supkar sind solche Aufwendungen aber unerlässlich für die Organisation, um das Vertrauen der Bauern in den fairen Handel zu erhalten.

Es gibt im Norden manchen, der die Arbeitsweise der Partner im Süden für ineffizient, schwerfällig und dringend reformbedürftig hält. Andere haben Angst vor überbordenden, mit viel Arbeit und Mehrkosten verbundenen Wünschen aus den eigenen Reihen an den fairen Handel, etwa in Form von Klimaprojekten, mehr Qualifizierungsprogrammen oder Frauenförderung. »Wir sollten keine Super-NGO werden«, warnt auch Norbert Dreßen, Aufsichtsrat von Transfair in Deutschland.

Dass sich das neue Miteinander von Nord und Süd noch holprig gestaltet, es etwa regelmäßig Streit um die Verteilung der Mittel gibt, findet Helmut Schüller, ehrenamtlicher Vorstandschef bei Fairtrade Österreich, nur folgerichtig. Heute agierten die Vertreter aus dem Süden eben selbstbewusst auf Augenhöhe, und es sei ein »neues Tauziehen spürbar«. Aber wer eine solche Veränderung ideell wolle, dürfe sie nicht gleich wieder abblasen, wenn es schwierig wird. Auch Dieter Overath, Geschäftsführer von Transfair in Deutschland, mahnt alle Beteiligten zu einem langen Atem: »Die Arbeit besteht nicht darin, eine Revolution zu machen, sondern sie in den Alltag zu überführen.«

Konflikte gibt es auch, wenn es um die Einbeziehung weiterer Produkte geht, die auf Plantagen hergestellt werden, wie beispielsweise Orangen. Die hält mancher Vertreter aus dem Norden für notwendig, um den Bedarf des Handels zu decken. Die CLAC verteidigt dagegen die grundsätzliche Ausrichtung des fairen Handels auf die in Kooperativen organisierten Kleinbauern und findet dafür oft Gehör in den Gremien, und zwar bei Vertretern aus dem Süden genauso wie aus dem Norden. Die Kleinbauern des fairen Handels in Lateinamerika haben am meisten zu verlieren, weil sie bisher im größten Ausmaß von dem System profitieren. Das liegt an der Historie, aber auch daran, dass hier die beiden wichtigsten Produkte der fairen Siegelwelt wachsen: Kaffee und Bananen. An zweiter Stelle stehen die Produkte aus Afrika, wo ebenfalls Kaffee und Bananen wachsen, aber auch Rosen und Kakao. Am wenigsten Nachfrage besteht nach den fairen Erzeugnissen aus Asien, ob Tee oder Reis. Das liegt mit an den Gewohnheiten der europäischen Verbraucher, die vergleichsweise wenig Tee trinken oder Reis essen. Sie jedoch sind maßgeblich für den Erfolg des fairen Handels: Auf dem europäischen Markt fallen rund 90 Prozent der fairen Umsätze an.

1 Im Jahr 2016 wurde der Zertifizierungsfonds ausgesetzt, weil mit dem auf den Brexit folgenden Nachgeben des Pfunds die Überweisungen der internationalen Dachorganisation aus dem umsatzstärksten Mitgliedsland, Großbritannien, stark sanken.
2 Jahresbericht Fairtrade International 2015/2016, https://annualreport15-16.fairtrade.net/en/financials

»Das Denken hat uns zum Erkennen geholfen, das Erkennen hat uns zum Handeln getrieben. Wir haben mit den Bananen angefangen.«
Ursula Brunner, Mitgründerin der Bananenfrauen

Auch die Siegelorganisationen aus dem Norden sind sich keineswegs immer einig über die richtige Strategie, und es gibt regelmäßig Auseinandersetzungen – beispielsweise darüber, wie politisch die Siegelorganisationen agieren sollen.

In Kontinentaleuropa setzten die Pioniere des fairen Handels von den 1960er-Jahren an ganz auf politische Veränderungen, im Sinne eines gerechteren Welthandels und einer Verbesserung der Lebensverhältnisse im globalen Süden. Dabei erklärten sie die ungerechten Welthandelsstrukturen an konkreten Produkten.

Da wurde zum Beispiel herkömmliche Schokolade umverpackt und an Passanten verteilt – mit Informationen über die hohen Zollsätze, die Unternehmen aus Entwicklungsländern beim Export fertiger Schokolade in Industrieländer zahlen mussten, während der Zollsatz für die Rohware Kakao sehr viel niedriger war. Auf diese Weise verhinderten die Industrieländer den Aufbau einer weiterverarbeitenden Produktion in den Entwicklungsländern und schützten ihre eigene Produktion. Und das galt für viele landwirtschaftliche Erzeugnisse, ob Kaffee oder Rohrzucker. Erst als klar wurde, dass auf politischem Weg keine Veränderung der Verhältnisse durchsetzbar war, entschied sich ein Teil der Bewegung, einen anderen Weg einzuschlagen. Sie gründeten den alternativen Handel, mit dem sie direkt Kunsthandwerkern und Kleinbauern im Süden halfen. Daraus entwickelte sich dann später der faire Handel, der auf die etablierte Wirtschaft als Partner beim Verkauf fairer Waren setzte.

Aus einem Angebot von weltweit 35.000 als fair zertifizierten Produkten kauften Verbraucher im Jahr 2015 Waren für rund sechs Milliarden Euro ein. Im Vergleich zum Welthandel im Ganzen ist das wenig, im Vergleich zu den Umsätzen des alternativen Handels vor dem Start der Siegelinitiativen viel.

Um diese Menge abzusetzen, hatten sich die Siegelinitiativen seit dem ersten Fairtrade-Kaffee im Supermarkt 1988 in den Niederlanden eine Menge einfallen lassen: Sie erweiterten das Sortiment über Kaffee hinaus; sie vergrößerten die Produzentenzielgruppe von genossenschaftlich organisierten Kleinbauern auf Arbeiter von Plantagen; sie erschlossen neue Märkte für den Verkauf, vor allem die Discounter; sie kamen mit multinationalen Konzernen ins Geschäft; und sie förderten ziviles Engagement, beispielsweise durch das Ausrufen von Fairtrade Towns.

Bei der Erweiterung des Produktangebots um andere Nahrungsmittel wie Honig, Zucker, Kakao oder Orangensaft waren zwei Produkte besonders wichtig: Tee und Bananen. Mit der Einführung von Tee fiel eine wichtige Grundsatzentscheidung für die Zertifizierung von Plantagen. Anhand der Bananen lässt sich eindrucksvoll zeigen, wie wichtig die Vorarbeit der Pioniere des alternativen Handels für die Siegelorganisationen war, und welcher Kulturwandel in der konventionellen Wirtschaft notwendig war, damit diese sich überhaupt auf die faire Idee einließ.

SORTIMENT ERWEITERN: BANANEN

Vorreiter bei den Bananen war Max Havelaar Schweiz. Da die Schweiz kein EU-Mitglied ist, war der Spielraum für den fairen Handel mit Bananen größer. Die Schwierigkeiten lagen hier nicht in gesetzlichen Beschränkungen. Bananen seien ein verderbliches Frischprodukt, und die Anforderungen an den Transport könne der faire Handel unmöglich erfüllen, erinnert sich Rolf Buser an das Fazit aus seinem ersten Gespräch beim Großverteiler Migros. Trotzdem hielt Buser die Idee für goldrichtig. »Die Banane wächst in ihrer Schale als Verpackung am Baum; der einzige Unterschied ist das Siegel auf der Frucht, ob von Chiquita, Delmonte, Dole oder eben von Fairtrade.« Die Südfrucht bot in seinen Augen ein riesiges Marktpotenzial für den fairen Handel, anders als etwa Schokolade mit ihrem so schon sehr breiten Produktsortiment.

Im Handel sind Bananen ein Verkaufsschlager: Ihr Umsatzanteil in einem normalen Supermarkt beträgt sage und schreibe ein Prozent.

Das Geschäft mit Bananen gehört zu den düsteren Kapiteln der Wirtschaftsgeschichte: Im 20. Jahrhundert beuteten auf den Anbau und Handel mit Südfrüchten spezialisierte Konzerne aus dem Norden nicht nur die Plantagenarbeiter im Süden schamlos aus, sie führten sich in einigen Ländern auch bis in die 1980er-Jahre wie der Herr im Haus auf, besonders in Mittelamerika. Der US-Bananenmulti United Fruit Company, der bis 1985 in Guatemala seine Hauptverwaltung hatte, betrieb in dem Land außer großflächigen Plantagen eine Post, die Eisenbahn sowie den einzigen Hafen an der Karibikküste. Die Preise für die Infrastruktur waren allerdings so hoch, dass sie kaum von Bürgern genutzt wurde, sondern fast nur von dem Konzern. Die Bezeichnung Bananenrepublik, gebraucht für Staaten ohne funktionierendes Rechtssystem, mit Willkürherrschaft und Korruption, erinnert daran.

Manches Unternehmen hatte keine Skrupel, mit dem Umsturz von Regierungen zu sympathisieren oder diese sogar zu unterstützen. United Fruit Company schreckte nicht davor zurück, in Guatemala einen Putsch anzuzetteln, als die gewählte, linksgerichtete Regierung in den 1950er-Jahren eine Landreform durchführen wollte: Wenn Agrarland zu zwei Dritteln brachlag, sollten dessen Besitzer enteignet werden und die Flächen Landlosen zur Verfügung gestellt werden. Das wollte United Fruit Company um jeden Preis verhindern. Einen ersten, von dem Konzern angestoßenen Putschplan stoppte der amerikanische Präsident Harry S. Truman noch 1952, zwei Jahre später gab sein Nachfolger Dwight D. Eisenhower jedoch grünes Licht für eine Aktion des CIA. Alle führenden US-Entscheidungsträger, die Guatemalas junge Demokratie beseitigten, »waren mit United Fruit finanziell oder familiär verbunden. Präsident Dwight D. Eisenhowers Außenminister John Foster Dulles und dessen Bruder Allen, der CIA-Direktor, hatten der Company über Jahre als einflussreiche Anwälte gedient; der Geheimdienstchef besaß obendrein ein ansehnliches United-Fruit-Aktienpaket.«[1] Die folgende Militärdiktatur sollte jahrzehntelang dauern, mit verheerenden Folgen für große Teile der Bevölkerung, besonders die Indios.

Solche Zustände waren es, die eine Veränderung des Bananenge-schäfts zu fairen Bedingungen dringend notwendig machten. An-fang der 1970er-Jahre kam in Europa zunehmend Empörung über die miserablen und menschenunwürdigen Bedingungen beim Bananen-anbau in Lateinamerika auf, auch in der Schweiz. Doch so einfach waren die Verhältnisse nicht zum Besseren zu wenden. Der Vorwurf, sie wären für die Folgen ihres Wirtschaftens im Süden mitverantwort-lich, wurde von den Unternehmen kategorisch zurückgewiesen. Sie schoben den Schwarzen Peter anderen zu, vor allem den Regierun-gen im Süden; diese seien allein verantwortlich für das, was sich in ihren Ländern abspielte.

Die Vorstellung, dass ein Handelskonzern fair gehandelte Produkte in sein Sortiment aufnimmt, schien damals abwegig. Dennoch verän-derte sich langsam etwas. Firmen, deren Geschäfte maßgeblich auf Ausbeutung beruhten, konnten immer seltener ungestört agieren. Durch Medien, Filmemacher und Aktionsgruppen erfuhren Kunden immer öfter von ihren Machenschaften. Exemplarisch ist der Fall des Nahrungsmittelriesen Nestlé, der wegen seiner Geschäfte mit Babymilchpulver im Süden in die Schlagzeilen geriet. Angesichts der hohen Geburtenrate in Entwicklungsländern sah der Konzern dort einen neuen Markt für sein Produkt und überzeugte mit Werbung viele Mütter davon, ihren Kindern die Milch anzurühren, statt ihnen die Brust zu geben. Oft fehlte ihnen jedoch das Geld für eine aus-reichende Menge der fertigen Babynahrung, oder sie konnten das Pulver nur mit verunreinigtem Wasser anrühren – mit schwerwie-genden gesundheitlichen Folgen für die Babys.

Aktivisten der Berner Arbeitsgruppe Dritte Welt betitelten daraufhin eine Broschüre mit »Nestlé tötet Babys«. Der Konzern klagte wegen Ehrverletzung – und schoss damit ein Eigentor. Denn das Gericht urteilte öffentlichkeitswirksam, die Verkaufsmethoden von Nestlé in der Dritten Welt seien »unethisch und unmoralisch« und hätten den »Tod oder bleibende geistige und körperliche Schäden bei tausenden Kindern« verursacht; Mütter seien irregeführt worden, indem als Krankenschwester getarnte Verkäuferinnen dem Geschäft mit Baby-milch »einen wissenschaftlichen Anstrich gegeben hätten«.

DIE BANANENFRAUEN

Am Beispiel der erbärmlichen Lebensverhältnisse guatemaltekischer Bananenbauern im Kontrast zum Reichtum der Elite des Landes zeigt der Dokumentarfilm *Banana Libertad* (1971), wie ungerecht es im Bananenhandel zuging. Die Pfarrersfrau Ursula Brunner organisierte in der Pfarrgemeinde ihres Mannes eine Vorführung des Films, im Rahmen des Frauentreffs, an dem 150 Frauen teilnahmen. Wenig später lud sie den bei Migros für Bananen Verantwortlichen ein, über das Thema zu diskutieren. Er versuchte, den Spieß umzudrehen: »Herr V. kam mit zwei Herren der Migros-Genossenschafts-Verwaltung und einem Herrn der United Brands Co. (Chiquita), um uns ihren [eigenen] Film vorzuführen, der uns das Produzieren von Bananen für alle daran Beteiligten als Inbegriff der Lebensfreude und Sinnlichkeit vor Augen führte. Der Unterschied zwischen beiden Filmen hätte größer nicht sein können«, erinnert sich Brunner.[2]

In den folgenden Tagen meldeten sich mehrere Frauen aus der Gemeinde bei Ursula Brunner, alle mit dem gleichen Anliegen: Nun, da man erfahren habe, wie es zugehe im Bananengeschäft, könne man doch nicht einfach weitermachen wie zuvor. Was tun? Zusammen kam ihnen anlässlich einer Werbeaktion von Migros – dem »Bananenwunder« – die zündende Idee. Wegen der starken Abwertung des US-Dollars werde der Preis für ein Kilogramm Bananen um 15 Rappen auf 1,35 Franken gesenkt, hatte das Unternehmen den Konsumenten in seiner Kampagne angekündigt. Die Frauengruppe schrieb das Unternehmen daraufhin an und machte einen Vorschlag: Statt den Preis zu senken, könnten die »gewonnenen« 15 Rappen je Kilo doch in Entwicklungsprojekte in Mittelamerika gesteckt werden. »Wir sind kein Wohltätigkeitsinstitut«, war die brüske Reaktion des Managements.

Mit Ausdauer und Willensstärke fochten Brunner und die anderen »Bananenfrauen« eine jahrelange Auseinandersetzung mit dem Management von Migros aus, um ihr Ziel zu erreichen. Unter anderem baten sie ihre Mitbürger, für jedes bei Migros gekaufte Kilo Bananen 15 Rappen an den Konzern zu überweisen, mit dem Vermerk »Bananengeld, es gehört nicht uns, wir wollen es nicht«.

Viele Menschen nahmen die Anregung auf und machten sich einen Spaß daraus, der Genossenschaft winzige Beträge auf grünen Einzahlungsscheinen zurückzusenden.[3] Nun lud Migros die Bananenfrauen immerhin zum Gespräch ein, blieb in der Sache aber hart: »Es ist technisch nicht machbar, zweierlei Bananenpreise zu deklarieren, einen mit einem Aufpreis für die Willigen und einen ohne!« Zwanzig Jahre später sollte Migros genau dies tun und im großen Stil fair zertifizierte Bananen verkaufen, neben den konventionellen.

Doch noch war es lange nicht so weit. Der Konzern stellte auf stur, leistete sich gar zynische Ratschläge: »Essen Sie mehr billige Bananen, dann ist den Menschen in den Bananenländern am meisten geholfen.« 1977 bekräftigte er sein Nein: »Die Ausgangslage in der Beurteilung des Bananenproblems ist falsch, und die interessierten Kreise, die sich so vehement für die Bananenpflanzer einsetzen, versteigen sich in Utopien. Sie verquicken die Landwirtschaftsprobleme in der Aggression gegen Multikonzerne, getränkt in falschem Mitleid, und dies alles auf der Basis eines schlechten Gewissens einer gesättigten Gesellschaft.«[4] Solche Äußerungen waren es, die später viele Vertreter des alternativen Handels skeptisch machten, als es um den Verkauf fairer Waren durch diese Konzerne ging.

Die Bananenfrauen blieben hartnäckig, und ihre nächste Aktion – unterstützt von der NGO Erklärung für Bern – machte sie landesweit bekannt: Mit 600 Kilogramm Bananen auf Leiterwagen zogen sie im Oktober 1973 durch die Stadt Frauenfeld im Kanton Thurgau und fragten die Passanten beim Verschenken der Früchte, ob sie sich schon einmal gefragt hätten, warum Bananen so billig seien? Dann schilderten sie ihnen die skandalösen Bedingungen auf den Plantagen. Das Fernsehen berichtete, und es gab Nachahmer. In Burgdorf, Biel, Basel, im Kanton Schaffhausen, im Rheintal oder im Engadin – überall waren jetzt Aktivistinnen unterwegs und schafften es sogar, einige kleinere Händler von ihrer symbolischen Aktion zu überzeugen. Diese verkauften von 1974 bis 1985 in rund hundert Läden Bananen von Chiquita oder Dole mit einem 15-Rappen-Aufpreis, und eine Summe von 117.350 Franken kam daraus zusammen, für Projekte in Guatemala, Honduras und Kolumbien.

Ab 1976 besuchte Brunner immer wieder die mittelamerikanischen Bananenexportländer Guatemala, Panama, Kolumbien und Costa Rica. Auch daheim engagierte sie sich weiter. 1972, kurz nach Einführung des Frauenwahlrechts im Kanton, wurde sie für die FDP in den Thurgauer Großen Rat gewählt. Wegen ihres Engagements für die Friedensbewegung hatte sie in der liberalen Partei bald eine Menge Gegner; im Jahr 1984 wurde sie nicht mehr aufgestellt.

Zu den Kommunisten habe sie nie einen Draht gehabt, sagt sie, aber Gerechtigkeit habe einen hohen Stellenwert für sie. Als die USA ein Embargo über Nicaragua verhängten, sei ihr klar geworden: »Jetzt hören wir mit den Symbolaktionen auf, wir steigen in den Markt ein.«[5]

Denn von dem Embargo war auch der bescheidene Bananenexport des Landes betroffen, der zuvor meist in die USA ging. Die Bananenfrauen suchten weitere Mitstreiter und gründeten – nun stießen auch einige Männer dazu – die Arbeitsgemeinschaft gerechter Bananenhandel, kurz Gebana. Mit der Hilfe eines Großhändlers aus Marseille importierten sie 1986 ganze 40 Tonnen Bananen in die Schweiz, wo sie in Dritte-Welt-Läden verkauft wurden. Die Solidarität war so groß, dass die Verbraucher selbst zugriffen, wenn die Bananen schon angebräunt waren. Von dem Preis behielten die Frauen fünf Rappen für die Finanzierung ihrer Arbeit ein, zehn flossen in einen Fonds für Entwicklungsprojekte. 1985 stieg der genossenschaftlich organisierte Lebensmittelhändler Volg ein und verkaufte die von der Gebana aus Costa Rica importierten »Pablito-Bananen« in seinen Läden. Damit waren zwei Dinge bewiesen. Erstens: Bananen ließen sich vorbei an den Multis importieren, und zweitens: Die Konsumenten waren durchaus bereit, aus Gerechtigkeitsüberlegungen einen Aufpreis zu zahlen.

Daran konnte Max Havelaar anknüpfen, als sie 1997 die fair gehandelte Banane lancierten. Auch da waren die Vorbehalte bei Migros anfangs noch groß, bei Coop sah das schon etwas anders aus. Der Verantwortliche dort habe sich schnell begeistert, sagt Rolf Buser. »Wir probten über ein Jahr lang die Logistik mit dem Transport von Bananen aus Ecuador.« Grün kamen die Früchte mit dem Kühlschiff nach Hamburg, Bremen oder Antwerpen, von dort ging es dann mit dem Zug in die Schweiz, wo sie in einem Betrieb der Coop reiften, bis sie verkaufsfertig waren.

Trotz der vielen Tests lief beim Verkaufsstart im März 1997 einiges schief: Der allererste Dampfer mit fairer Fracht rammte im Exporthafen Machala in Ecuador eine Hafenmauer und kam deswegen mit Verspätung in Europa an. In der dritten Woche verfing sich ein Fischernetz in der Antriebsschraube des Bananenfrachters. Buser hatte einige schlaflose Nächte und glaubte schon fast an Sabotage. Aber dann blieben weitere Pannen aus. Das Geschäft stabilisierte sich, ein zweiter Importeur kam hinzu, und die Bestellmengen stiegen. Bedenkt man, dass damals in einen Bananenfrachter gut 200.000 Kartons passten, waren die 3.000 bis 6.000 Bananenkisten je Woche aus der Anfangszeit ziemlich wenig. In der zweiten Jahreshälfte 1998 waren dann aber schon 8.000 bis 10.000 Kartons mit fairer Fracht unterwegs, Woche für Woche.

Die Bauern mussten einiges lernen, damit sich das Geschäft für sie überhaupt lohnte. Denn der Ausschuss war hoch, vor allem weil bei dem Transport über die Schotterstraßen Ecuadors viele der empfindlichen Früchte beschädigt und damit unverkäuflich wurden. Um die Qualitätsprobleme in den Griff zu bekommen, organisierte Max Havelaar Schweiz Gespräche zwischen Händlern und Produzenten. Dass so die Menschen hinter den Bananen für die Händler sichtbar geworden seien, habe den ein oder anderen Lernprozess in Gang gesetzt, so Buser. Mit Freude verfolgte er auch das Verhalten der Verbraucher. Bislang hatten Chiquita & Co. dem Handel quasi diktiert, wie eine Banane auszusehen hatte, bis hin zu Umfang und Krümmungsgrad, weil die Verbraucher darauf angeblich großen Wert legten. Aber reihenweise griffen Käufer auch ohne Klagen bei kleineren oder anders gekrümmten Bananen zu.

Coop begann langsam, die »normal« gehandelten Bananen aus dem Sortiment zu nehmen und verkaufte bald nur noch fair zertifizierte Bananen. Erst verschwanden Delmonte, dann Chiquita und schließlich Dole aus dem Sortiment. Bei Migros war der Anteil der fairen Frucht niedriger.

Heute liegt der Marktanteil von fairen Bananen in der Schweiz bei 53 Prozent – die faire Banane ist hier der Normalfall geworden. Auch anderswo werden heute eine Menge faire Bananen verkauft: In England sind es vier von zehn; in Deutschland ist es nur jede Zehnte. »Ich bin überzeugt, dass der Markterfolg der Max-Havelaar-Bananen in der Schweiz beim Giganten Chiquita ein Umdenken ausgelöst hat«, sagt Buser selbstbewusst.[6] Tatsächlich ließ der Konzern Plantagen von der 1987 gegründeten Umweltschutzorganisation Rainforest Alliance zertifizieren. Andererseits unterstützte er von 1997 bis 2004 in Kolumbien finanziell eine paramilitärische Einheit, angeblich um seine Mitarbeiter zu schützen. Dass Chiquita die Zahlungen auch noch fortgesetzt hatte, als die Organisation von den USA als Terrororganisation eingestuft worden war, führte zu einer Klage. Angesichts einer erdrückenden Beweislast stimmte der Konzern 2007 einem Vergleich mit dem US-Justizministerium zu und zahlte ein Bußgeld von 25 Millionen US-Dollar. Auf einen Prozess wollte es die Firma sichtlich nicht ankommen lassen.

Max Havelaar Schweiz brachte der Bananenverkauf reichlich Lizenzgebühren. Neun Jahre nach dem Start konnte die Stiftung im Jahr 2001 erstmals alle Ausgaben aus ihren Lizenzeinnahmen bestreiten. Die Bananenfrauen gaben ihren Handel übrigens auf: »Nun brauchte es uns nicht mehr, wir wollten keine Konkurrenz im fairen Handel sein«, so Brunner, die im Frühling 2017 verstarb. Und sie mahnte, dass der faire Handel nicht zum bloßen Lifestyle verkommen dürfe.[7]

Die Siegelinitiativen profitierten im Lauf der Zeit immer wieder von der Vorarbeit einzelner nationaler Initiativen bei bestimmten Produkten: Max Havelaar Holland stellte anfangs die Weichen beim Kaffee, die Schweizer bei Bananen und Rosen sowie Deutschland beim Kakao-Programm und neuerdings bei Textilien. Die Entscheidung für eine Erweiterung der eigenen Zuständigkeit auf Plantagenarbeiter traf Transfair International.

ARBEITERN HELFEN

Bis heute zertifiziert Fairtrade ausschließlich Kaffee genossenschaftlich organisierter Kleinbauern. Aber was tun, wenn für ein landwirtschaftliches Erzeugnis nicht ausreichend viele von ihnen zu finden sind? So stellte sich die Lage dar, als Vertreter von Transfair International in den 1990er-Jahren in Indien und Sri Lanka nach geeigneten Teelieferanten suchten. Einer davon war Olaf Paulsen, ursprünglich selbst Landwirt, bevor er als Entwicklungshelfer nach Thailand gegangen war und nach seiner Rückkehr bei Transfair International angeheuert hatte. »Wir hätten das Prinzip beim Tee gerne beibehalten«, sagt er. Sie trafen aber nur Kleinbauern, die Tee für den lokalen Markt produzierten und kein Interesse an einem Verkauf nach Europa hatten.

Der Großteil des Tees für den Export wurde in Plantagen angebaut. Deswegen vereinbarten sie Verträge für faire Geschäfte mit Teeplantagen. Und um dahin zu kommen, war eine Menge zu tun, wie eine Bestandsaufnahme vor Ort ergab. Die Arbeiter lebten häufig in erbärmlichen Verhältnissen. Anders als Kleinbauern verfügten sie gewöhnlich nicht über Land, das sie für sich selbst hätten bewirtschaften können, um so ihr geringes Arbeitseinkommen mit Naturalien aufzubessern.

Das Vorhaben, auch Plantagen in die fairen Produzentenregister aufzunehmen, wenn sie die Standards erfüllten, war in der Szene umstritten. Widerstand kam unter anderem von den bisherigen Lieferanten. Die in der Frente organisierten Kaffeekleinbauern aus Lateinamerika wollten unbedingt an der Beschränkung des fairen Handels auf Kleinbauern festhalten. Sie fürchteten, auf Dauer aus dem System des fairen Handels verdrängt zu werden: Abnehmer aus dem Norden würden die Plantagen möglicherweise bevorzugen, weil diese größere Mengen anbieten und vielleicht auch effizienter arbeiten könnten. Man einigte sich auf einen Kompromiss: Wenn genossenschaftlich organisierte Kleinbauern genügend von einem Erzeugnis anbieten, bleiben Plantagen generell außen vor, etwa beim Kaffee. Ist das Angebot zu gering, kann der faire Handel sein System auch für Produzenten in privatwirtschaftlicher Rechtsform öffnen. Tee oder Rosen liefern heute entsprechend vor allem Plantagen, und Bananen werden sowohl von Plantagen als auch von Kleinbauernkooperativen bezogen.

Transfair International entwarf für die Plantagen einen neuen Standard – ohne Mindestpreise, von denen sonst die Plantagenbesitzer profitieren würden. Stattdessen wurden faire Arbeitsbedingungen für die Beschäftigten auf den Plantagen vorgeschrieben. Die Plantagenbetreiber mussten demgemäß den gesetzlichen Mindestlohn zahlen und feste Arbeitsverträge, Gesundheits- und Arbeitsschutz sowie Mitsprachemöglichkeiten der Beschäftigten im Betrieb bieten.

Anders geregelt wurde auch die Zahlung der Fairtrade-Prämie. In den Kleinbauernkooperativen stimmen in der Mitgliederversammlung alle gleichberechtigt darüber ab, wie diese verwendet werden soll. Auf Plantagen jedoch sollte die faire Prämie nicht der Produzent erhalten, sondern direkt dessen Arbeiter. Um zu bestimmen, wie das im jeweiligen Fall vonstatten gehen sollte, wurde ein neues Gremium geschaffen, der sogenannte Joint Body. Darin waren Arbeiter und Manager vertreten, und zusammen legten sie die Verwendung der Prämien fest. Später folgte eine Umbenennung in Fairtrade-Prämien-Komitee, weil seine wesentliche Aufgabe darin besteht, über die Verwendung der fairen Prämie zu entscheiden.

Die Arbeiter eines Betriebes wählen dafür aus ihren Reihen ihre Repräsentanten, hinzu kommen vom Management entsandte Vertreter. Sie haben heute nur noch beratende Funktion, können jedoch ihr Veto einlegen, wenn die Verwendung der Prämie offensichtlich der Plantage schadet. Nur das Fairtrade-Prämien-Komitee hat Zugriff auf das Konto, auf das die Käufer proportional zur Menge der gekauften Waren die Prämiengelder einzahlen. Zudem gilt das Vier-Augen-Prinzip: Bei der Ausgabe von Geldern müssen immer zwei beteiligt sein, um sicherzustellen, dass alles korrekt hergeht.

Dass die Arbeiter selbst entscheiden, was mit dem Prämiengeld geschieht, war für den fairen Handel maßgeblich, erklärt Martin Kunz rückblickend. Daneben entschied das Komitee auch über arbeitsplatzbezogene Fragen. Es konnte beispielsweise bei Streitigkeiten über ein angebliches Fehlverhalten eines Arbeiters vermitteln. Damit hatte der faire Handel eine Mitsprache der Arbeiter organisiert, vorbei an den Gewerkschaften, den klassischen Vertretern der Arbeiter. Kunz schildert die damalige Überlegung: Wenn die Arbeiter auf einer Farm bestimmte Gewerkschafter schätzten, würden sie diese sowieso in ihre Fairtrade-Gremien wählen. Ansonsten aber – und das ist wichtig – nicht. Denn Gewerkschaften können sogar ein Problem darstellen, wenn deren Vertreter korrupt oder die Organisationen zu einseitig von Männern dominiert sind.

Neuerungen waren auch bei der Klassifizierung des Produkts notwendig, denn beim Tee gibt es wesentlich mehr unterschiedliche Sorten und Qualitäten als beim Kaffee. Es machte deswegen wenig Sinn, sich bei der Preisgestaltung des Tees wie dort am Weltmarktpreis zu orientieren. Man entschied sich für eine Art Baukastensystem und bestimmte jeweils selbst einen Kilopreis für hochwertigen losen Tee und Beuteltee. Mit der Zeit zertifizierte der faire Handel viele weitere Plantagen: Rund 170.000 Arbeiter sind dort heute weltweit tätig. Sie bauen Bananen in Mittelamerika an, Blumen in Kenia, Tee in Indien.

NEBENWIRKUNGEN DER BLUMENPRACHT

Der Naivashasee ist anderthalb Autostunden von Kenias Hauptstadt Nairobi entfernt. Eine Uferseite ist urwüchsig, dort stampfen Büffel und stolzieren Giraffen durch die Savannenlandschaft. Auf der anderen Uferseite befinden sich unzählige Gewächshäuser und Siedlungen auf einer Anhöhe. Esther Wangari öffnet die Tür ihres einfachen einstöckigen Hauses. Im Wohnraum stehen sechs Sessel um einen kleinen Tisch und auf einer Anrichte ein Fernseher, ein Radio und einige persönliche Dinge. An den weiß gestrichenen Wänden hängen zwei Bilder – sie könnten aus dem Katalog eines US-amerikanischen Immobilienmaklers stammen. Sie zeigen jeweils ein imposantes Haus mit Garage und großzügiger Einfahrt inmitten eines Gartens.

Die 36-jährige Arbeiterin liest vor, was auf einem der Bilder in geschwungenen Lettern steht: »Ein echter Traum ist nicht das, was du im Schlaf siehst. Es sind die Dinge, die dich nicht schlafen lassen.« Deswegen schlafe sie nicht, sagt sie und lacht. Sie hat hart gearbeitet für ihr Haus, und dass sie in diesen eigenen vier Wänden lebt, dürfte viel mit der Energie, Willensstärke und Ausdauer zu tun haben, die sie ausstrahlt. Wangari selbst nennt noch einen anderen Grund: »Der faire Handel hat mein Leben verändert.«

Wie viele andere in dieser Region hat sie auf einer Blumenfarm Arbeit gefunden. 90.000 Menschen arbeiten auf einer der rund 170 Blumenfarmen in Kenia, von denen 28 Blumen für den fairen Handel produzieren. Das ostafrikanische Land liefert mehr als jede zehnte Schnittblume in die EU, bei Rosen sind es sogar vier von zehn. Es brauchte zwei Anläufe – 1997 und 1999 –, bis sich Fairtrade International dazu durchrang, ein auf die Schweiz begrenztes Pilotprojekt im Rosenanbau zu bewilligen.

Gegenwind gab es in der eigenen Organisation, vor allem wegen der bei Blumen dominierenden Großbetriebe und ökologischer Bedenken: Da Schnittblumen schnell verderben, müssen sie auf dem Luftweg transportiert werden. Doch trotz des Transports mit dem Flugzeug, der einen hohen klimaschädlichen CO_2-Ausstoß mit sich bringt, ist die Klimabilanz der kenianischen Rosen besser als die der niederländischen. Wegen des Ganzjahresanbaus verbrauchen diese für das Heizen und das künstliche Licht in den Gewächshäusern viel Energie. Während Rosenstöcke früher im Herbst ausgegraben und im Keller »eingeschlagen« wurden, um erst im Frühjahr wieder ausgepflanzt zu werden, werden sie heute auch über Winter mit Licht und Wärme versorgt. Und da das nur in geschützten Räumen möglich ist, befinden sie sich gleich das ganze Jahr über in klimatisierten Anlagen. Wissenschaftler der ETH Zürich wiesen 1998 nach, wie viel energieraubender das ist. Nach neuen Studien beträgt der Unterschied sogar den Faktor fünf. Rosen aus Europa sind demnach das ganze Jahr über dreckiger als die kenianischen, auch im Sommer.

Der Anbau von Blumen in großem Stil für den Export hatte Mitte der 1960er-Jahre unter anderem in Kolumbien begonnen. Seit den 1980er-Jahren verlagerte die Blumenindustrie ihre Aktivitäten dann vom Norden in den Süden, nach Kolumbien, Ecuador, Brasilien, Kenia, Zimbabwe, Thailand oder Israel. Es flossen Entwicklungsgelder in den Ausbau des Blumengeschäfts. In Kolumbien etwa wollte die EU durch die Blumenproduktion eine ökonomische Alternative zum Drogenanbau schaffen, weswegen die Europäer die Importzölle für Blumen dieser Herkunft strichen. Auch die Weltbank förderte die Produktion von Blumen für den Export im Süden.

Dann wurden Missstände bekannt, Gesundheitsgefahren durch Pestizide oder Ausbeutung von Arbeitern. Anfang der 1990er-Jahre machten Aktionsgruppen in Europa auf das »schmutzige Blumengeschäft« aufmerksam. Vorreiter war auch hier die Schweiz, wo sich unter anderen Markus Staub engagierte.

Nach seinem Studium der tropischen Landwirtschaft arbeitete Staub als Biogemüsegärtner in einer Produzenten-Konsumenten-Genossenschaft, in seiner Freizeit beteiligte er sich seit den frühen 1990ern an der Arbeit der NGO Schweiz-Kolumbien. Thema waren dort vor allem die Auswirkungen der Pestizide für Mensch und Umwelt. In den Betrieben sterilisierten Arbeiter mit hochgiftigen Pestiziden wie Methylbromid den Boden, von wo aus er noch monatelang in die Gewächshäuser entwich, in denen die Menschen arbeiteten.

In den Blumenbetrieben wurde meist im Akkord gearbeitet. Gewöhnlich 48 Stunden in der Woche waren die Arbeiter unter den Planen der Gewächshäuser unterwegs – oft hockend, bei brütender Hitze und für meist kärglichen Lohn. Selbst wenn die Betriebe den gesetzlichen Mindestlohn zahlten, reichte es hinten und vorne nicht. Experten hielten schon damals eine Verdoppelung bis Verdreifachung des Lohns für erforderlich; mittlerweile wäre vielerorts noch mehr notwendig, weil die gesetzlichen Mindestlöhne in vielen Ländern kaum an die Lebenshaltungskosten angepasst worden sind.

Wegen der massiven Behinderung von Gewerkschaften durch die Unternehmer, aber auch durch den Staat waren die Arbeiter in den Betrieben nur schwach organisiert. Wenn sie sich wehrten, mussten sie Repressalien befürchten. Beliebt war auch die Methode, gewerkschaftlich organisierte Betriebe zu schließen und neue Betriebe aufzumachen, in denen dann Zeitarbeiter angestellt wurden. Ihre meist nur über zwei bis drei Monate laufenden Arbeitsverträge hinderten sie daran, gewerkschaftlich tätig zu werden. Es gab »politisch motivierte Entlassungen« und sogar Morde an Vertretern der Blumengewerkschaften. Kolumbien ist das Land, in dem in den vergangenen Jahrzehnten weltweit am meisten Gewerkschafter ermordet worden sind.[8]

Außerdem wurde gespritzt, was das Zeug hielt, hochgiftige Substanzen wie DDT, Paradoxon oder HCH. Viele Blumenarbeiter erkrankten. Allergien, Übelkeit und Ausschläge häuften sich; es kam zu Blutkrebserkrankungen und Fehlgeburten, weil Schwangere keinen Gesundheitsschutz hatten. Auch die ökologischen Folgen des Blumenanbaus waren erschreckend. Vielerorts zerstörte er Flora und Fauna, und verheerend wirkte sich vor allem der hohe Wasserverbrauch aus. Wo im großen Stil Blumen für den Export angebaut wurden, sank der Grundwasserspiegel; Gewässer waren durch ausgeschwemmte Pestizide vergiftet und Böden ausgedörrt.

Anfang 1995 liefen in Kolumbien wegen solcher Probleme rund 200 Verfassungsbeschwerden, und mancher Aktivist forderte deswegen in Europa bereits einen Boykott der dreckigen Blumen. Doch mehr als 50.000 Menschen arbeiteten alleine in den 450 Blumenbetrieben in der Hochebene rund um Bogotá und im Medellín,[9] und so keimte stattdessen die Überlegung, was man tun könnte, um die Arbeitsplätze zu erhalten und dennoch saubere Blumen zu verkaufen.

Auf Anfrage von Aktivisten winkte der faire Handel 1997 noch ab. Markus Staub erinnert sich: So schnell verderbliche, nicht nachreifende Waren hätten mit dem Flugzeug transportiert werden müssen. Das sei mit dem Gedanken von Fairtrade nicht zu verbinden gewesen. Andere Akteure wurden tätig. Der Deutsche Blumen-, Groß- und Import-Handel BGI schloss einen Vertrag mit einem Exportverband kolumbianischer Exporteure, in denen diese sich verpflichteten, die Arbeits-, Sozial- und Umweltgesetze ihres Landes einzuhalten. Brot für die Welt, das Food-First Informations- und Aktionsnetzwerk FIAN und Terre des hommes führten in Deutschland eine »Blumenkampagne« durch, wobei sie Verbraucher beispielsweise mit Aktionen zum Muttertag auf die Missstände auf den Blumenplantagen aufmerksam machten. 1999 gründeten sie das Flower Label Program e. V. zur Zertifizierung einer sozial- und umweltverträglichen Schnittblumenproduktion.[10]

Zu dieser Zeit fragte Migros mit Verweis auf ein gemeinsames Projekt mit BGI und Blumenproduzenten aus Zimbabwe, bei dem den Produzenten pro Stiel eine Prämie zusätzlich gezahlt wurde, bei Max

Havelaar Schweiz an, ob man sich eine Zusammenarbeit vorstellen könne. Es begann eine Neuevaluierung, und trotz einiger Widerstände innerhalb des Fairtrade-Systems wurde schließlich ein internationaler Standard für Rosen etabliert. Die Schweizer führten das Pilotprojekt durch. Dort heuerte Markus Staub nun an. Im Dezember 2000 machte er sein ehrenamtliches Anliegen – den Kampf für saubere Blumen – zu seinem Beruf und begann die Arbeit bereits einen Monat davor, als er in seinem Resturlaub im November erstmals nach Kenia flog.

Genau sechzehn Jahre später, im November 2016, ist Staub mit vier Journalisten aus der Schweiz und Deutschland in dem ostafrikanischen Land unterwegs zu Blumenfarmen. Auf der Fahrt im Kleinbus erinnert er sich an erste Eindrücke damals. Sein Fairtrade-Bild, geprägt von Vorstellungen von Kleinbauern, sei auf die gut gekleideten Manager der Blumenfarmen geprallt, die rundheraus erklärten, dass der vorgeschlagene Standard nichts mit der Realität zu tun habe. Sie hätten von Anfang an deutlich gemacht, dass sie keine hilflosen, abhängigen Produzenten seien, sondern bereits selbständig exportierten. An der Definition des Fairtrade-Produzentenbegriffs, der ohne wesentliche Anpassungen von den Kleinbauernstandards übernommen worden war, hätten sie sich sehr gestört.

Wie es auf den Farmen aussah, überraschte Staub nicht wirklich. Doch er staunte über die Größe der Blumenfarmen in Afrika. Von seiner Zeit bei der Blumenkampagne kannte er ecuadorianische Farmen, die relativ klein waren. Jetzt aber kam er in Afrika zu Farmen mit teils mehreren Tausend Arbeitern, das habe ihm schon sehr großen Respekt abgerungen. Und er fragte sich: »Können wir das wirklich bewegen?«

Esther Wangari hat den Wandel auf der Panda-Flowers-Farm selbst miterlebt. Als 15-Jährige musste sie die Schule abbrechen, weil sie schwanger wurde. Der Vater ihrer Tochter ließ sie sitzen. Damals, Mitte der der 1990er, blühte das Geschäft mit Rosen in Kenia gerade auf. Sie wurden vor allem für die europäischen Verbraucher angepflanzt, wichtigste Anbauregion wurde der Naivashasee. Wangari gehörte zu den Kenianern, die sich auf der Suche nach einem Auskommen dorthin auf den Weg machten. Mit den Arbeitern sprangen die Betriebe damals nach Gutdünken um, auch auf der Panda-Flowers-Farm.

»Du konntest heute beschäftigt und morgen gefeuert werden«, erzählt sie. Sie hätten die ganze Woche gearbeitet, von Montag bis Sonntag, ohne einen einzigen freien Tag in der Woche. Es gab keinen Arbeitsvertrag, man war als Tagelöhner angestellt. In einer solchen Situation müsse man täglich schauen, wie man klar komme. Wangari: »Da kann man keine langfristigen Ideen entwickeln.«

Als die Farm 2003 Fairtrade zertifiziert wurde, habe sich ihr Leben verändert. Mit der Einrichtung des Joint Body – oder kurz JB, wie sie hier alle sagen – wurde eine Brücke zwischen den Arbeitern und dem Management geschlagen. Wangari wurde die erste Vorsitzende des JB und vom Management gefördert, weil es schätzte, wie die Arbeiterin sich einbrachte. Die alleinerziehende Mutter einer Tochter besuchte Abendkurse, lernte Englisch, absolvierte diverse Trainings und wurde bald Vorarbeiterin für eine Gruppe von 15 Arbeitern. Auf Einladung von skandinavischen fairen Handelsorganisationen reiste sie nach Europa, um dort von den Arbeitsbedingungen auf den Blumenfarmen zu berichten. Schließlich wurde sie Oberaufseherin. »Ich habe Führungsqualitäten«, sagt sie heute selbstbewusst.

Wangari führt in ein großes Gebäude, das den 800 Arbeitern bei Panda Flowers gehört. In einem der Räume findet gerade eine Gesundheitsschulung statt. Auf dem Tisch liegt eine Babypuppe und medizinisches Gerät, zwei Dutzend Frauen und Männer lauschen dem Sozialarbeiter. In einem anderen Raum steht eine Maismühle. Hier produzieren die Arbeiter für sich selbst günstiges und sauberes Mehl aus Mais, den sie selbst ankaufen. Der gesetzliche Mindestlohn auf einer Blumenfarm liegt bei monatlich 7.000 Shilling, umgerechnet rund 61 Euro; auf den fair zertifizierten Blumenplantagen erhält ein einfacher Arbeiter 10.000 Shilling, umgerechnet rund 88 Euro. Ist das Geld knapp, können sie hier beim Kauf von Maismehl anschreiben lassen. Keine Mutter müsse sich bei der Arbeit darum sorgen, dass sie ihre Kinder hungrig zu Hause zurückgelassen habe, sagt Wangari. Die Farmarbeiter haben sogar jemanden eingestellt, der das Grundnahrungsmittel mahlt und verkauft. Neben dem Gebäude steht ein Hühnerstall mit einigen Hundert Tieren, sodass Eier und Fleisch für den Eigenverbrauch gesichert sind. All diese Projekte haben die Arbeiter aus der sogenannten Fairtrade-Prämie bezahlt. Finanziert wird sie aus einigen Cent Aufpreis je Bund Rosen, die die Importeure zahlen. Es gibt einen Fonds, der günstige Kleinkredite vergibt, um Kindern den Besuch einer weiterführenden Schule zu ermöglichen. Von manchen Projekten profitieren Menschen in der gesamten Region. So haben Arbeiter von sechs Fairtrade zertifizierten Blumenfarmen mit zusammengelegtem Geld ein neues Geburtshaus für die örtliche Klinik zur Hälfte finanziert.

»Das hatte eine große Wirkung«, sagt Ruth, die seit zehn Jahren als Hebamme hier arbeitet. Seit der Eröffnung des neuen Traktes habe sich die Zahl der Geburten in der Klinik auf 600 je Monat verdoppelt. Jetzt fahren weniger Frauen in weit entfernte Krankenhäuser zur Entbindung. Statt drei teilen sich nur noch zwei Wöchnerinnen mit ihren Babys in der Klinik ein Bett. Frühgeborene sind hier gut aufgehoben; zwei räkeln sich unter Wärmelampen im Nebenraum, zwei andere werden gerade von ihren Müttern gestillt. Die Säuglingssterblichkeit wurde durch das neue Geburtshaus halbiert. Auch beim Mutterschutz war Fairtrade Vorreiter. Zwölf Wochen gewähren die Fairtrade zertifizierten Rosenfarmen von jeher, während das Gesetz bis 2008 lediglich fünf Wochen vorschrieb; inzwischen gelten für alle Mütter zwölf Wochen Schutz.

Die Arbeitsbedingungen auf den konventionellen Blumenfarmen sind schlechter, in den vergangenen Jahren kam es immer wieder zu wilden Streiks, also Arbeitsniederlegungen unabhängig von einer Gewerkschaft. Bei Twiga Roses legten im Sommer 2015 Hunderte Arbeiter Schere, Schaufel und Spritze nieder. Sie protestierten damit gegen miese Löhne, miserable Wohnverhältnisse und mangelhaften Schutz gegen Krankheiten. Sicherheitskräfte griffen ein, es gab Schlägereien. Twiga feuerte wenig später tausend Arbeiter. Den Blumen im Supermarkt sind solche Geschichten nicht anzusehen.

Wesley Siele war Personalchef bei Finleys, einer der großen, fair zertifizierten Blumenfarmen Kenias. Seit zehn Jahren ist er Vorsitzender des Verbandes der landwirtschaftlichen Unternehmer. Dazu gehören auch siebzig kenianische Blumenfarmer. Natürlich gebe es einen großen Unterschied zwischen den Farmen, die für den fairen Handel arbeiteten, und den anderen. »Ohne Druck des Fairtrade-Labels bietet kein Plantagenbesitzer bessere Arbeitsbedingungen«, macht Siele klar, notwendig dafür sei eine steigende Nachfrage aus Europa. »Das ist eine reine Marktsache.«

»Wir sind keine NGO, sondern ein gewinnorientiertes Unternehmen«, betont Igal Elfezouaty. Der Unternehmer steht inmitten seiner Farm Panda Flowers, wo auch Esther Wangari arbeitet. In mehreren fußballfeldgroßen Gewächshäusern kultivieren Arbeiter die Rosenstöcke. Ein Großteil des benötigten Wassers stammt aus Regenauffangbecken, denn auch in Kenia gibt es massive ökologische Probleme bei der Blumenzucht – vor allem durch die Wasserentnahme oder den Einsatz von Pflanzengiften und Düngemitteln. Für den Anbau in zertifizierten Betrieben gelten höhere Umweltauflagen.

Elfezouaty erklärt, dass seine Firma durch das Fairtrade-Programm nicht mehr an den Rosen verdiene als vorher, zunächst koste es sogar Geld. Die Zertifizierung der Farm, die Schutzkleidung, höhere Löhne und feste Arbeitsverträge für die Beschäftigten, sobald sie länger als drei Monate auf der Farm tätig sind – das alles sind zusätzliche Ausgaben. Auf den Einsatz besonders giftiger Chemikalien muss verzichtet werden. Die Arbeiter müssen Schutzkleidung bei der Spritzarbeit tragen, und die Pflückerinnen dürfen danach für eine bestimmte Zeit die behandelten Gewächshäuser nicht betreten.

Acht Wochen wachsen die Rosen, dann werden sie geschnitten, gekühlt, verpackt und mit Kühllastwagen zum Jomo Kenyatta Airport in Nairobi gebracht, von wo aus die Flieger nach Europa abheben. Aus ökologischer Sicht sind es gewisse Mindeststandards, die dabei erfüllt werden; Fairtrade und Bio gehören jedoch nicht automatisch zusammen. Ursprünglich ging es den Verfechtern des fairen Handels eben nicht um Umweltschutz, sondern um die faire Teilhabe von Produzenten am Wirtschaftsleben.

Die Manager bei Simbi Roses, einer ebenfalls Fairtrade zertifizierten Blumenfarm mit mehr als 580 Beschäftigten auf halber Strecke zwischen dem Naivashasee und der Hauptstadt Nairobi, verweisen auf einen ökonomischen Vorteil des fairen Handels: Planbarkeit. Vorher verkauften sie ihre Rosen wie alle anderen auch bei Blumenauktionen, vor allem in Holland.

Der weltweit größte Auktionsplatz dafür befindet sich in Aalsmeer, einer kleinen Stadt vor den Toren Amsterdams. Der zugehörige Hallenkomplex erstreckt sich auf einer Fläche, die größer ist als das Fürstentum Monaco. Über eine Milliarde Euro werden hier jährlich umgesetzt. Aber die Rosenfarmen müssen in Vorleistung gehen und wissen erst nach der Versteigerung, welchen Preis sie erlösen. Vor zwei Wochen seien die Preise hoch gewesen, sagt der Manager bei Simbi Roses.»Jetzt sind sie im Keller.«

Früher habe die Farm alle Blumen über die Börse verkauft, heute nur noch 40 Prozent. 60 Prozent würden direkt an Importeure verkauft, was es für den Betrieb leichter abschätzbar mache, wie viele Rosen er absetzen kann. Jede fünfte im Direktverkauf abgesetzte Rose ist bei Simbi Roses Fairtrade zertifiziert, insgesamt also zwölf von hundert Stielen der ganzen Blumenernte. Selbst wenn alle Rosen unter dem fairen Siegel verkauft würden, hätte der Lieferant jedoch keine zusätzlichen Einnahmen, um beispielsweise die Zertifizierungskosten zu decken. Der gesamte Mehrwert fällt in Form von Prämien an, die nicht für Produktionsverbesserungen wie den Bau von Regenauffanganlagen verwendet werden dürfen, sondern alleine den Beschäftigten zugute kommen.

Elfezouaty, der Eigentümer von Panda Flowers, unterstützt seine Arbeiter, obwohl seine Firma direkt nichts von den Prämiengeldern abbekommt; etwa beim Kauf eines Grundstücks, um Häuser darauf zu bauen. Angesichts oft ungeklärter Landbesitzverhältnisse ist das bereits ein schwieriges Unterfangen, und Markus Staub war skeptisch, ob es umgesetzt werden könnte. Aber es ist gelungen. Das hat auch mit einer weiteren Vorgabe des fairen Handels zu tun, die dazu verpflichtet, dass Arbeiter nach der Probezeit einen schriftlichen Arbeitsvertrag bekommen – vor Ort keine Selbstverständlichkeit. Ohne Arbeitsvertrag gibt es bei vielen Banken keinen Baukredit, das gilt am Naivashasee genauso wie auf der Schwäbischen Alb.

Esther Wangari wird den Kredit für ihr Haus bald abbezahlt haben. Dann will sie einen neuen aufnehmen und zwei Kühe kaufen. Indem sie jemanden dafür bezahle, auf die Kühe aufzupassen, wolle sie einen Job schaffen, sagt sie.

GETEILTES RISIKO

Wenn über den fairen Handel berichtet wird, geht es meistens um Kleinbauern und Arbeiter, für die das System geschaffen worden ist, manchmal auch um beteiligte Unternehmer, wie Kaffeeröster oder Chocolatiers, oder um die Handelsunternehmen, die die Waren verkaufen. Selten ist jedoch die Rede von den Importeuren. Dabei spielen sie eine zentrale Rolle. Die Importeure der fair gesiegelten Waren gehen das größte wirtschaftliche Risiko ein, und sie sind es, die die Mindestpreise und Fairtrade-Prämien an die Kooperativen oder Plantagen zahlen.

Im Frühjahr 2017 erfuhr Mike Port, Geschäftsführer bei dem gleichnamigen Hamburger Bananenimportunternehmen, was dieses Risiko bedeutet, und das nicht zum ersten Mal: Unwetterartige Regenfälle hatten viele Betriebe in Lateinamerika getroffen. Manche Pflanzen waren zerstört, Früchte anderer Stauden wegen des vielen Wassers unbrauchbar. Oft sind diese »Schäden« den grünen Bananen nicht anzusehen, und sie zeigen sich erst, wenn die Ware in den europäischen Reifereien angeliefert wird. Sobald es jedoch Hinweise darauf gibt, dass Aussehen oder Geschmack gelitten haben könnten, verweigern diese die Annahme der Waren. Kein Wunder, sie selbst hätten Probleme, sie bei ihren Abnehmern loszuwerden. Schon Bananen mit leichten Verfärbungen wollen Lidl & Co. ihrer Kundschaft nämlich nicht zumuten, auch nicht bei fairen Bananen. So weit geht die Solidarität von Supermarktkunden nicht. Man fragt sich, ob man den Konsumenten solche Früchte nicht doch zumindest anbieten könnte, zusammen mit einer Information darüber, wie es zu dem Aussehen kommt. Vielleicht wäre der eine oder die andere doch bereit, die Unglücksopfer zu unterstützen, indem sie ihre Produkte kaufen?

Am einfachsten wäre es im Grunde, wenn die Bauern solche Bananenstauden abschnitten und dann auf dem Feld vergammeln ließen.

Das würde wenigstens die Kosten für Zoll und Transport sparen. Aber das bringen viele Bauern nicht übers Herz, außerdem brauchen sie dringend das Geld, das sie für abgelieferte Ware bekommen – sofern diese nicht abgelehnt wird. Nicht jeder macht sich eben Gedanken darüber, dass es Regressforderungen der Importeure an die Bauern geben könnte.

Das Recht dazu hätte auch Port, aber er macht keinen Gebrauch davon. Er würde damit die Existenz der Bauern gefährden, die ihm im Laufe der Jahre ans Herz gewachsen sind. Er kam zum fairen Handel, als Bert Beekman, Gründungsdirektor von Max Havelaar in den Niederlanden, Frachtraum für einige Paletten Fairtrade-Bananen nach Europa suchte. Port wollte sich nicht auf den Transport beschränken und entschied sich, selbst zu verkaufen. Unter der Marke Fairnando begann er, fair produzierte Bananen von einer Handvoll kleinbäuerlichen Betrieben zu importieren. Heute bezieht er die Früchte von 3.500 Bauern aus Peru, Ecuador und der Dominikanischen Republik. Es gebe zwar erheblichen Betreuungsaufwand bei den Kleinbauern; einer seiner Mitarbeiter vor Ort koordiniere sieben lokale Qualitätsexperten, die die Bauern beraten. Aber die Qualität ihrer Ernte sei oft besser als die der in der Regel effizienter produzierenden Plantagen. Das liege an den Bananensorten: So vertrügen die von Kleinbauern angepflanzten Sorten Klimaschwankungen besser, wiesen weniger Schalenfehler auf und seien resistenter.

Wirtschaftliche Vorteile sieht der Mittelständler auch für seine 73 Mitarbeiter starke Firma. Fairtrade habe wesentlich dazu beigetragen, dass Verträge auf Jahresbasis geschlossen würden, und es gebe einen Minimumpreis; das schaffe mehr Planungssicherheit. Das Risiko für ihn als Händler sei trotzdem groß, weil er weitgehend allein das Beschaffungs- und Absatzrisiko trage.

Natürlich bot das Geschäft mit fair zertifizierten Erzeugnissen Chancen für findige Newcomer unter den Importeuren, zum Beispiel im Fall von Omniflora. Die Firma wurde 1994 von einigen Managern gegründet, die in neuen Transportmöglichkeiten, im Direktimport und in dem Trend zum ethischen Konsum neue Möglichkeiten für Geschäfte mit Blumen sahen.

Am Firmensitz in Neu-Isenburg kommen die kenianischen Rosen vom nahegelegenen Frankfurter Flughafen an. Sie werden verpackt und mit einem Verweis auf ihr Mindesthaltbarkeitsdatum versehen: fünf Tage ab Verkauf; die Idee dazu hatte Omniflora. Das Geschäft floriert, und mittlerweile gehört die Firma zu einem britischen Konzern mit Aktivitäten in Hong Kong, Australien, Papua-Neuguinea, Ostafrika, Sri Lanka, den USA und Großbritannien.

GESCHÄFTE MIT DEM ERZFEIND

Selbst von der Kooperation mit Supermärkten überzeugten Pragmatikern der fairen Bewegung schien der Gedanke, dass ein Discounter einmal faire Waren verkaufen könnte, anfangs abwegig. Noch 1999, sieben Jahre nach dem Start der Siegelidee in Deutschland, sagte Dieter Overath: »In der vom Niedrigpreis dominierten Einkaufspolitik gibt es für ethische Werte keinen Platz auf den Paletten.«[11] Wiederum sieben Jahre später listete der Discounter Lidl schon acht faire Produkte: Röst- und Instantkaffee (jeweils Bio), Biobananen, Biohonig, Orangensaft, Schokolade und braunen Zucker, sogar unter einem eigens dafür geschaffenen Label namens Fair Globe.

Was war passiert? Lidl – oft in negativen Schlagzeilen – war auf Transfair Deutschland zugekommen. Der Verein diskutierte über die Anfrage. Bei der Vorstandssitzung des Vereins im März 2006 war die Rede von »Indikatoren, die auf eine Neuorientierung von Lidl hindeuten«, aufgezählt sind im Protokoll: Dialog des Discounters mit Kritikern wie Attac, Ausweitung des Biosortiments und die Einstellung einer Umweltbeauftragten sowie das Vorhaben, Bio und Fairtrade unter einer Eigenmarke zu verkaufen, was eine Vereinbarung mit Transfair erfordere. Tatsächlich hätte das Unternehmen dafür auch direkt Produkte von fairen Importeuren kaufen können, ohne gesonderte Vereinbarung. Aber offensichtlich lag ihm daran, auch das offizielle, bekannte Label auf den eigenen Produkten zu haben. Es ging um Glaubwürdigkeit gegenüber den Kunden.

Faire Waren bei Lidl, das löste eine heftige Diskussion über das Selbstverständnis innerhalb der Szene aus, ähnlich wie zuletzt beim Richtungsstreit hinsichtlich der Kooperation mit dem konventionellen

Handel Ende der 1980er-Jahre. Schließlich stehen Discounter für besonders billige Produkte und gnadenlosen Druck auf die Lieferanten – also genau das Gegenteil von fairem Handel.

Die Befürworter sahen wiederum das originäre Ziel der Siegelinitiative erfüllt, mehr Erzeugnisse aus dem globalen Süden zu fairen Bedingungen zu verkaufen. »Es geht den Bauern ja nicht darum, *wo* ihre Produkte verkauft werden, sondern *dass* sie verkauft werden«, so Overath seinerzeit, der zwar erfreut war, dass sich auf den Paletten eines Discounters doch noch Platz für faire Waren gefunden hatte, angesichts des Vorhabens aber auch von »einem Ritt auf der Rasierklinge« sprach.[12] Der Discounter selbst machte keinen Hehl daraus, was ihn zu dem Schritt bewogen hatte. Nicht aus sozialer Verantwortung habe man faire Produkte ins Sortiment genommen, sondern wegen der Kundennachfrage, sagte Lidl-Manager Robin Goudsblom bei einer Konferenz des fairen Handels in Berlin.

Empörte Reaktionen von Gewerkschaften, Umweltorganisationen und Weltläden folgten: Sollte man nicht erst einmal das Verkaufspotenzial der Weltläden und des konventionellen Einzelhandels nutzen? Könnte sich die Marktmacht der Billiganbieter am Schluss nicht womöglich negativ auf die Standards auswirken? Und war es überhaupt ethisch vertretbar, mit Unternehmen zusammenzuarbeiten und damit Wirtschaftsstrukturen zu befördern, gegen die sich der faire Handel prinzipiell einsetzte, also vor allem Sozialdumping? Schließlich waren es doch gerade die Discounter, die mit ihren Billigangeboten den Preisdruck auf Lieferanten ständig erhöhten, weswegen sich wiederum die Produktionsbedingungen am Anfang der Kette verschlechterten. Der Dachverband Entwicklungspolitik der baden-württembergischen Nichtregierungsorganisation schrieb in einer Stellungnahme, seiner Ansicht nach könne Lidl »kein akzeptabler Partner des fairen Handels sein, solange die Bedingungen für die Lieferanten der nicht fair gesiegelten Produkte aus dem Süden und Norden extrem schlecht sind«.[13]

Selbst eingefleischte Verfechter der Siegelidee wie Geert van Dok, jahrelang im Vorstand der Schweizer Max Havelaar-Stiftung, bewerteten die Zusammenarbeit mit Discountern kritisch: Billigpreisstrategien stünden im krassen Gegensatz zur Idee des fairen Handels, zu der nun einmal gehöre, dass die Konsumenten einen höheren Endpreis bezahlten. »Günstige Angebote bedeuten auch kostengünstige Produktion: Der Preiskampf im Norden wird damit auf dem Rücken der Produzenten im Süden und der Umwelt ausgetragen.«[14]

Im gleichen Sinn äußerte sich Gerhard Drexel, Vorstandsvorsitzender von Spar: Organisationen wie Fairtrade müssten dafür sorgen, dass Discounter kein Preisdumping betreiben. Sonst würden die Preise insgesamt gedrückt, was am Ende wiederum den Bauern schade. »Eine gewisse Preispflege ist nötig, sonst widerspricht es der Fairtrade-Philosophie.«[15] Als Chef einer konventionellen Supermarktkette verfolgt Drexel natürlich auch eine eigene Agenda, da er wohl kaum interessiert ist an fairer, aber günstigerer Konkurrenz. Und drücken nicht alle Einzelhändler die Preise der Lieferanten, egal ob sie Aldi und Lidl oder Edeka und Rewe heißen?

Für die Produzenten macht es übrigens keinen Unterschied, ob eine Fairtrade zertifizierte Ware in einem Discounter, einem gewöhnlichen Supermarkt oder einem Delikatessengeschäft verkauft wird. Der Abnahmepreis bleibt derselbe, ihre Einnahmen richten sich ausschließlich nach der Menge.

Lediglich als Feigenblatt wollte sich die Siegelorganisation von Lidl nicht missbrauchen lassen. Darum vereinbarten sie eine sukzessive Ausweitung der fairen Palette. Statt wie anfangs acht können Verbraucher bei Lidl heute dauerhaft ein gutes Dutzend fair zertifizierte Produkte kaufen, hinzu kommt Aktionsware.

Dennoch birgt die Zusammenarbeit mit dem Discounter gewisse Gefahren für die Siegelinitiative. Ihre Existenz hängt ab vom Vertrauen der Kunden in das Label, und durch Skandale bei dem Discounter könnte dieses beschädigt werden. So deckte das Magazin *Stern* am 27. März 2008 zum wiederholten Mal, nach einer ersten Überwachungsaffäre 2004, die Bespitzelung von Mitarbeitern durch Detektive auf. Wieder einmal hagelte es negative Schlagzeilen, der Lidl-Chef ging. In einer Vorstandssitzung bei Transfair stellte man damals – vermutlich erleichtert – fest, dass »in der Öffentlichkeit kein Zusammenhang hergestellt« worden sei zwischen der aktuellen Lidl-Affäre und der Kooperation mit Fairtrade. Andere Discounter kopierten übrigens die Strategie: Auf Lidl mit der Eigenmarke Fairglobe folgten Netto, Aldi Süd, Aldi Nord (mit ihren jeweiligen Marken fair gehandelt, One World und fair) und andere.

Sigrid Vester, bei Transfair für Marketing zuständig, hält viel vom Verkauf fairer Produkte im Discounter, aus einem einfachen Grund: weil dort Millionen Verbraucher einkaufen, »das können wir nicht ignorieren«. Dass die Fairtrade-Idee mit der Kooperation in die DNA des konventionellen Handels einfließt, bezweifelt sie. Aus Überzeugung oder mit Herzblut machten die wenigsten Firmen mit, faire Produkte würden gewöhnlich aus Kalkül verkauft. So nutzten die Discounter sie zum Beispiel geschickt, um ihre Eigenmarken höherwertiger zu positionieren, in dem sie diese fair zertifizierten. Rund 36 Prozent betrug der Anteil von Eigenmarkenprodukten im Lebensmitteleinzelhandel 2015.[16]

Es gibt zwei Gründe für ein Unternehmen, sein gesamtes Sortiment auf fair umzustellen. Eine Möglichkeit ist, dass jemand aus Überzeugung agiert, weil er Humanist, Christ, Altruist oder sonstwie ethisch motiviert ist, so wie viele Pioniere des alternativen Handels. Oder jemand positioniert seine Firma gezielt mit einem fairen Profil, als Geschäftsmodell. Das funktioniert gewöhnlich bis heute nur in der Nische. Alle anderen Unternehmen werden ihr Sortiment nicht komplett auf Waren aus fairer, sozial gerechter Produktion umstellen, weil es betriebswirtschaftlich unlogisch wäre. Sie verkaufen ethisch korrekte Waren, um damit Geld zu verdienen und ihr Image zu verbessern. Bedient werden parallel dazu aber auch Verbraucher, denen ethische Aspekte nicht wichtig sind. Nur wenn ein Geschäft mit seinem Sortiment das ganze Spektrum an Kunden bedient, kann es ein Maximum an Kaufkraft abschöpfen und seinen Gewinn maximieren. Wie viel Geld Discounter mit dem fairen Handel verdienen, ist nicht bekannt. Es gibt keine veröffentlichten Zahlen. Man weiß auch nichts über die Höhe der Gewinnmargen im Handel oder bei den Herstellern der fairen Produkte, die teils komplett aus fairen Rohstoffen stammen wie beim Kaffee, teils aber auch nur zum Teil wie bei der Schokolade.

Dass sich das Geschäft mit den Discountern auch für die Siegelorganisationen lohnt, ist dagegen kein Geheimnis: Heute stammen rund ein Drittel der Lizenzeinnahmen von Transfair Deutschland daraus, je ein weiteres Drittel entfallen auf die klassischen Supermärkte und das sogenannte Außerhausgeschäft (Kantinen etc.). Vielleicht hätte Fairtrade höhere Anforderungen an die Verkäufer in seine Statuten geschrieben, wenn man beim Start gewusst hätte, dass es einmal Discounter sein würden. Sinnvoll wären beispielsweise Mindeststandards für die eigenen Beschäftigten, »aber der Zug ist leider abgefahren«, sagt Helmut Schüller, Vorstand bei Fairtrade Österreich.

Beim Absatz fair zertifizierter Waren hatte zunächst Holland die Nase vorne, dann die Schweiz – heute ist es mit großem Abstand das Vereinigte Königreich. Dort wurden 2015 ein Drittel aller Umsätze mit fair gesiegelten Produkten gemacht, vor allem durch Vereinbarungen von Fairtrade UK mit Großkonzernen aus der Lebensmittelbranche. Als Meilenstein galten die Übereinkünfte mit Cadbury, Nestlé und Marks & Spencer. Jahrelang hatten Riesen wie sie die Finger von dem Siegel gelassen hatte, sehr zum Frust der Fairtrade-Organisationen. Auf den Grund für ihr Desinteresse angesprochen, antworteten sie fast unisono mit »zu wenig Nachfrage«. Umso größer war darum die Überraschung, als das englische Süßwarenschwergewicht Cadbury 2009 entschied, seine Traditionsmarke Dairy Milk aus fairem Kakao herzustellen, wovon allein 40.000 Kleinbauern in Ghana profitieren sollten.[17] Von den Medien wurde die Entscheidung als Rückkehr des Konzerns zu seinen Wurzeln interpretiert. Cadbury war einst von Angehörigen der Glaubensgemeinschaft der Quäker gegründet worden, die besonderen Wert auf soziale Verantwortung gelegt hatten. Das Beispiel machte Schule: Ein Jahr später verkündete Nestlé, seinen Schokoladenriegel Kitkat auf der Insel ebenfalls komplett mit fair gehandeltem Kakao herstellen zu wollen.

Die Entscheidung über den Riegel, der heute das fair zertifizierte Produkt mit dem zweithöchsten Umsatz in Großbritannien ist,[18] löste damals Diskussionen innerhalb der Siegelfamilie aus. Schließlich standen wenige Konzerne so oft wegen der Verletzung von Menschenrechten in der Kritik wie Nestlé.

Da Fairtrade International über keine klare Richtlinie verfügt, wie mit solchen Weltkonzernen umzugehen ist, blieb die Entscheidung im Einzelfall den nationalen Organisationen überlassen. Die Siegelinitiativen beschieden keineswegs alle Zertifizierungswünsche positiv, Transfair Deutschland zum Beispiel lehnte die Anfrage eines großen Textildiscounters ab. Trotzdem wurde immer öfter der Vorwurf erhoben, die fairen Siegelinitiativen wären zu lax.

TÖDLICHE ÜBERMACHT

Die wichtigsten Märkte für fair zertifizierte Waren sind heute Großbritannien, die USA, Deutschland, Frankreich und die Schweiz. Im Jahr 2015 belief sich das Welthandelsvolumen auf gut 16,5 Billionen US-Dollar, der Anteil des fairen Handels daran betrug 0,04 Prozent – eine Nischenangelegenheit. Der geringe Prozentsatz rührt auch daher, dass sich die Zertifizierung bislang weitgehend auf eine Auswahl landwirtschaftlicher Erzeugnisse beschränkt. Bei ihnen ist der Weltmarktanteil entsprechend höher; bei Kaffee beispielsweise liegt er bei knapp zwei Prozent. Die mit Abstand wichtigsten Segmente sind Bananen, Zucker, Kaffee und Kakao.

Bei einzelnen Produkten in einzelnen Märkten hat sich das faire Label schon ganz gut durchgesetzt. So ist beispielsweise mehr als jede zweite in der Schweiz verkaufte Banane fairen Ursprungs und jede vierte Rose in Deutschland. Aber dies sind Ausnahmen. Beim Kaffee, dem Urprodukt der Bewegung, beträgt der Marktanteil selbst in fairen Kernmärkten wie Deutschland, Österreich und der Schweiz weniger als 5 Prozent. Um eine Branche wirklich umzukrempeln, müssten laut Branchenkennern rund 20 Prozent der Waren das Label tragen.

Gute Umsätze sind wichtig für den fairen Handel. Bleiben sie aus, wenden sich Betriebe und Produzenten frustriert ab. Das passierte mehrmals bei der Baumwolle in Indien.

Als Baumwolle in Asien und Amerika schon lange zu Kleidung verarbeitet wurde, trugen die Europäer noch schwere, unbequeme Stoffe aus Wolle und Flachs. Damit Baumwolle gedeiht, benötigt sie viel Wasser und vor allem Wärme und Licht – mehr, als Mitteleuropa bietet. Sie wird in rund neunzig Ländern angebaut, die zwischen dem

17. nördlichen und dem 32. südlichen Breitengrad liegen, dem sogenannten *Cotton Belt*. Ein Vierzigstel der weltweit 3,2 Milliarden Hektar potenziell landwirtschaftlich nutzbaren Landes werden für Baumwolle eingesetzt.[19] Führende Erzeugerländer sind die USA, China und Indien, eine bedeutende Rolle spielen auch Pakistan und Brasilien. Die USA und Indien produzieren viel für den Export. Ihre Industrien könnten nicht unterschiedlicher sein: auf der einen Seite die hochgerüsteten, subventionierten Großfarmer, auf der anderen ein Heer von Kleinbauern, die oft um ihr Auskommen für das Nötigste kämpfen. Weltweit arbeiten rund 27 Millionen Menschen im Baumwollanbau. 99 Prozent kommen aus Entwicklungsländern, wo der Anbau des weißen Goldes in vielen Regionen, etwa in der Sahelzone, ein wichtiger Wirtschaftszweig ist. Kultiviert werden etwa ein Dutzend verschiedener Arten, die sich vor allem in ihrer Faserlänge unterscheiden.

Die Bauern haben oft wenig von ihrer harten Arbeit. »Ihr tötet uns«, schleuderte François Traoré den US-amerikanischen Abgesandten bei den Welthandelsgesprächen im mexikanischen Cancún 2003 entgegen und hielt ihnen die Milliardensubventionen für ihre Bauern vor. Der wortgewaltige Führer der Baumwollunion in Burkina Faso vertrat die Kleinbauern Westafrikas, die in ihren Hütten meist weder über Strom noch Wasser verfügen.

Er kennt sich bestens aus mit der Baumwollwirtschaft, dem ökonomischen Rückgrat Westafrikas. Gäbe es tatsächlich Freihandel für Baumwolle, dann verdienten die Bauern in der Sahelzone mehr Geld mit ihrer Arbeit, denn die Qualität ihrer Ware ist hervorragend. Aber tatsächlich ist der Wettbewerb verzerrt. Die Industrieländer zahlen ihren Baumwollfarmern Subventionen, was die Weltmarktpreise für Baumwolle drückt. Mit diesen müssen dann die nichtsubventionierten Baumwollbauern in Westafrika konkurrieren.

Um die Weiterverarbeitung ist es in Burkina Faso inzwischen schlechter bestellt als zu Zeiten der französischen Kolonialbesetzung. Die Textilindustrie ist zusammengebrochen, weil sie gegen die Billigimporte aus Asien und die Gebrauchtkleidung aus Übersee chancenlos ist. Die Ernte geht fast komplett als Rohware in den Export, womit eine wesentlich geringere Wertschöpfung im Land selbst verbleibt.

Und die Baumwollbauern riskieren für wenig Geld ihre Gesundheit. »Wer konventionelle Baumwolle anbaut, wird krank«, sagt Traoré in einem kahlen Konferenzraum unter einem sirrenden Ventilator. Fragt man die Bauern selbst, berichten sie von Atemproblemen, Hautausschlägen oder Kopfschmerzen, die nach dem Einsatz von chemischen Pflanzenschutzmitteln aufgetreten seien. 72 Stunden dauerten solche Kopfschmerzen, berichtet hustend ein Farmer, der mit Sprühflaschen auf dem Rücken durch seine Felder gelaufen ist. Sechs- bis achtmal jährlich müssten sie spritzen.

Nichts wünscht Traoré sich deswegen mehr, als dass die Konsumenten nur noch Kleidung aus fair und biologisch hergestellter Baumwolle trügen. Er lobt die Kooperation der Schweizer Entwicklungshilfeorganisation Helvetas und des Herstellers Hessnatur mit Bauernkooperativen in Burkina Faso.

Denn zwei Jahre nach der gescheiterten Welthandelskonferenz von Cancún hatte Fairtrade mit der Besiegelung von Baumwolle begonnen, und vom Start weg ging es nicht nur um soziale, sondern auch um ökologische Mindeststandards. 2007 pflanzten einige tausend der drei Millionen Bauern in Burkina Faso zum ersten Mal faire Biobaumwolle an. Das weckte Hoffnungen in der Region, und weitere Bauern klopften bei Fairtrade an. Sie investierten in die Umstellung ihrer Landwirtschaft auf organische Anbaumethoden und die Zertifizierung ihrer Ware, für die sie im Normalfall Geld bezahlen müssen, abhängig von ihrer Größe und der Anzahl fairer Erzeugnisse. Das Geld benötigt der faire Handel, um Standards entwickeln zu können und deren Umsetzung durch Flocert überprüfen zu lassen.

Für einige Bauern geht die Rechnung auf. Heute gibt es knapp 8.000 Bauern, die – auf weniger als einem Prozent der für Baumwolle genutzten Fläche – faire, organische Baumwolle anbauen. Achtzig Prozent der Bauern setzen dagegen mittlerweile auf genetisch manipulierte Baumwolle des US-Konzerns Monsanto, der 2009 grünes Licht von der Regierung für den Verkauf seiner Saat erhalten hatte.[20]

Auch in einem kleinen Dorf bei der südindischen Stadt Jolarpettai wurde 2012 bereits faire, organische Baumwolle angebaut. Die Feldarbeit erledigten überwiegend Frauen des Dorfes. Ihre Ehemänner verdingten sich fast alle in den Städten als Bauarbeiter, um ihre Familien über die Runden zu bringen. Die Frauen standen um vier Uhr morgens auf, kochten, gingen aufs Feld, und wenn sie abends die Kinder ins Bett gebracht hatten, rollten sie fast alle noch Zigaretten für eine lokale Fabrik. Tausend Zigaretten bedeuteten noch einmal drei bis vier Stunden Extraarbeit pro Tag. Darauf waren die Kleinbauern und ihre Familien angewiesen; alleine von den Erlösen ihrer Baumwollernte hätten sie nicht leben können.

Bei einem Gespräch über ihre Erfahrungen mit dem fairen Handel äußerten sich die Frauen in ihren bunten Saris frustriert, der Übersetzer hatte Schwierigkeiten, ihrem Redefluss zu folgen: Sie schufteten, aber wofür? Ihr Abnehmer setzte große Hoffnungen auf den Verkauf fairer Biobaumwolle, vor allem in Europa. Er schickte Vertreter zur Nürnberger Biofach, der globalen Leitmesse für Bioprodukte. Aber sie bekamen selbst dort nicht genügend Bestellungen. Statt zum höheren Preis für fair produzierte Biobaumwolle mussten sie die Ware für den geringeren Preis konventioneller Ware abgeben.

Die Bäuerinnen sprachen unter anderem über falsche Versprechungen, die ihnen Vertreter des fairen Handels gemacht hätten. Tatsächlich warb die Organisation damals offensiv um neue Produzenten, um seine eigenen, hochgesteckten Wachstumsziele zu erreichen. An der Basis hielt dies manch einer für einen Fehler, zum Beispiel Agraringenieur Ganapathy Raju, zu der Zeit für Fairtrade International als Berater landwirtschaftlicher Betriebe unterwegs. Er wollte den Bauern keine Hoffnungen auf bessere Absätze machen und wies sie auf eine wichtige Eigenschaft des Ansatzes hin, der für sie zum Risiko werden kann: Fairtrade garantiert keine Verkäufe. Wer sich siegeln lässt, hat tatsächlich keinerlei Gewähr, dass er seine Waren auch entsprechend verkaufen kann.

Jeder zweite beteiligte Betrieb und Kleinproduzent verkaufte in der Erntesaison 2013/14 mehr als 40 Prozent seiner Erzeugnisse zu fairen Konditionen; für sie lohnte es sich. Als Faustregel gilt ein Anteil von 20 bis 30 Prozent als notwendig, um die Kosten zu decken, die durch die Umstellung auf den fairen Handel, die vorgegebene Wirtschaftsweise und die Zertifizierung anfallen. Zwei Fünftel der Produzenten verkauften im gleichen Zeitraum weniger als 25 Prozent ihrer Ernte als faire Ware; für sie ging das Geschäft wirtschaftlich kaum oder sogar überhaupt nicht auf. Besonders schlecht lief es bei der Baumwolle.

Wer sich bei Bekleidungsherstellern und Händlern umhörte, warum sie so wenig fair hergestellte Baumwolle verarbeiteten, bekam häufig die gleiche Antwort: »Das Verfahren ist zu kompliziert.« Unternehmen klagten vor allem über das System der physischen Rückverfolgbarkeit, eines der Kernelemente beim fairen Handel. Wer Konsumenten ein Fairtrade-Produkt anbietet, muss nachweisen, dass es auch tatsächlich aus fairen Erzeugnissen besteht. Verhältnismäßig einfach und damit kostengünstig ist dieser Nachweis bei Bananen oder Kaffee zu führen, weil die Waren dort nur durch wenige Hände gehen. Bananen werden verkauft, wie sie sind, und die Verarbeitung von Kaffee erfolgt auch nur über wenige Stufen: Rösten, mahlen, mischen. Der Nachweis der physischen Rückverfolgbarkeit im Fall von Baumwolle – die meist zu Textilien verarbeitet wird – ist deutlich aufwendiger. Zwischen dem Ernten der Fasern und der fertigen Kollektion liegen acht bis zwölf Fertigungsstufen, oft über mehrere Kontinente hinweg.

Aber der Verweis auf die Komplexität ist nur die halbe Wahrheit. Tatsächlich resultiert die Zurückhaltung vor allem aus der Gewinnkalkulation. Weil viele Kunden zu billiger Kleidung greifen, halten Händler ihre Preise unter psychologisch wichtigen Grenzen, bei einem T-Shirt zum Beispiel 19,90 Euro. Bei generell steigenden Baumwollpreisen kaufen die Markenunternehmen oder Händler billigere Rohware oder wechseln auf preisgünstigere Kunstfasern, um die Gewinnspanne zu halten.

Die Folgen spürten Produzenten, als sich von Mitte 2009 bis Ende 2010 der Baumwollpreis an den Börsen verdreifachte; auch die Kleinbauern, die fair und biologisch zertifiziert arbeiteten. Die Ursachen waren eine steigende Nachfrage in China, Missernten in Indien und Pakistan und Spekulation. Verschiedene Unternehmen drosselten damals die Verarbeitung der fairen Baumwolle oder verzichteten sogar ganz darauf.

Anfang 2017 gibt es die Kooperative in Jolarpettai zwar noch, aber aus dem fairen Handel ist sie ausgestiegen. Für die Bauern haben sich die Hoffnungen, mit dem fairen Handel mehr Geld verdienen zu können, nicht erfüllt – weil sie nicht genügend Abnehmer dafür fanden.

UNMUT AN DER BASIS

Mangelnde Absatzmöglichkeiten frustrierten vielerorts Kleinbauern im Fairtrade-System, auch in Westafrika. Overath berichtet, dass er bei einem Treffen mit Kakaokooperativen in Accra, der Hauptstadt Ghanas, regelrecht von diesen »abgebügelt« worden sei. Viel Zeit und Geld hätten sie in die Zertifizierung für den fairen Handel investiert, und jetzt verkauften sie gerade einmal zwei Prozent ihrer Ernte zum Preis fair zertifizierter Ware, schimpften sie – »Was macht ihr eigentlich für Mist in Europa?« Overath sei sich in diesem Moment darüber klar geworden, dass sich grundlegend etwas am System ändern musste.

Auch andere Erzeugnisse verkauften sich so schlecht, dass die Organisation schließlich die Notbremse zog und sogenannte Fairtrade-Programme einführte, zuerst für Kakao, dann für Zucker und Baumwolle. Im Unterschied zum klassischen Produktsiegel geht es bei den Programmen nur um die Beschaffung eines fair zertifizierten Rohstoffes und nicht um die Zusammensetzung und Zertifizierung einzelner Endprodukte. Manche Beobachter halten die Änderung für bahnbrechend, andere für, nun ja: notwendig, wieder andere für falsch.

Bei »Programmbaumwolle« gilt das Prinzip physischer Rückverfolgbarkeit nur noch für die ersten drei Stufen, vom Baumwollfeld über die Entkörnung – also der Trennung von Kapseln in Schale und Fasern – bis zur Garnherstellung. Faire Garne dürfen jetzt auch beliebig mit konventionellen gemischt werden, und kontrolliert wird nur noch, ob die Menge der mit dem Programmlabel ausgezeichneten Waren der Menge des eingekauften fairen Rohstoffs entspricht.

Bei der Baumwolle wurden die Absätze durch die Reform nur geringfügig gesteigert, denn es gibt weitere Hindernisse. »Die Marken wollen die Regeln eben selbst bestimmen«, sagt Abishek Jani, Chef von Fairtrade India.

Die Unternehmen beschränken sich längst nicht mehr darauf, sich auf die Systeme Dritter zu verlassen, sondern entwickeln eigene Ansätze. Größter Konkurrent für den fairen Handel ist bei der Baumwolle die Better Cotton Initiative, die bereits 12 Prozent der globalen Baumwollproduktion zertifiziert. Gegründet wurde sie von weltweit bekannten Großkonzernen wie Adidas, H&M und Ikea sowie großen NGOs wie Oxfam und WWF. 900 Organisationen und Vereine haben sich ihr angeschlossen.

Von einigen Fortschritten gegenüber dem konventionellen Anbau sprechen unabhängige Experten. So müssten die Kernarbeitsnormen der Internationalen Arbeitsorganisation eingehalten und Gewerkschaften der Zugang zu Plantagen ermöglicht werden; Schulungen für Arbeiter seien vorgesehen, beispielsweise für den Umgang mit Chemikalien, und der Standard gelte auch für Subunternehmen; es gebe finanzielle Unterstützung für die Umsetzung der Standards. Aber es handelt sich nicht um Biolandbau. Der Einsatz gentechnisch veränderten Saatguts ist erlaubt, und die Kleinbauern erhalten keinen Mindestpreis oder Prämien. Weitere Konkurrenten des fairen Handels heißen Initiative Cotton made in Africa oder Aid by Trade Stiftung. Es gibt auch Ansätze einzelner Unternehmen wie etwa von C&A oder H&M. Die Unterschiede sind groß.

Sandra Dusch Silva arbeitet für die Christliche Initiative Romero (CIR), eine der Trägerorganisationen von Transfair Deutschland. Die Aktivistin hat einen Konsumentenwegweiser durch das Labellabyrinth geschrieben und dafür mehr als hundert Kennzeichnungssysteme aus dem gesamten Bereich Umwelt und Textil untersucht. Das förderte manche Überraschung zutage. Den Sozialstandard von C&A, der die Zahlung existenzsichernder Löhne beinhaltet, bewertete sie mit »gut«. Auch H&M erfüllt demnach soziale Mindestansprüche, weil es sich am Netzwerk faire Löhne beteiligt. Dagegen stufte sie die Sozialstandards von Aldi Nord und Aldi Süd als »unzureichend« und die von Edeka gar als »mangelhaft« ein. Für hohe Sozialstandards steht der Bekleidungshersteller Hessnatur, der 2016 ganze 96 Prozent seiner Waren aus Ländern »mit geringen Risiken« bezog, das heißt, mehr als die Hälfte seiner Produktionsbetriebe lag in Europa, und von den außereuropäischen Produktionsbetrieben waren die meisten in der Türkei, Peru und China ansässig. Keine Aufträge gingen in Hochrisikoländer wie Bangladesch oder Pakistan, wo beispielsweise die Sicherheitsstandards in den Fabriken gering sind.[21]

Aufgegangen ist das Konzept beim Kakao, wo Fairtrade International noch eine weitere grundlegende Regel änderte: »All that can be Fairtrade must be Fairtrade« gilt hier nicht mehr. Bei Schokolade reicht es für das Programmsiegel aus, wenn nur der Kakao aus fairer Produktion stammt, die Vanille, der Zucker oder die Mandeln aber nicht. Dies macht beim Zucker durchaus Sinn; schließlich will mancher Schokoladenhersteller in Europa aus berechtigten regionalwirtschaftlichen oder ökologischen Gründen keinen Zucker aus der Ferne heranschaffen, sondern daheim von Rübenbauern beziehen. Für hiesige Landwirte sind bisher keine Fairtrade-Standards vorgesehen.[22] Verwunderlich ist die Regeländerung aber bei Zutaten, die (wie Vanille) nur im Süden wachsen. »Wir mussten uns ein bisschen verbiegen«, räumt ein Vertreter von Fairtrade International ein. Es sei eine Gratwanderung, man müsse tatsächlich aufpassen, dass man nicht unglaubwürdig werde und am Ende der eigenen Sache schade.

Den Unternehmen gefielen die einfacheren Regeln zur Produktzusammensetzung. Jetzt orderten auch Firmen, die bislang keinen fairen Kakao angerührt hatten, wie der Aachener Printenfabrikant Lambertz oder der Schokoladenhersteller Ferrero. Der Absatz von fair zertifiziertem Kakao stieg seit der Einführung des Rohstoffprogramms deutlich an: 2015 wurden alleine in Deutschland 14.300 Tonnen Fairtrade-Kakao eingekauft, davon mit 12.600 Tonnen der Löwenanteil über das Kakaoprogramm. Der Marktanteil des fairen Kakaos stieg auf – immer noch bescheidene – 3,6 Prozent.

Es gibt auch faire Schokoladenhersteller, die die Reform vehement ablehnen. Josef Zotter, 55, österreichischer Vorreiter bei der Herstellung fairer Schokolade, ist Verpackungskünstler und ein eigenwilliger Chocolatier, der sich alle Rezepte selbst ausdenkt. Ohne aufwendige Marktforschungstests werden sie in der »gläsernen Fabrik« im Dorf Bergl in der Steiermark direkt in die Praxis umgesetzt. Gäbe es einen Olymp für Fairtrade-Unternehmer, Zotter säße dort.

Nach einem missglückten Versuch als Kaffeehausbesitzer und Schokoladenhersteller startete er 1999 mit Frau Ulrike im ehemaligen Stall des elterlichen Bauernhofs neu. Als Übergangsquartier gedacht, wurde der Standort zur Dauerlösung für die Firma mit heute 180 Mitarbeitern. Sie stellen täglich 50.000 bis 80.000 Tafeln her und setzen damit 20 Millionen Euro um, alles biologisch und fair.

Die Beschäftigten sollen sich bei ihm wohlfühlen, findet Josef Zotter. »Wer glaubt denn, dass Mitarbeiter, die liebloses Essen aus der Alubox bekommen, gut arbeiten?«, fragt er mit Blick auf den Alltag in vielen Kantinen. In seinem Unternehmen sitzen ein Dutzend Mitarbeiter an einem Holztisch der großen Küche und speisen frisch zubereitetes Essen, ebenfalls fair und bio, umsonst und so viel, wie sie wollen. Einen Teil der Nahrungsmittel stellt die Firma sogar selbst auf den rund um das Fabrikgelände bewirtschafteten Flächen her: Die Schweine laufen frei im Wald herum, Kühe und Schafe auf der grünen Wiese, und für die Hühner gibt es einen mobilen Stall.

Das Idyll endet jedoch in Sichtweite. Zotter zeigt aus dem Fenster: »Sehen Sie den Turm?« Der Bauer habe 3.000 Schweine gehabt. Weil der Preis für Schweinefleisch so niedrig sei, habe er noch einen Stall gebaut, jetzt habe er 5.000 Tiere; in dem Turm sei das Futter für sie gelagert. Nach Zotters Ansicht ist so ein Versuch, sich an veränderte Verhältnisse anzupassen, nicht der richtige Weg. Besser sei es, in die andere Richtung zu gehen, »um ein Alleinstellungsmerkmal zu haben. In der Wirtschaft zählt Innovation«, da ist Zotter ein überzeugter Anhänger der Marktwirtschaft. Aber so, wie sie sich heute darstellt, gehört sie für ihn gründlich reformiert. Schädlich findet er vor allem Konzerne, die immer größer und undurchschaubarer werden. Er plädiert für ein »natürliches« Wachstum von Unternehmen, »gesund, ehrlich, echt und transparent«, und ist überzeugt, dass die zunehmende Vernetzung der Menschen alle Unternehmen zwingen werde, fairer zu agieren.

Das gelte auch für den Einkauf von Kakao. Noch ist die Branche aber größtenteils weit von der Marke von 10.000 Dollar je Tonne Kakao entfernt, die man – zumindest nach Ansicht von Zotter – zahlen müsste, »um nicht vor Scham rot zu werden« angesichts der mühsamen

Arbeit der Bauern mit den Kakaobohnen. Lustig findet der faire Fabrikant den Mengenausgleich im Fairtrade-System nicht, bei dem die physische Rückverfolgbarkeit des Rohstoffs nicht überall möglich ist. Das Ganze erinnere ihn an das Phänomen »Bio«: Dort habe man auch mit visionären Gedanken begonnen, Landwirtschaft nach strengen ökologischen Vorgaben in kleinbäuerlichen Verhältnissen im Einklang mit der Natur zu betreiben. Heute komme ein Großteil der Biowaren aus agro-industriellen Großbetrieben. Nach Ansicht von Zotter befinde man sich in Sachen Fairtrade beim Kakao in einem ähnlichen Prozess der »Deromantisierung« und Desillusionierung: Der fair angebaute Kakao kann in einer gewöhnlichen Tafel Schokolade stecken und der unter ausbeuterischen Bedingungen produzierte in einer als fair deklarierten. Das Gleiche gelte für Orangen oder Zucker.

Zotter hat mit den Verantwortlichen von Fairtrade in Deutschland und Österreich über seine Bedenken gesprochen. »Es ist extrem schwierig, den Verbrauchern das Konzept zu vermitteln«, räumt Norbert Dreßen ein, Chefjustitiar bei Misereor und Aufsichtsrat bei Transfair. Er selbst habe bei der Einführung des Konzepts erhebliche Bauchschmerzen gehabt, aber es sei eine Möglichkeit gewesen, den Absatz zu steigern, was dringend notwendig sei, um die Armut zu bekämpfen.

Zotter dagegen sieht weniger in Mindestpreisen oder Prämien, sondern in einer Steigerung der Qualität das entscheidende Instrument, um die Einnahmen der Bauern dauerhaft zu erhöhen. Auf seinen Reisen zu den Spitzenkakaos der Welt, etwa in den Pflanzungen von Peru oder Belize, wo Mayas die Frucht bereits vor Jahrhunderten kultivierten, traf er Bauern, die Spechte verschonen, obwohl diese sich an den Kakaobohnen verkösten. Stattdessen setzen sie Pflanzen dazwischen, welche die Vögel noch lieber mögen. Das gefiel ihm. Er selbst zahlt für besonders edle Kakaos bis zu 12.000 Dollar je Tonne. Das ist das Mehrfache des Preises für Kakao, wie er vor allem in Afrika und zunehmend auch in Lateinamerika in Massen angebaut wird. Aber auch die Qualität von weniger edlem Kakao lasse sich steigern – und das sei wiederum ein wichtiger Schritt im Kampf gegen die

Armut, sagt Zotter, der in Nicaragua an einem von Österreich geführten Entwicklungshilfeprojekt beteiligt war. Nach dem gleichen Prinzip, mit hochwertigen, einfallsreichen und originell verpackten Kreationen, hat der Unternehmer es im hart umkämpften Schokoladenmarkt geschafft, sich eine Nische zu schaffen.

Seine Tafeln »handgeschöpfter Schokolade« sind kleiner als die üblichen 100-Gramm-Standardtafeln, werden aber für den dreifachen Preis verkauft. Er wäre der letzte, der dagegen protestieren würde, dass Qualität eben ihren Preis hat. Suspekt ist ihm dennoch manche Kooperative, die er gesehen hat. »Du kommst ins Büro und siehst Dutzende Zertifikate. Du kriegst alles. Und wenn du eine Idee für ein weiteres hast, sagen sie, das können sie auch bis morgen umsetzen.«

FAIR AUS DER NOT HERAUS

Es gibt einen weiteren Aspekt in den Produktionsverhältnissen der Kakaobauern, der Veränderungen notwendig macht: die Kinderarbeit. Allein auf den Plantagen in Westafrika schuften Hunderttausende Kinder. Das sollte eigentlich Skandal genug für eine veränderte Einkaufspolitik bei den Schokoladenkonzernen sein. Aber nichts passierte, solange die Unternehmen bekamen, was sie wollten: billigen Rohstoff. Seit Anfang der 1980er-Jahre rutschte der Preis für eine Tonne Kakao auf dem Weltmarkt von inflationsbereinigt durchschnittlich 5.000 Dollar ab auf 3.000 Dollar. Im Jahr 2000 lag der Preis einmal bei 1.201 Dollar, und einen Ausreißer nach oben gab es 2011 für einige Zeit, als die politische Lage in Elfenbeinküste instabil war.

Große Preisschwankungen sind für die Kleinbauern ein Problem, weil dadurch das Geschäft für sie noch unberechenbarer wird. Spekulanten dagegen schlagen gerade dann den größten Gewinn aus ihren Wetten an den Börsen, vorausgesetzt, sie liegen richtig. Für sie spielt es keine Rolle, ob die Preise fallen oder steigen; Hauptsache, es gibt Bewegung.

Eine wichtige Rolle auf dem Markt spielt auch das Oligopol der Unternehmen, die den Kakao ankaufen und zu Rohmasse verarbeiten, die sie an Schokoladenhersteller, Konditoreien und viele andere verkaufen. Acht große Händler und Verarbeiter kaufen 60 bis 80 Prozent der jährlichen Ernte weltweit, darunter die Riesen Barry Callebaut, ansässig in der Schweiz, und der Multinational Cargill.

Das ungleiche Wirtschaften würde wohl endlos weiter gehen, wenn nicht zunehmend Bauern angesichts ihrer vorprogrammierten Verliererrolle schlicht aufhörten, Kakao anzubauen. Die fröhlichen Bauern mit ihren roten Kakaobohnen aus der Werbung sind nichts als Werbefolklore. Tatsächlich wussten die meisten Konzerne in den 2000er-Jahren kaum noch zu sagen, von wem sie ihren Rohstoff bezogen und wie es um die Verhältnisse dort bestellt war. Sie orderten Kakao über die Börse, entschieden nach Preis, Qualität und Menge – das war's.

Irgendwann häuften sich jedoch die Nachrichten über den schlechten Zustand von Plantagen und den fehlenden Nachwuchs, vor allem in der wichtigsten Anbauregion, Westafrika. Den Bauern dort fehlte oft das Geld für Dünger und Pestizide, weswegen sie im Durchschnitt nur noch die Hälfte der je Hektar möglichen 800 Kilogramm ernteten. Im zweitwichtigsten Anbauland Ghana waren die Kakaobauern laut einer Studie im Schnitt 53 Jahre alt, und bei einer Umfrage gab nur jeder Fünfte an, eines seiner Kinder werde in seine Fußstapfen treten. Wer konnte es den jungen Menschen verdenken? Neben notorischer Armut leiden Bauern in vielen Anbauregionen zunehmend unter ökologischen Problemen; durch den Klimawandel gibt es vielerorts längere Trockenphasen und heftigere Niederschläge. Oft wird die Ernte beschädigt oder sogar ganz vernichtet – düstere Aussichten für die Produzenten.

Als Experten schließlich eine Fehlmenge von einer Million Tonnen Rohkakao für das Jahr 2020 prognostizierten, schrillten die Alarmglocken bei der weiterverarbeitenden Industrie. »No beans, no bars«, sagte Alex Cole von Cadbury, und brachte damit einen simplen Sachverhalt auf den Punkt: ohne Bohnen keine Riegel.[23] In dieser Situation, als die Ignoranz der Konzerne ihr eigenes Geschäft unterminierte, wurden sie doch aktiv. Einige setzten nun auf eine nachhaltige Beschaffung. Sie griffen dabei auf den fairen Handel zurück, aber auch auf andere Ansätze, die günstiger zu haben waren, wie zum Beispiel Utz (ursprünglich Utz Kapeh, was in der Maya-Sprache

Quiché für »guter Kaffee« steht) oder Rainforest Alliance. Bei beiden Initiativen steht eine Steigerung der Produktivität im Fokus. Man schult und trainiert die Bauern, um ihr Einkommen zu steigern. Bei der Umsetzung des Gelernten, zum Beispiel einer intensiveren Bewirtschaftung der Flächen mit mehr Kakaobäumen, hapert es jedoch oft, weil vielen Bauern die Mittel fehlen. »Das führt zu gehörigem Frust«, sagt der Aktivist Friedel Hütz-Adams, renommierter Kakaoexperte bei der NGO Südwind.

Bankkredite bekommen Kleinbauern ebenfalls nur selten. Eine Bereitstellung der notwendigen Mittel würde die Standardorganisationen überfordern, eingeschlossen Fairtrade International. Gefragt sind hier viel mehr die abnehmenden Unternehmen, die jeweiligen nationalen Regierungen, die Vereinten Nationen und internationale Organisationen wie Oxfam. Helfen würde häufig auch schon die Verbesserung der Infrastruktur. Um schätzungsweise 10 bis 15 Prozent ließe sich zum Beispiel das Einkommen entlegen lebender Kakaobauern steigern, gäbe es in Ghana oder Elfenbeinküste intakte Straßen. Wenn ein Bauer jedoch nur eine sehr kleine Fläche von ein bis zwei Hektar bearbeitet, ist es unwahrscheinlich, dass er mit Kakao überhaupt auf einen grünen Zweig kommen kann. Oft ist es dann sinnvoller, auf andere Produkte auszuweichen und beispielsweise Gemüse für den lokalen Markt anzubauen.

Das Forum für nachhaltigen Kakao, eine Initiative von Wirtschaft, Politik und Zivilgesellschaft in Deutschland, hat sich zum Ziel gesetzt, dass die beteiligten Unternehmen spätestens im Jahr 2020 die Hälfte ihres verarbeiteten Kakaos aus nachhaltiger Produktion beziehen. Das klingt gut, und tatsächlich kommt man nach Angaben von Teilnehmern sogar schneller voran als geplant. Das Ziel könnte im Lauf des Jahres 2017 auf 70 Prozent erhöht werden. Selbst 100 Prozent erscheinen realistisch. Aber was würde das den Bauern eigentlich bringen?

Hütz-Adams, der sich regelmäßig vor Ort umschaut, kommt zu einem pessimistischen Ausblick. Schließlich lebten auch heute viele Bauern, die Fairtrade zertifizierten Kakao herstellen, unter ärmlichsten Bedingungen. Trotz des allgemeinen Preisverfalls liegt der aktuelle Weltmarktpreis für Kakao meist noch über dem Mindestpreis, den der faire Handel vorsieht: 2.000 Dollar. Hütz-Adams: »Der Mindestpreis ist zu niedrig angesetzt, um extreme Armut unter Kakaobauernfamilien abzufedern.« Angesichts dessen kann man sich fragen, was ein solcher Mindestpreis, der es den Firmen gleichzeitig erlaubt, ihre Waren gegenüber den Verbrauchern als fair zu bezeichnen, eigentlich wert ist.

Anfang 2017 führte Fairtrade International eine Befragung unter Bauern in Westafrika durch, um mehr über ihre Einkommenssituation zu erfahren. Denn derzeit steht die regelmäßige Überprüfung des Mindestpreises an.

Aber was passiert, wenn der faire Handel feststellt, dass der Mindestpreis tatsächlich drastisch erhöht werden müsste, wie es offensichtlich der Fall ist? Könnte Fairtrade eine solche Preissteigerung überhaupt durchsetzen, oder würde sich die Organisation damit aus dem Markt katapultieren? Sie ist immer noch die einzige Siegelorganisation, die den beteiligten Bauern überhaupt einen Mindestpreis garantiert und vor allem: die kontrolliert, ob die Kooperativen die vereinbarten Preise von den Einkäufern auch erhalten. Das ist keine Selbstverständlichkeit. Was die sonstigen Aufkäufer tatsächlich für den Kakao bezahlen, wird nicht unabhängig überprüft. Häufig unterschieden sich die tatsächlich bezahlten Preise erheblich von den Weltmarktpreisen, sagen Marktkenner. Insofern profitieren Kleinbauern auch nicht automatisch von steigenden Weltmarktpreisen bei Kakao. Fair arbeitende Kakaobauern stehen stabiler da.

BEWEGUNG IM NORDEN

Ganz gleich, ob in Weltläden oder Supermärkten: Der faire Handel funktioniert nur, wenn Menschen die Waren kaufen. Vorangebracht hat die Idee jedoch auch, dass sich Menschen im reichen Norden für die Idee selbst eingesetzt haben, unabhängig von Marktanteilen. Als die Waren im Supermarkt angekommen waren, schien es zunächst, als wäre Bürgerengagement für den fairen Warenkauf, wie es einst von Christen und politisch geprägten Aktivisten getragen worden war, nicht mehr notwendig. Das erwies sich als Irrtum – bis heute spielen von Bürgern vorangetriebene Kampagnen eine große Rolle bei der Verbreitung sozialer Ideen. Bestes Beispiel dafür sind die sogenannten Fairtrade-Towns.

Das Konzept stammt aus England, wo im April 2000 einige Bürger Garstang, eine Stadt im Nordwesten, kurzerhand zu einer »Fairtrade-Stadt« erklärten, um auf diese Weise die Idee stärker ins Bewusstsein ihrer Mitbürger zu rücken. Was als Einzelaktion von Oxfam-Aktivisten gedacht war, verbreitete sich schnell in England und bald darüber hinaus. 2009 startete Saarbrücken als erste Fairtrade-Stadt in Deutschland.[24] Mittlerweile hatten nationale Organisationen wie die britische Fairtrade Foundation, Transfair Canada oder Transfair in Deutschland Kriterien entwickelt, die an den Titel geknüpft sind, und überprüften deren Einhaltung. In Deutschland können sich Städte, Kreise und Gemeinden bei Transfair für den Titel bewerben. Saarbrücken erfüllte als erster Kandidat alle fünf Kriterien:

1. Der Gemeinderat erklärt schriftlich seine Unterstützung für die Idee des fairen Handels und die Absicht, in seinen Büros und Kantinen fairen Kaffee und Tee anzubieten.
2. Mindestens zwei faire Produkte müssen in einem bestimmten Maß in Geschäften, Gaststätten oder öffentlichen Einrichtungen leicht erhältlich sein, proportional zur Einwohnerzahl.
3. Eine Steuerungsgruppe wird eingerichtet, die Informationen über den fairen Handel und die Situation in den Entwicklungsländern aufbereitet und verteilt.
4. An den lokalen Schulen wird über den fairen Handel informiert.
5. Der Bewerber muss Berichte lokaler Medien vorlegen können, in denen über entsprechende faire Aktivitäten berichtet wird.

Mit 60 Verkaufsstellen gegenüber nur 29 verlangten übertraf Saarbrücken das Soll schon beim Start. Der Verkauf von Produkten steht bei der Idee der Fairtrade-Städte jedoch nicht im Mittelpunkt. Angestrebt wird vielmehr die Vernetzung der Akteure vor Ort – ob aus Bildung, Lobbyarbeit oder städtischen Mitarbeitern –, die für die öffentliche Beschaffung der Kommune selbst zuständig sind.

Was bewegt Menschen, dabei mitzumachen? »Man muss die Beton-köpfe für den fairen Handel weichklopfen«, sagt Fleurance Laroppe lachend, als sie im April 2009 mit Gleichgesinnten den Saarbrücker Ratskeller dekoriert. Auf Tischen, die den Regionen Asien, Afrika und Lateinamerika zugeordnet sind, werden die jeweils typischen fairen Waren Tee, Schokolade oder Kaffee präsentiert. Laroppe ist über-zeugt: »Bürger können die Geschehnisse beeinflussen, auch wenn sie sich manchmal wie Ameisen vorkommen.« Für den Titel hat sie viele Geschäfte abgeklappert, darunter die Kaffeebar Brazil, wo die Brasi-lianerin Regina Kaffee, Weine und Kekse der Gepa verkauft, und die Kneipe Chez Tim, in der belgisches Bier aus fair gebrauten Zutaten in Kokosschalen serviert wird.

Sie hat auch im Rathaus angeklopft. Der grüne Bürgermeister Kajo Breuer hat früher selbst Soli-Kaffee aus Nicaragua getrunken und erinnert sich, dass er »einem die Schuhsohlen auszog, weil er so bitter war«. Breuer findet, dass eine Stadt Vorbildfunktion für ihre Bürger hat. Deswegen gibt es in der öffentlichen Verwaltung fairen Kaffee und in der Stadtbibliothek regelmäßig ein faires, biologisches Früh-stück. Seit 2008 schließt die Stadt beim eigenen Einkauf kategorisch ausbeuterische Kinderarbeit aus. Sicher denke nicht jeder Verbrau-cher täglich an die Dritte Welt, sagt Breuer. Aber viele fragten sich schon, ob beispielsweise ihre Kleidung von Kindern genäht sei.

Der faire Handel profitiert doppelt von diesem Engagement der Bür-ger: Zum einen beschäftigt sich die Öffentlichkeit einer Gemeinde mit dem Thema, ob in den Schulen oder bei Veranstaltungen. Das beför-dert die Bekanntheit der Idee. Dass der Bekanntheitsgrad des fairen Siegels seit Anfang der 2000er-Jahren so gestiegen sei, habe in Eng-land viel mit der Bewegung der Fairtrade-Towns zu tun, sagt Harriet Lamb, langjährige Geschäftsführerin bei Fairtrade UK: Wenn Men-schen mit den gleichen Ideen von Gerechtigkeit und Fairness diese gemeinsam äußerten, beeinflusse das die Wirtschaft, vermehrt fair zu handeln, »es ist eine unglaublich starke Kraft«. Mittlerweile gibt es mit Thanet in Kent die erste Fairtrade-Insel, zudem Fairtrade-Schulen, Fairtrade-Universitäten und demnächst wohl auch Städtepartner-schaften zwischen Fairtrade-Towns im Norden und Süden.[25]

DAS ENDE DES FAIREN MONOPOLS

Um sich auf einem Markt mit immer neuen Zertifizierungen zu behaupten, müssen sich die traditionellen Siegelinitiativen und ihre Anhänger heute gehörig anstrengen. Bei ihrer Gründung Ende der 1980er-Jahre waren Transfair und Max Havelaar die einzigen Siegel, mit denen Firmen dokumentieren konnten, dass sie auf die Einhaltung von Sozialstandards bei den Produzenten achteten. Mittlerweile gibt es Branchenstandards wie BSCI (Business Social Compliance Initiative) oder Konkurrenzlabel wie das der Rain Forest Alliance oder Utz, die sich zudem bis Ende 2017 zusammenschließen wollen, um stärker auf dem Markt agieren zu können. Allein in Deutschland gibt es heute mehr als zwei Dutzend Sozialsiegel. Trotz Unterschieden sind die Konkurrenten für Unternehmen eine echte Alternative, das wurde im Frühjahr 2012 bei der International Fairtrade Conference in der Konrad Adenauer Stiftung in Berlin deutlich.

Bei dem Kongress von Produzenten, Unternehmern, Aktivisten und Wissenschaftlern sprach auch Matthias Berninger, ehemals grüner Bundestagsabgeordneter und nun bei dem Süßwarenkonzern Mars Europa für die Kommunikation zuständig. Damit sich die Industrie leichter nachhaltige Rohstoffe beschaffen könne, so der Industrievertreter, wünsche er sich eine eine bessere Zusammenarbeit von Organisationen wie Fairtrade, Rainforest Alliance oder Utz. Hinter vorgehaltener Hand erklärten Unternehmensvertreter am Rande der Veranstaltung, sie hätten am liebsten sogar hinsichtlich ihrer Vorgaben möglichst austauschbare Siegel. Overath, Geschäftsführer von Transfair Deutschland, lehnt solche Wünsche der Industrie ab: »Ich finde das putzig, dass sich Unternehmen für denselben Kram, den sie verkaufen, bis aufs Messer bekämpfen und dann eine Fusion von Rainforest Alliance, UTZ und Fairtrade wollen.«

Andererseits machen Produzenten vor Ort Druck in der gleichen Richtung, mit gutem Grund: Jedes separate Audit kostet sie Geld und Zeit. Die gleichen Dinge doppelt und dreifach zu prüfen und zu zertifizieren, macht ökonomisch betrachtet wenig Sinn. Experten sprechen von einer Schnittmenge von 70 bis 80 Prozent bei den Standards von Fairtrade, der Rainforest Alliance und Utz. Was sind die Unterschiede?

Das Label Utz, vergeben von der niederländischen Stiftung Utz Certified, soll explizit den nachhaltigen Anbau von Agrarprodukten fördern, insbesondere Menge und Qualität steigern. Zertifiziert werden Kaffee, Tee, Rooibos und Kakao. Die Organisation verfüge über ein relativ »zuverlässiges Rückverfolgbarkeitssystem«, heißt es bei der NGO Erklärung von Bern. Kritisiert wird jedoch, dass die Preisbildung, anders als beim fairen Handel, ausschließlich über den Markt erfolge, ohne Mindestpreis und Prämie. Zudem praktiziere Utz ein Umrechnungsverfahren von Kakaobohnen, Kakaobutter und Kakaopulver, was die Kakaobauern benachteilige: Der Kakaoeinkäufer darf den gesamten Einkauf als zertifiziert weiterverkaufen, auch wenn er den Bauern nur die Hälfte des Kakaos zu entsprechenden Konditionen abkauft.[26]

Kakaofachmann Friedel Hütz-Adams findet Lob für Utz, sie seien Vorreiter bei Schulungen der Kakaobauern. Solche Trainings seien wichtig und könnten am Ende zu größeren Einkommenssteigerungen führen, als sie die Bauern beispielsweise durch die Fairtrade-Prämie bekämen. Indonesien ist ein Beispiel dafür. Hier haben Bauern die Kakaoproduktion erheblich gedrosselt und bauen stattdessen mehr Palmöl oder Mango an. In manchen Gegenden Lateinamerikas haben sie einen Teil der Kakaopflanzungen durch Harthölzer ersetzt, aus denen sie später wahrscheinlich wesentlich mehr erlösen können als aus Kakao.

Die Rainforest Alliance, eine internationale Umweltschutzorganisation, gehört dem Sustainable Agriculture Network an, einem Zusammenschluss von NGOs aus den Bereichen Umwelt- und Naturschutz sowie Entwicklungszusammenarbeit. Manche Verbraucher lernten sie durch ein äußerst fragwürdiges Vorgehen kennen: Die Rainforest Alliance zertifizierte die Produktion der Bananen von Chiquita als ökologisch unbedenklich, während jedoch die Arbeiter in den Betrieben ausgebeutet wurden – für Hütz-Adams ein Skandal. Mittlerweile gebe es auch bei der Rainforest Alliance soziale Kriterien, aber die Priorität liegt weiterhin auf der ökologischen Nachhaltigkeit. Nur wenn 90 Prozent der Inhaltsbestandteile eines Produkts zertifiziert sind, darf der grüne Frosch der Rainforest Alliance als Siegel ohne Zusatzkommentar geführt werden. Kunden sind unter anderem Tchibo, Chiquita, Mondelez, Nestlé und Unilever. Utz und die Rainforest Alliance sehen sich selbst übrigens nicht als Konkurrenz für den fairen Handel. Als das Magazin Ökotest ihnen vorwarf, »überwiegend unfair« zu handeln, entgegneten sie, man habe nie behauptet, eine Fairtrade ähnliche Organisation zu sein.[27] Für die Verbraucher ist das nicht so offensichtlich. Darum sind die beiden Labels in den Augen der Unternehmen probate Ansätze, um Produkte in den Läden auszuzeichnen und Verbraucher davon zu überzeugen, dass beim Anbau der Waren alles mit rechten Dingen vor sich geht.

Handfeste Unterschiede zwischen den Ansätzen sieht auch die Stiftung Warentest: Die Siegel der Rainforest Alliance und von Utz stuften die Tester als »Label mit nur mittlerer Aussagekraft ein«. Bei der Rainforest Alliance wurden fehlende Verbesserungsanreize für die beteiligten Akteure bemängelt sowie fehlende Mindestpreise und Prämien. Utz bescheinigten die Tester »weniger anspruchsvolle Kriterien«, und sie stellten »Lücken in der Rückverfolgbarkeit von Produkten« fest. Mit dem Urteil »hohe Aussagekraft« versahen die Tester dagegen das Label Hand in Hand der Naturkostfirma Rapunzel und das von Fairtrade. Nur ein einziges Siegel bekam »sehr hohe Aussagekraft« bescheinigt: das von dem ökologischen Landbauverband Naturland vergebene Naturland Fair, wegen seiner gleichzeitig starken ökologischen und »sehr starken sozialen Ausrichtung«.[28]

NICHT MEHR ALLEINE

Die Verhandlungsmacht der Fairtrade-Organisationen ist geschrumpft, seit andere auf den Plan getreten sind. Bei der Beschaffung fairer Zutaten sind Handel und Industrie längst nicht mehr von dem Pionier abhängig. Da das Ziel immer noch die gute Sache ist und nicht die Marktführerschaft, gab der faire Handel 2012 eine partielle Zusammenarbeit mit anderen Labelorganisationen bekannt. Erste Pilotprojekte folgten: Gefördert von der Deutschen Gesellschaft für internationale Zusammenarbeit, trainierten die Konkurrenten nun gemeinsam Bauern in den westafrikanischen Kakaoanbaugebieten und anderswo. Die Kooperation hat sich noch intensiviert: Mittlerweile bietet Flocert, die Zertifizierungsorganisation von Fairtrade, für einige Produkte in bestimmten Regionen die Zertifizierung aus einer Hand an, das heißt auch für Utz, beispielsweise für Kaffee in Mittelamerika oder schwarzen Tee in Afrika. Schon ist in der Branche die Rede von »Triple-Zertifikation«, also der Zertifizierung von Fair Trade, Organic und einem weiteren Standard aus einer Hand. Flocert arbeitet mittlerweile auch als Dienstleister für Unternehmen wie Mondelez International, den größten Schokoladenproduzenten weltweit. Die Kontrolleure überprüften dort, inwiefern das Unternehmen die selbst gesetzten Vorgaben seines freiwilligen Verhaltenskodex in der Lieferkette für Kakao einhält.

Dass Fairtrade heute mit anderen Organisationen kooperiert, hat nachvollziehbare Gründe: Vor allem für beteiligte Bauern ist es effizienter, als wenn sie jeden Zertifizierer einzeln »bedienen« müssen. Aber die Kooperation könnte auch das Profil verwässern. Wie bleibt unter den Voraussetzungen die Marke für den Konsumenten erkennbar und von eigenem Wert? Hinter vorgehaltener Hand kritisiert mancher Pionier des fairen Handels bereits die Annäherung der Standards: »Es muss doch um Abgrenzung gehen, das andere haben wir ja schon genug«, sagt ein Manager.

Abgrenzung ist ein wichtiges Stichwort. Was jemand unter fair versteht, ist nämlich ihm überlassen. Der Begriff ist nicht geschützt; anders als etwa »Bio«, wofür mit dem EU-Biosiegel zumindest gewisse gesetzliche Standards definiert wurden. Als fair wird mittlerweile alles Mögliche bezeichnet, wahllos wird der Begriff auf Produkte gestempelt.

Am liebsten würden Unternehmen ohnehin im Ganzen als fair und biologisch wahrgenommen, womit Siegel auf der Verpackung dann verzichtbar würden. Mancher würde die Siegelorganisationen gern auf eine Art TÜV für die Rohstoffbeschaffung reduzieren. Was Kakao, Zucker und Baumwolle anbelangt, hat Fairtrade mit seinen Produktprogrammen diesen Wunsch auch schon erfüllt. Es bestehe die Gefahr, in die Rolle des Steigbügelhalters zu geraten, findet Sigrid Vester, Marketingexpertin bei Fairtrade Deutschland: »Wenn alle austauschbar sind, wäre dies das Ende des fairen Handels.«

Noch gibt es – wie beschrieben – erhebliche Unterschiede zwischen den Standardsetzern, zudem leistet Fairtrade mehr als die Vergabe und Kontrolle von Zertifikaten. Der faire Handel hat einen entwicklungspolitischen Anspruch und arbeitet an einer gerechteren Gestaltung des Handel insgesamt. Bei Fairtrade International haben die Produzenten aus dem globalen Süden erhebliche Mitspracherechte und echten Einfluss auf die Ausrichtung der Organisation. Zudem verfügt der faire Handel aufgrund seiner langjährigen Basisarbeit über vielfältige Kontakte und Know-how im Ursprung.

Die selbstgestellten Aufgaben und die Weiterentwicklung des Ansatzes kosten Geld. Für Zertifizierungen im eigenen Namen bekommt Fairtrade mehr Geld, als wenn es nur als Dienstleister für andere fungiert. Darum ist es wichtig, dass die Verbraucher das Siegel weiterhin als das höherwertige Original betrachten und damit gekennzeichnete Produkte bevorzugen. Damit setzen sie indirekt Unternehmen und Händler unter Druck, sich bei der Kennzeichnung ihrer Waren trotz höherer Kosten für diesen Ansatz zu entscheiden.

Die Verbraucher akzeptieren vielleicht, dass Fairtrade hier und da Kompromisse eingeht, um fair produzierten Produkten einen größeren Markt zu verschaffen, aber der Verein muss aufpassen, dass der solidarische Kern erhalten bleibt. Auf der Facebook-Seite von Fairtrade Deutschland wünschen sich Menschen Fairtrade »zu 100 Prozent fair«, das heißt, dass nur Waren aus komplett aus fair zertifizierten Zutaten verkauft werden, wie Kaffee oder Tee, und keine Mischprodukte mehr, bei denen teilweise konventionelle Zutaten verwendet werden, wie Schokolade. Sehr weit ist die Praxis nicht von diesem Wunsch entfernt. 83 Prozent der Produkte mit entsprechendem Label sind vollständig fair, und 16 Prozent der Mischprodukte bestehen zu mehr als der Hälfte aus Fairtrade zertifizierten Zutaten; nur bei einem Prozent der Mischprodukte liegt die Quote bei lediglich 20 bis 50 Prozent.

RÜCKSCHLÄGE

Die Siegelinitiativen haben auch Rückschläge wegstecken müssen. So war der Verkauf fairer Bananen in deutschen Supermärkten im

Jahr 1998 nur ein kurzes Intermezzo – und zwar wetterbedingt. Erst funkten die Produzenten aus Ecuador SOS, sie könnten wegen des Wetterphänomens El Niño kaum exportfähige Bananen ernten. Dann verwüstete Hurrikan George die biozertifizierten Bananenpflanzungen der Kleinbauern in der Dominikanischen Republik. Und anschließend wütete Hurrikan Mitch mehr als zwei Wochen lang vor allem in Honduras und Nicaragua, große Teile der Bananenernte wurden vernichtet. Der Nachschub blieb aus. »Wir konnten von heute auf morgen keine Bananen mehr liefern«, so Overath. Der Handel listete die Bananen kurzerhand wieder aus, stieg auf konventionelle Waren um. Für den fairen Handel rächte es sich, dass er nicht über mehr Bezugsquellen bei Bananen verfügte.[29] Mehrere Jahre brauchte die Siegelorganisation in Deutschland, um Händler wieder in größerem Ausmaß davon zu überzeugen, faire Bananen zu verkaufen.

Immer wieder haben sich Unternehmen aus dem fairen Geschäft verabschiedet. So nahm der Discounter Plus nach zwei Jahren den Transfair-Kaffee wieder aus den Regalen, wodurch der Absatz im Jahr 2000 um ein Drittel auf 3.000 Tonnen einbrach. Das ist die problematische Seite von Geschäften mit Großkunden: Mit dem Potenzial wächst auch das Risiko. Wenn der Vertriebskanal für mehrere Tausend Tonnen fairen Kaffee wegbricht, bleiben die Produzenten, die sich in den Jahren davor auf eine entsprechende Nachfrage eingestellt haben, plötzlich darauf sitzen.

Aktuell kämpft Fairtrade in England mit solchen Kündigungen von Großkunden. Zuerst hatte Marks & Spencer, ein Mode- und Handelskonzern mit weltweit mehr als 1.300 Filialen, den Bezug von Fairtrade-Baumwolle weitgehend gedrosselt. Man setzt dort nun vor allem auf eine Kooperation mit dem WWF und der Better Cotton Initiative. Dann verabschiedete sich Cadbury weitgehend von fair zertifiziertem Kakao. Der englische Traditionshersteller war von dem US-Konzern Mondelez (ehemals Kraft) geschluckt worden, in dessen Einkaufspolitik der faire Handel keine wesentliche Rolle spielt. Cadbury soll Fairtrade-Kakao nur noch für eine Biomarke beziehen. Branchenkenner schätzen, dass die Umsätze von Fairtrade UK weiter zurückgehen werden. Bereits 2015 waren sie erstmals gesunken, um

3,7 Prozent auf auf 1,67 Milliarden Pfund.[30] Die Lizenzeinnahmen aus Großbritannien für Fairtrade International sind wegen des schwachen Pfundkurses seit der Brexit-Entscheidung noch deutlicher gesunken. Die Entwicklung zeigt: Dass die Umsätze der nationalen Fairtrade-Initiativen in den Kernländern Europas jährlich wachsen, ist kein Automatismus.

Der faire Handel muss sich in den globalen Wirtschaftsstrukturen behaupten. Was die richtigen Rezepte dafür sind, ist bisweilen strittig. So propagierten die US-Amerikaner ein faires Siegel für Mischprodukte, das Firmen bereits bei einem geringen Anteil fairer Rohstoffe auf der Packung aufbringen dürfen sollten; ein lang gehegter Wunsch der Industrie. Außerdem wollten sie ganze Kaffeeplantagen zertifizieren, wozu die anderen 25 Initiativen bei Fairtrade International angesichts des großen Angebots von Kleinbauernkooperativen keinerlei Veranlassung sahen. 2011 trennten sich die Wege. Dass damit die Organisation mit den zweitgrößten Umsätzen die Dachorganisation verließ und eigene Wege ging, war ein harter Schlag für Fairtrade International. Die Organisation unterstützte daraufhin die Gründung einer neuen Initiative in den USA, die ihren Regeln folgt.

Auch in Europa knirscht es in der Fairtrade-Familie. Zwar lässt die Gepa, der größte alternative Importeur, ihre Waren weiterhin von Flocert kontrollieren, aber nach eigenen, noch höheren Standards. Sie verzichtet auf das Fairtrade-Siegel und verkauft stattdessen unter eigenem Namen mit dem Zusatz »fair plus«. Zu einem solchen Schritt ist die Gepa schon fast gezwungen – was sollen sonst Verbraucher denken, wenn sie Konkurrenzprodukte mit dem gleichen fairen Logo beim Discounter und im Weltladen finden, allerdings mit eklatanten Preisunterschieden? Andere alternative Handelshäuser wie Banafair, El Puente oder Dritte Welt verzichten von jeher auf das Siegel. Als Institutionen, die für einen fairen Umgang mit den Bauern stehen und ihre Waren über eigene Kanäle verkaufen, können sie es sich leisten. Die Schattenseite davon ist, dass vergleichsweise wenige Verbraucher diese alternativen Handelshäuser kennen. Weil sie nur geringe Mengen verkaufen, ist ihre Wirksamkeit ziemlich begrenzt.

Im Großen und Ganzen hat sich die Arbeitsteilung zwischen den für den Massenmarkt zuständigen Siegelorganisationen und den alternativen Händlern bewährt. Idealtypisch funktionierte sie so, dass die alternativen Handelshäuser als »Schnellboote« die faire Entwicklung vorantreiben würden, wie es der langjährige Gepa-Chef Thomas Speck einmal ausdrückte, und Fairtrade dann, um im Bild zu bleiben, das Konzept an Bord von größeren Schiffen mit in die neuen Gewässer transportieren würde.

In der Praxis sieht es jedoch anders aus. Innovationen wie eine faire Textilproduktion, die die Zahlung eines existenzsichernden Mindestlohns entlang der gesamten Produktionskette garantiert, kommen nicht aus dem alternativen Handel, sondern aus der Ideenabteilung von Fairtrade. Dort stehen schließlich wesentlich höhere Ressourcen zur Entwicklung von neuen Ansätzen zur Verfügung. Zum Beispiel entfiel vom gesamten Umsatz mit fairen Waren in Deutschland von gut einer Milliarde Euro im Jahr 2014 mit 797 Millionen Euro der Großteil auf Produkte mit dem Fairtrade-Siegel. Pioniere wie die Gepa und die Weltläden machten dagegen nur noch ein knappes Viertel der Geschäfte und legen sehr viel langsamer zu.

Immer schwerer tun sich auch die alternativen Handelshäuser in Europa, die ihre Waren traditionell unter anderem in Supermärkten vertreiben. Violetta Stevens von Café Direct aus England, einem alternativen Händler, an dem von Anfang an Kooperativen aus dem Süden beteiligt waren, schlägt Alarm: »Der Verkauf über die Supermärkte wird immer schwieriger für uns«, die Supermärkte verkauften zunehmend eigene »faire« Marken. Und weil die meisten Kunden nicht zwischen fair und «fair light» unterscheiden könnten, griffen sie oft zu den billigeren Produkten. Ergeht es den ethischen Pionieren genauso wie den Bioläden, die fast völlig verdrängt wurden? »Die Gefahr besteht«, sagt Gepa-Pionier Gerd Nickoleit.

1   Christian Schmidt-Häuer, »Die United-Fruit-Doktrin«, in: *Die ZEIT*, 47/2008
2   Ursula Brunner, *Bananenfrauen*, Frauenfeld/Stuttgart/Wien, 1999, S. 18
3   ebd., S. 20f
4   ebd., S. 24

5 Valerie Zaslawski, »Dem fairen Handel den Weg geebnet«, in: *Neue Zürcher Zeitung*, 6.8.2013

6 »Von den Anfängen Max Havelaars«, Vortrag von Rolf Buser anlässlich der Geburtstagsfeier der Max Havelaar-Stiftung am 14.2.2012

7 »Fairer Handel darf nicht zum blossen Lifestyle verkommen«, in: *Neue Zürcher Zeitung*, 19.5.2008

8 Frank Braßel, Michael Windfuhr: *Welthandel und Menschenrechte*, Bonn 1995, S.145ff

9 Yvonne Mabille, »Laßt uns über Blumen sprechen«, in: *Epd, Schriftenreihe zur Entwicklungspolitik,* 1/1991

10 Der Verein ist nicht mehr aktiv. Zum Jahreswechsel 2011/2012 trennten sich die Menschenrechtsorganisation FIAN, die IG Bauen-Agrar-Umwelt sowie weitere Partner von dem Trägerverein. Wegen einer zu geringen Verbreitung fehle die wirtschaftliche Tragfähigkeit.

11 *Handelsblatt*, 13.9.1999

12 Pressemitteilung Fairtrade Deutschland vom 3.6.2011

13 Stellungnahme des Dachverbandes Entwicklungspolitik Baden-Württemberg e. V. zur Kooperation von Lidl und Transfair, www.attac.de / http://bit.ly/2eJTezF (PDF)

14 Carole Schaber, Geert van Dok, *Die Zukunft des Fairen Handels*, Luzern 2008, S.53

15 Podiumsdiskussion »Zukunftsgespräch Fairtrade in Österreich – die nächsten 20 Jahre«, Salzburg, 21.6.2013

16 vgl. Bäthge, *Verändert der Faire Handel die Gesellschaft?*, a.a.O., S.123

17 *NZZ am Sonntag*, 22.3.2009

18 *The Guardian*, 16.5.2013

19 Katharina Dahmen, Sabine Ferenschild, »Flächenkonkurrenz – das Beispiel Baumwolle«, Hrsg. Südwind, www.suedwind-institut.de / http://bit.ly/2v2iTKS (PDF)

20 aidenvironment, *Baseline study of Fairtrade Cotton in West Africa*, Studie im Auftrag von Fairtrade International, 2015

21 Hessnatur, *Sozialbericht für das Geschäftsjahr 2015/16 zur Mitgliedschaft in der Fair Wear Foundation,* Butzbach 2016

22 Einige Organisationen des fairen Handels verarbeiten auch Erzeugnisse hiesiger Bauern, bei denen sozialökologische Standards berücksichtigt werden; so etwa die Gepa mit von Naturland entsprechend gesiegelter Milch in Schokolade.

23 *NZZ am Sonntag*, 22.3.2009

24 *The Guardian*, 13.7.2010

25 *ebd.*

26 Erklärung von Bern, »Labels und Standards«, www.publiceye.ch / http://bit.ly/2tFOJfS (PDF)

27 Nils Klawitter, »Unfaire Geschäfte«, in: *Der Spiegel* 41/2014, S.70

28 »Nachhaltigkeitssiegel: Können Verbraucher Fairtrade, Utz & Co vertrauen?«, *Stiftung Warentest*, 5/2016

29 WWF, »Lebensmittellabels«, www.wwf.ch / http://bit.ly/2uSWwqE

30 Pressemitteilung Transfair Deutschland vom 1.6.1999

31 »Fairtrade sales fall for first time in foundations 20-year existence«, in: *The Guardian*, 23.2.2015, www.theguardian.com / http://bit.ly/1B4ok7z

Seit Ende der 1960er-Jahre können Verbraucher in Dritte-Welt-Läden einkaufen. Heute heißen sie meist Weltläden.

Waren als Anschauungsobjekte politischer Bildungsarbeit: Plakat einer Kaffeekampagne aus den 1970er-Jahren.

Chajul

organic c

FAIR TRA

FLO ID :

99

CONTRACT #

GE

CLIENTE:

2

FLO ID:

nse
ffee
E
29
80
A

Fair gehandelter Kaffee
war eines der ersten
Produkte, die über
alternative Vertriebskanäle
direkt importiert wurden.

Der faire Handel verkauft in
Europa ausschließlich von
Kleinbauern angebauten Kaffee,
hier im Hochland von Nicaragua.

Reife Kakaofrucht.

Die nicaraguanische Kooperative Ernesto
Acuña hat von der Fairtrade-Prämie unter
anderem Blasinstrumente angeschafft und
eine kleine Kapelle gegründet.

Kinder, deren Eltern am fairen
Handel teilnehmen, können eher
Schulen besuchen als andere.
Das Mädchen auf diesem Foto
studiert heute Medizin.

Igal Elfezouaty gehört zu den Plantagenbesitzern in Kenia, die auf den Verkauf fairer Waren setzen.

Frühgeborenenstation in einem Geburtshaus in Kenia. Gebaut wurde es auch aus Prämiengeldern von Blumenarbeitern; genutzt werden kann es von allen Frauen in der Region.

Indische Baumwollpflückerinnen
bei der Arbeit. Die Pflanzen
von Hand abzuernten, dauert
mehrere Wochen.

Der Rohstoff für Jeans, T-Shirts, Handtücher, Bettwäsche und vieles mehr. Weltweit arbeiten rund 27 Millionen Menschen im Baumwollanbau.

In der Entkörnungsanlage
werden Baumwollfasern
und Schale getrennt.

Girish Krishnan, Teilhaber
einer deutsch-indischen
Textilmanufaktur, lässt seine
Näher zu fairen Bedingungen
arbeiten und gehört damit
zu den Pionieren Fairtrade
zertifizierter Bekleidung.

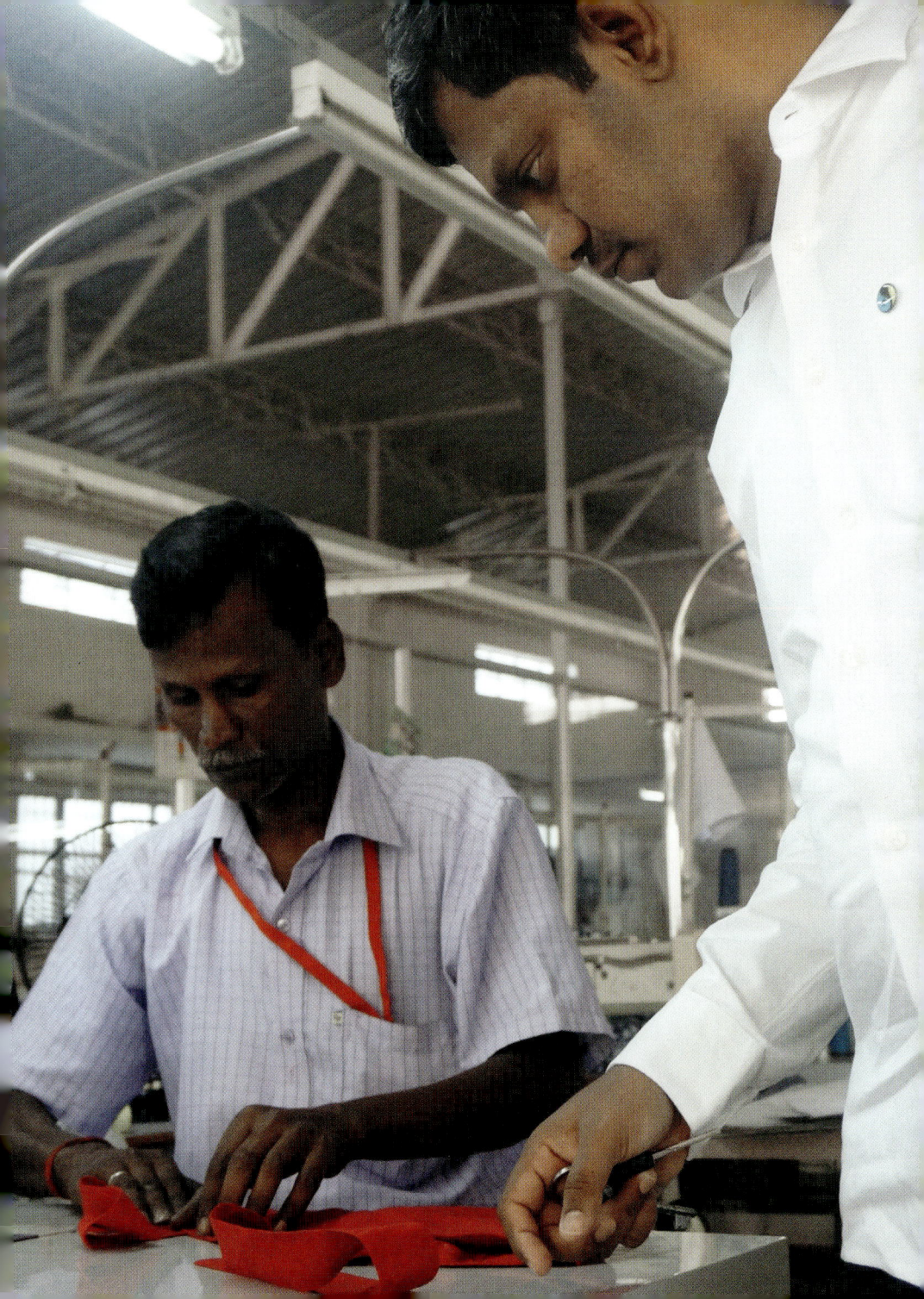

Der faire Handel sucht
vor Ort das Gespräch mit
Gewerkschaftern, hier im
südindischen Bundesstaat
Tamil Nadu.

In Schulungen des fairen Handels lernen Fabrikarbeiterinnen und -arbeiter ihre Rechte kennen.

① FAIR GROUP

COMPLIANCE COMMITTEE [Ex: 24 Members]

⬇

DEPARTMENT COMMITTEES [Ex: 8 Members]

⬇

MINI COMMITTEES   SUB COMMITTEES
[Ex: 4 Members]

* PILE ASSIGNMENT:-

1. Make 2 Families & Colours.....

Sonntagsschuhe und Familiengalerie einer Bauernfamilie in Burkina Faso.

»Der Anbau konventioneller
Baumwolle macht krank«,
sagt Francois Traoré,
Bauernführer in Westafrika.

Schüler in Burkina Faso müssen oft weit zur
Schule laufen und kommen hungrig an. Aus den
Prämiengeldern einer Baumwollkooperative
wird ihnen eine Mahlzeit finanziert.

Wer zeichnerisches Talent hat, kann Lehrmittel selbst herstellen.

Die Teepflückerinnen wünschen sich bessere Jobs für ihre Kinder. Wenn weiterhin Menschen so schwere Arbeiten ausführen sollen, müssen sich die Bedingungen verbessern.

Teeplantage in Indien.

Inzwischen wird die faire Ware nicht mehr nur in den globalen Norden exportiert, sondern auch für den heimischen Markt verpackt.

Öffentlichkeitsarbeit heute: Dieser Schnappschuss einer fairen Banane samt Logo verbreitete sich erfolgreich in den sozialen Medien. Wie es den Transfair-Kollegen gelang, die Banane über dem Kölner Dom schweben zu lassen, bleibt ihr Geheimnis.

Zur Ankunft der ersten Ladung fairer Bananen für den deutschen Handel im Hamburger Hafen 1998 lud Transfair den Künstler Thomas Baumgärtner ein, seine berühmte Graffiti-Banane zu sprühen.

Kapitel 5 | Positive Nebenwirkungen

»Der Weltfriede kann auf die Dauer nur auf sozialer Gerechtigkeit aufgebaut werden.« *Präambel der Verfassung der ILO aus dem Jahr 1919*

Die Begriffe »fair« und »Handel« zusammenzubringen, hielt M. S. Lokesh früher für ein unmögliches Unterfangen; etwa so aussichtsreich wie den Versuch, Seife und Öl zu mischen. Lokesh ist ein nachdenklicher Typ, der sich nicht in den Vordergrund drängt. Früher hat der indische Ingenieur sich in Fabriken um die Verbesserung der Produktionsabläufe gekümmert. Heute leitet er das Regionalbüro von Flocert, der Zertifizierungsorganisation von Fairtrade, in Bangalore. Er ist verantwortlich dafür, dass beteiligte Unternehmen und Produzenten die sozialen und ökologischen Kriterien einhalten, die der faire Handel verlangt.

Was bedeutet für ihn fairer Handel? Lokesh überlegt eine Weile. »Wichtig finde ich die Bereitschaft, sich auf die wirklichen Verhältnisse einzulassen.« Was er damit meint, erzählt er am Beispiel eines seiner Erlebnisse als Prüfer. Da war der 14-jährige Junge, den er bei einem Kooperativbetrieb antraf, ein klarer Fall von Kinderarbeit. Er hätte ihn auf seiner Liste vermerken können, und es wäre sanktioniert worden; bei wiederholten Verstößen würde die Kooperative ausgeschlossen. Stattdessen ließ er sich von dem Jungen mit nach Hause nehmen, wo er die traurige Geschichte der Familie erfuhr. Der Vater, ein Bauer, war verstorben, und die Familie hatte ihr Stück Land verloren. Die Mutter kümmerte sich zu Hause um die kleinen Geschwister, während ihr ältester Sohn die Familie ernährte.

War es in diesem Fall nicht besser, wenn der Junge arbeitete, zumindest eine Zeit lang? »Eine Situation ganz sehen, das macht die Schönheit des fairen Handels für mich aus«, sagt Lokesh – nicht nur Standards durchexerzieren, sondern auch Schicksale in ihrem Kontext wahrnehmen. Wenn Kooperativen oder Unternehmen sich für den fairen Handel entscheiden, sind die Ausgangsbedingungen oft nicht ideal, und der Start verläuft holprig. Ausschlaggebend ist, dass langsam eine Entwicklung zum Besseren stattfindet.

Darauf verweist auch Thomas Speck, langjähriger Geschäftsführer der Gepa. »Wir wollen schlimme Situationen verbessern«, sagt er und schildert einen Besuch in einem Teegarten im indischen Darjeeling. Der Teegarten hatte 16 Jahre brach gelegen, den Pflückern ging es in jeder Hinsicht schlecht. Dann fand sich ein örtlicher Geldgeber, der die Anlagen auf Vordermann brachte und sich auch um bessere Arbeits- und Lebensverhältnisse für die Beschäftigten kümmerte. Möglich machte das Geschäftsmodell, dass die Gepa als Partner einstieg und sowohl beratend zur Seite stand als auch Tee für einen anständigen Preis abnahm. Nach einigen Jahren verbesserte sich die Lage. Die Plantage erwirtschaftete Gewinn, es gab sogar eine weiterführende Schule für die Kinder der Teepflücker.

Aber welches Bild hätte sich einem Besucher in den ersten Monaten gezeigt? Er hätte allen Grund gehabt zu sagen, dass es am schlimmsten überhaupt auf einer Teeplantage des fairen Handels zugehe, so Speck. Darum schreckten viele Organisationen vor solchen Projekten zurück. Als betriebswirtschaftlich arbeitendes Unternehmen kann sich auch die Gepa nur einige solcher Zuschussprojekte leisten.

Beide Beispiele zeigen, dass es sich beim fairen Handel im wahrsten Sinn des Wortes um ein Entwicklungsmodell handelt. Über die allmähliche Einbeziehung von Kleinbauern und Arbeitern in den fairen Handel werden in kleinen Schritten soziale, politische und wirtschaftliche Veränderungen im globalen Süden in Gang gesetzt. Sinnvollerweise ist der faire Handel dort aktiv, wo es Probleme gibt. Er muss sich daran messen lassen, ob er seine selbst gesteckten Ziele umsetzt.

Nach Maßgabe dieser Ziele hat Fairtrade International seine »Theorie des Wandels« entwickelt, ein Wirkungsmodell, in dem die Stellschrauben und Mechanismen beschrieben werden, mit denen ökonomische, soziale und ökologische Verbesserungen für die Menschen im globalen Süden erreicht werden sollen: einen Wandel der Kooperativen, inklusive Fortschritten bei der Lohnarbeit; einen Wandel der Zivilgesellschaft in den Produzentenregionen, insbesondere eine politische Teilhabe; eine Änderung der Praktiken der Handelsketten; und eine Veränderung des Einkaufsverhaltens der Konsumenten, hin zur Bereitschaft, faire Preise zu bezahlen.[1]

Wer wissen will, ob das alles vor Ort tatsächlich funktioniert, kann beispielhaft in Nicaragua nachschauen, das heißt in einem der ersten Länder, in denen faire Pioniere tätig wurden.

GEMEINSCHAFTLICH AGIEREN

Jinotega ist die Kaffeestadt Nicaraguas, rund zwei Drittel der Bohnen werden hier geerntet. Die Kleinstadt liegt im Hochland, knapp 170 Kilometer entfernt von der Hauptstadt Managua. In einem gelb-blau gestrichenen, einstöckigen Gebäude ist die Zentrale der Vereinigung Soppexcca untergebracht, in der sich 700 Bauern zu 18 kleineren Kaffeekooperativen zusammengeschlossen haben.

Geschäftsführerin Fátima Ismael hat in dem Gebäude ein Café einrichten lassen, das Café Flor. Auf dem Tresen des Cafés stehen zwei große Gläser mit Plätzchen und dahinter eine italienische Kaffeemaschine. Was in vielen Cafés in Europa selbstverständlich ist, ist in Nicaragua auf dem Land eine echte Rarität. Die Maschine ist ein Geschenk der Gepa.

Viele Kaffeebauern in der Region gaben auf, als die Preise für ihren Rohstoff ins Bodenlose stürzten. Glücklich konnten sich diejenigen schätzen, die durch den garantierten Mindestpreis des fairen Handels gegen die katastrophalsten Auswirkungen geschützt waren. »Deswegen konnten wir unsere Böden erhalten und weiter bearbeiten«, darauf weist Ismael immer wieder hin. Turbulenzen auf dem Weltmarkt waren aber nicht das einzige Problem. Ismael gehört zu den Frauen, die zur Chefin gewählt wurden, weil vorher Männer Misswirtschaft betrieben hatten.

Unter der Glasplatte eines kleinen Tischchens vor ihr liegen in Fächern verschiedene Kaffeebohnen. Es gibt über 60 Kaffeearten, wovon nur zwei wirtschaftliche Bedeutung haben: Coffea Arabica und Coffea Robusta. Der Ursprung des Coffea Arabica liegt vermutlich in Äthiopien, wo er wild wächst. Er gilt als edler und wird auch hier in Jinotega angebaut, auf 1.200 Metern Höhe über dem Meeresspiegel, bei Temperaturen von 18 bis 22 Grad Celsius. Der Coffea Robusta, Anfang des 20. Jahrhunderts in Zentralafrika entdeckt, hat weniger Aromastoffe und einen höheren Säuregehalt. Dafür ist die Pflanze widerstandsfähiger als die empfindlicheren Arabica-Sträucher. Mithilfe des fairen Handels ist die Qualität der in Jinotega angebauten Bohnen erheblich verbessert worden.

Gleich neben dem Café befindet sich ein Testraum für Verkostungen. Zwei junge Männer haben hier Arbeit gefunden, bei der sie die verschiedenen Kaffees testen. Dazu schlürfen sie jeden ein wie Kenner bei einer Weinprobe, behalten ihn eine Weile im Mund und spucken ihn dann aus. Sie tauschen sich mit anderen Experten des fairen Handels aus, etwa mit den Spezialisten aus dem Kaffeelabor der Gepa in Wuppertal. Auf einem Schrank stehen Kaffeepackungen, die Zeugnis von der inzwischen mehr als vierzig Jahre alten Geschichte fairen Kaffees ablegen: Nicaragua Las Hermanas, Café Pilon, Hamburger Fairmaster, Flor de Cafe, Löfberg Lila, Café Moinari und Sandino Simpático, versehen mit dem Slogan »Friede den Hütten, Krieg den Palästen«.[2]

In San Ramón, einer rund 30.000 Einwohner zählenden Stadt in der traditionellen Kaffeeanbauregion Matagalpa, hat Blanca Rosa Molina 1992 gemeinsam mit fünf anderen Frauen und Männern die Kooperative UCA gegründet. Es war eine schwierige Zeit. Nach der Wahl einer konservativen Regierung 1990 bekamen viele Bauern, die unter den Sandinisten brachliegendes Land besetzt und bewirtschaftet hatten, plötzlich erhebliche Probleme. Ehemalige Besitzer forderten jetzt Flächen zurück. Viele Bauern schlossen sich daraufhin zu Kooperativen zusammen, um ihr Land zu verteidigen oder neues zu organisieren. Die neue Regierung unterstützte die Bauern nicht mehr beim Kaffeeexport, darum mussten sie sich nun selbst kümmern. Ihre Arbeit wurde schwerer.

In der Zentrale von UCA, einem schmalen Haus in der Innenstadt von San Ramón, herrscht reges Treiben. Einige Bauern stehen am Bankschalter der Kooperative, in den hinteren Räumen unterrichtet jemand ökologische Anbaumethoden. Durch das Fenster des Büros von Blanca Rosa Molina dröhnt Straßenlärm. Sie ist heute die Präsidentin der Kooperative, auf ihrem Schreibtisch türmen sich so viele Papiere, dass sie dahinter fast verschwindet. »Ohne den fairen Handel gäbe es diese Kooperative mit ihren mehr als tausend Mitgliedern nicht mehr«, sagt sie. Als die Preise für den Kaffee in den Jahren 1990 bis 1993 in den Keller gerasselt seien, hätten viele Banken, Unternehmen und Hotels dichtgemacht. Sogar einige große, privatwirtschaftlich betriebene Farmen in Matagalpa seien geschlossen worden, und Tausende Menschen hätten ihre Arbeit verloren. Im Land habe solches Chaos geherrscht, dass viele Familien ausgewandert seien, erinnert sich Molina – nach Costa Rica, vor allem jedoch in die Vereinigten Staaten. »Uns blieb das Schicksal erspart«, sagt sie, »wir konnten weiter Kaffee anbauen, investieren und unsere Kinder zur Schule schicken.«

Damals half den Kooperativen in Nicaragua die Unterstützung der klassischen alternativen Handelsimporteure aus Europa (Gepa, Mitka, van Weely u.a.) oder den USA (Thanksgiving Coffee, Interamerican Coffee, Café Moto u.a.). Von der Ausweitung des fairen Handels mittels Siegeln profitierten sie damals jedoch kaum. So enthielt beispielsweise das erste Kaffeeregister von Max Havelaar Schweiz keinen einzigen Namen einer Kooperative aus Nicaragua, weil ein Direktimport zunächst gar nicht möglich war.

In Molinas Büro hängt ein Wahlplakat, auf dem sie als Kandidatin für die Frente Sandinista de Liberación Nacional zu sehen ist. Zu sagen haben die lokalen Politiker in dem Land jedoch nicht mehr besonders viel. Daniel Ortega, der Ex-Revolutionär, hat sich längst zu einem Autokraten gewandelt und führt das Land mit seiner Sippe: Vizepräsidentin ist seine Frau Rosario Murillo, und sieben Kinder besetzen wichtige Posten in Politik, Wirtschaft und Medien. Die Utopie einer neuen, gerechten Gesellschaft hat nüchterner Realität Platz gemacht. Einen der spärlichen Lichtblicke in der Zivilgesellschaft des Landes bilden die Kooperativen, die heute wesentlich von Fairtrade profitieren.

In Relation zur Bevölkerung sind vergleichsweise viele Kooperativen aus Nicaragua Teil des fairen Handelssystems, nämlich 35. Zum Vergleich: Insgesamt sind in Latein- und Mittelamerika 554 Kooperativen und 70 Plantagen fair zertifiziert, am meisten in Peru (131), Kolumbien (82), Mexiko (58) und Brasilien (40). Insgesamt mehr als 300.000 Kleinbauern profitieren damit vom fairen Handel.[3]

In Nicaragua verkaufen sie ihren Kaffee heute direkt an die Importeure, weshalb sie auch den Preis bekommen, der ihnen zusteht. Zu Revolutionszeiten lief das anders: Da lag der Kaffeeverkauf in den Händen der halbstaatlichen Verkaufsorganisation Encafé, und es bestand keineswegs immer Klarheit darüber, ob die Kleinbauern tatsächlich den von den fairen Käufern gedachten Anteil erhielten.
Wer etwas über den Nutzen von Fairtrade für einen einzelnen Bauern erfahren will, kann sich mit Gonzales Valle unterhalten. Er lebt mit seiner Familie in der Region Matagalpa in einem Haus in dem Dorf El Coyolar. Seine Kaffeesträucher befinden sich außerhalb des Dorfes. Dort hat er eine Hütte für Werkzeug und zum Kochen. An einer Wand seiner »Feldhütte« hängt die rot-schwarze Flagge der Revolution: In der Mitte ist ein Bauer abgebildet, der in der einen erhobenen Hand ein Gewehr und in der anderen ein Buch hält. Auch Gonzalo Valle gehört zu denjenigen, die bei einer der Alphabetisierungskampagnen nach der Revolution lesen und schreiben lernten.
Ein Teil der Prämie von fünf Dollar je Sack Kaffee gehe an die Kommune, sagt er, für gemeinnützige Zwecke wie Schulen und Lehrer, denn: »Ohne Lehrer hätten unser Kinder keine Chance, sich zu bilden.« Valle gehört der Cooperativa La Esperanza an, die sich ihrerseits mit neun anderen Kooperativen zu Cecocafen zusammengeschlossen hat, rund um die Stadt Matagalpa. Zusammen befinden sich unter dem Dach 2.600 Bauern. Ein anderer Bauer erzählt, dass seine Tochter Medizin auf Kuba studiere. Am meisten profitieren vom fairen Handel oft die Kinder derjenigen, die heute als Produzenten daran teilnehmen. Anders als diese können sie wirklich lernen und haben so eine echte Chance, der Armut zu entkommen.
Otmar Meyer kennt viele hiesige Kooperativen aus eigener Anschauung, von Anfang an. Kaum jemand hat die Veränderung durch den fairen Handel so hautnah miterlebt wie er. Mit einer der ersten Solidaritätsbrigaden ging Meyer 1983 nach Nicaragua, um dort bei der Kaffeeernte die Revolution zu unterstützen. Wieder daheim, arbeitete er für das Wuppertaler Infobüro zu Nicaragua. Dann brach er für die fairen Importeure Gepa und Mitka auf nach Nicaragua, um sich nach alternativem Kaffee umzuschauen.

29 Jahre später, 2012, lebt er immer noch dort. Der Wandel sei enorm, erzählt er. Anfangs seien die Bauern nur rudimentär organisiert gewesen und hätten ihren Kaffee an der Straße an den erstbesten Zwischenhändler verkauft, wobei sie regelmäßig übervorteilt worden seien. Innerhalb von zwanzig Jahren seien dann Kooperativen mit ein- bis zweitausend Mitgliedern entstanden, in denen der einzelne Bauer Mitspracherechte habe, ganz nach dem genossenschaftlichen Motto »ein Mitglied, eine Stimme«.

Die Kooperativen hätten sich professionalisiert und teils sogar die Weiterverarbeitung des Kaffees übernommen, wodurch sie ihren Anteil an der Wertschöpfung erhöht und die eigenen Einnahmen gesteigert hätten. Ein gutes Beispiel dafür ist die Trocknungsanlage für Kaffee von Soppexcca. Einnahmen aus dem fairen Handel alleine hätten nicht gereicht für ihre Finanzierung; darüberhinaus wurden Fördermittel diverser Organisationen verbaut, ein Schild auf der Anlage erinnert an die Gönner, darunter die EU.

Das Gelände der Kooperative, auf dem der Kaffee getrocknet wird, ist so groß wie fünf Fußballfelder. Dort liefern die Bauern in der Saison – von November bis Anfang Februar – ihre Kaffeebohnen ab. Arbeiterinnen schütten die Bohnen auf große Plastikbahnen und breiten sie mit Rechen aus, damit sie in der Sonne trocknen können. Abends packen sie die Bohnen wieder ein. So wiederholt sich das über mehrere Tage, je nach Wetterlage. Anschließend werden die Bohnen in der Halle maschinell vorsortiert: Sie rutschen durch ein Rohr auf große metallene Siebflächen, werden gerüttelt, die kleinen unbrauchbaren Bohnen fallen durch. Im Raum nebenan sitzen zwanzig Frauen und sortierten die Bohnen per Hand nach.

Derweil herrscht Hochbetrieb im Lager: Fünf junge Männer laufen, Schweißtuch um die Stirn, mit den Säcken über ein Holzbrett in den mit einem Container von Hapag-Lloyd bereitstehenden Lkw. Ist dieser mit Säcken gefüllt, geht es los, zum Hafen Puerta Cortes. Von dort wird der Kaffee nach Europa verschifft. Aber die Kooperativen rösten auch schon Kaffee für den lokalen Markt, erhältlich in Supermärkten in Jinotega oder Matagalpa.

Meyer hat Soppexcca und andere Kooperativen bei der Optimierung ihrer Produktionsprozesse beraten. Die Kaffeepflanzungen seien verbessert worden, und die Bauern hätten ihre Produktion diversifiziert, bauten also mittlerweile nicht mehr nur Kaffee an, sondern auch Kakao oder Gemüse, und hielten Vieh. Eine solche Diversifizierung bietet für Bauern die beste Chance, gegen die sogenannten Schweinezyklen anzukommen; so nennen Ökonomen starke Preisschwankungen als Reaktion auf Schwankungen der auf dem Markt angebotenen Menge eines Rohstoffs, in dem Fall Kaffee. Wenn die Bauern es sich leisten können, lassen sie bei Tiefpreisen die Kaffeebohnen an den Bäumen hängen. Aber das geht nur, wenn sie neben Kaffee auch andere Früchte oder Gemüse anbauen.

Auf allen sozialen Ebenen habe sich etwas verbessert, schwärmt Meyer. Heute verkauften die Kooperativen ihren Kaffee auch außerhalb des Fairtrade-Systems zu guten Preisen, weil sie gute Qualität herstellten. Sie hätten sich zu Organisationen entwickelt, die gelernt haben, auf dem internationalen Markt zu bestehen.

Zahlreiche Studien bestätigen den Eindruck, dass der faire Handel die Lebensverhältnisse der Bauern in Nicaragua wesentlich verbessert hat. Zur Zeit der Kaffeekrise 2000/2001 gab es erhebliche Preisunterschiede bei 288 Kooperativen: Für ein Pfund fairen Kaffee bekamen Bauern im Schnitt 84 Dollarcent, für organischen Kaffee 63 Dollarcent und für konventionelle Ware 41 Dollarcent.[4] Weitere Studien für Nicaragua, aber auch für andere Länder, kommen zu dem Ergebnis, dass die Bauern noch auf andere Weise vom Verkauf fairen Kaffees profitieren: Mindestens ebenso wichtig wie die höheren Erlöse sind die längerfristigen Lieferbeziehungen und die Möglichkeit von Krediten, um die Zeit bis zur Ernte zu überbrücken.[5]

Was mit den Mitteln aus der Fairtrade-Prämie gemacht wird, ist ganz verschieden. Sie ist nicht an eine bestimmte Verwendung geknüpft, und die Kleinbauern bzw. Plantagenarbeiter entscheiden frei darüber. Es gibt kleine und große Projekte: An manchen Orten wird eine Basiskulturarbeit daraus finanziert. Bei einigen Kaffeebauern im Hochland von Nicaragua ist die nackte Bretterwand ihrer Hütten geschmückt mit Bildern, die ihre Kinder in Kursen malen.

Andere erlernen ein Musikinstrument. Im neuen Versammlungssaal der Kooperative erzählen Bauern gerade Geschichten vom kleinen Aufstieg, da erscheinen fünf Jugendliche mit Blasinstrumenten und spielen spontan auf.

Fairtrade-Kooperativen investieren im Schnitt ein Drittel der Prämien in die Infrastruktur oder Qualitätsverbesserungen der Ware. Eine Kooperative in Nicaragua baut beispielsweise eine Straße, um ihre Waren besser abtransportieren zu können, in Kenia investieren Arbeiter einer Blumenplantage einen Teil ihrer Fairtrade-Prämie in den Ausbau einer Schule, unter anderem für den Bau einer langen Rampe für den Lehrer, der im Rollstuhl sitzt. Häufig werden Aufgaben in Angriff genommen, die eigentlich Sache der Regierung wären. Manchmal übernimmt diese später den Unterhalt von Einrichtungen wie Schulbauten.

Der zweite große Posten bei der Verwendung der Prämiengelder ist Bildung. Dabei konzentrieren sich die Kleinbauern vor allem auf landwirtschaftliche Inhalte über den Anbau, Marktwissen und die Stärkung der Organisationsstrukturen. Plantagen dagegen kümmern sich vor allem um Themen wie Arbeitssicherheit, Arbeitsbeziehungen und Wissen zu Fairtrade allgemein. Es gibt Alphabetisierungskurse oder einen Fonds, der kostengünstige Kredite für den Schulbesuch von Kindern vergibt. Trotz aller Anstrengungen, Wissen zum Fairtrade-System zu vermitteln, sind die Kenntnisse der Produzenten darüber oft spärlich. Zuweilen wissen Bauern angeblich nicht einmal, dass ihre Kooperative fair zertifiziert ist.[6]

Wie viele Mittel aus Prämien zur Verfügung stehen, hängt von den jeweiligen Umsätzen mit fairen Waren ab. Im Jahr 2014 flossen 106,2 Millionen Euro Prämien an 1,6 Millionen Beteiligte;[7] im Schnitt für jeden rund 66 Euro. So gleichmäßig verteilt sich das Geld allerdings nicht, praktisch gibt es große Unterschiede. Und im Vergleich zu dem, was anderen zur Verfügung steht, ist die Summe bescheiden. So beträgt der Etat für staatliche Entwicklungshilfe 2017 alleine in Deutschland 8,5 Milliarden Euro.

Über ein Jahrhundert kannten die Agrarpreise nur eine Richtung: nach unten. Allein in den Jahren zwischen 1970 und 2000 sanken die

Preise für Zucker, Baumwolle, Kaffee, Kakao und andere wichtige Rohstoffe der Entwicklungsländer um 30 bis 60 Prozent. Häufig lag der Erlös der Kleinbauern für landwirtschaftliche Exportprodukte unter ihren Produktionskosten.

Anfang 2011 sprach viel für eine Trendumkehr bei den Preisen für landwirtschaftliche Güter. Agrarökonomen wiesen darauf hin, dass in China und Indien, den bevölkerungsreichsten Ländern der Erde, Angehörige der wachsenden Mittelschichten immer mehr Fleisch äßen, und für Vieh und Geflügelzucht brauche man eben große Mengen Futtermittel. Durch den zunehmenden Anbau von Pflanzen für die Produktion von Bioenergie und Flächenverlust durch Erosion drohe Acker- und Weideland jedoch knapp zu werden; eine Ausweitung sei kaum noch möglich. Knappheit bedeutet bei gleichbleibender oder steigender Nachfrage gewöhnlich einen Preisanstieg. Verbesserte sich jetzt über steigende Marktpreise endlich nachhaltig die ökonomische Situation der weltweit über 500 Millionen Kleinbauern? Würde der gezielte Einkauf von Fairtrade-Produkten bald überflüssig, weil sie ohnehin alle über ein ausreichendes Einkommen verfügten?

Als die Preise für Agrarerzeugnisse auf breiter Front anstiegen, wurde bei vielen Kleinbauern überraschenderweise das Geld aber nicht üppiger, sondern entgegen aller Erwartungen knapper.

Man hatte bei den Prognosen nicht berücksichtigt, dass sich die Welt auf dem Land entscheidend verändert hatte: Viele Kleinbauern führen heute keine Subsistenzbetriebe mehr, mit deren Erzeugnissen sie sich selbst versorgen können, sondern müssen Lebensmittel für sich und ihre Familien einkaufen. Ob ein Bauer von steigenden Preisen am Agrarmarkt am Schluss profitiert, hängt also nicht nur davon ab, was und wie viel er produziert, sondern auch – oder vor allem – davon, was seine Familie zum Leben benötigt.

Daraus haben manche Kooperativen eine Lehre gezogen. Sie setzen wieder stärker auf den Anbau von Lebensmitteln für den eigenen Bedarf und die lokalen Märkte. Das gilt auch für die Kaffeebauern in Lateinamerika. Nachdem ein Pilz in den vergangenen Jahren in vielen Regionen Kaffeesträucher zerstört hatte, pflanzten viele von ihnen neben Kaffee auch verstärkt andere Nutzpflanzen an.

Weiterhin wollen viele Bauern durch die Beteiligung am fairen Handel ihr Einkommen aufbessern. Mancherorts gibt es lange Wartelisten von Kooperativen, gerade beim Kaffee. Sobald jedoch die Weltmarktpreise steigen, bröckelt die Solidarität mit dem – in schlechteren Zeiten Stabilität gebenden – System. Immer wieder kommt es dann vor, dass Bauern ihre Ernte an konventionelle Aufkäufer verkaufen statt an ihre Kooperative.

2012 zum Beispiel war die Versuchung groß: Weil Aufkäufer bisweilen deutlich höhere Preise als der faire Handel zahlten, hatte manche Kooperative bereits Schwierigkeiten, ihren Lieferverpflichtungen nachzukommen. Das wiederum kann schnell zur Bedrohung für die Existenz der Kooperative selbst werden. Wenn sie pleite geht – was vorkommt –, fehlt den Bauern beim nächsten Preisabsturz der Handelspartner, der ihre Ware zu einem Mindestpreis abnimmt.

Die Fairtrade-Organisationen reagierten und räumten den Kooperativen mehr Flexibilität beim Kaffeegeschäft ein. Heute gibt es unterschiedliche Möglichkeiten der Preisfindung. Kooperativen können mit den Abnehmern des Kaffees weiterhin einen fixen Preis für den Kaffee vereinbaren. In den meisten Fällen jedoch legen beide Seiten bei ihren Geschäften zwar vertraglich genau fest, welche Menge einer Sorte fairen Kaffees zu einem bestimmten Zeitpunkt geliefert werden soll, lassen zunächst aber den Preis offen. Er wird zu einem späteren Zeitpunkt festgelegt, auf Grundlage des Kaffeepreises an der Börse.

Entscheidend ist dabei: Die Kooperative alleine bestimmt den Zeitpunkt und damit auch den Börsenpreis, der für das Geschäft gilt. Das birgt Gewinnchancen und Verlustrisiken für beide Seiten, wie alle Termingeschäfte. Wenn die Preise steigen und die Kooperative den richtigen Zeitpunkt wählt, hat sie Mehreinnahmen. Aber natürlich kann auch das Gegenteil geschehen, schließlich schwanken die Preise an den Kaffeebörsen enorm. Selbst Profis verspekulieren sich. Die Kooperativen jedoch erhalten von den Käufern zumindest immer den vom fairen Handel festgelegten Mindestpreis für ihren Kaffee.

Vielleicht verhielten sich die Kleinbauern solidarischer, wenn sie mehr über die Wirkungsweise und die Vorteile des fairen Handels wüssten.

Bislang bestehen in Nicaragua jedoch erschreckend große Informationslücken, etwa im Hinblick darauf, was fairen Handel überhaupt ausmacht. Untersuchungen haben ergeben, dass die Wissenslücken mit der Flut an Zertifizierungen zusammenhängen. Es falle den Bauern zunehmend schwer, die Unterschiede dazwischen auszumachen, was bei Umweltzertifizierungen offenbar besser gelinge.[8]

SOZIAL AUFSTEIGEN

Nur wenige Menschen haben aus ihrem Wohnzimmer eine Aussicht wie Parakkat Radhakrishnan, dessen Haus auf einem Bergkamm im Süden Indiens liegt. An jedem Arbeitstag fährt der 62-Jährige mit seinem Moped durch den dichten Wald, in dem Tiger, Panther und Waldantilopen leben, hinab zur Thaishola Tea Estate, einer 190 Hektar großen Teeplantage. Die Sträucher erinnern mit ihren geometrischen Formen an französische Gartenarchitektur, was leicht darüber hinwegtäuschen kann, wie hart die Kultivierung der Pflanzungen ist. Doch Parakkat Radhakrishnan hat sich dieses Leben ausgesucht. In die Stadt, sagt der Naturliebhaber, habe es ihn nie gezogen, und so schaute er sich nach seinem Botanikstudium nach einer Stelle auf dem Land um. Er fand sie beim Nahrungsmittelkonzern Unilever, arbeitete auf dessen Teeplantagen, machte Karriere.

Vor 18 Jahren verließ Radhakrishnan dann den Lebensmittelmulti und übernahm die Leitung der Plantage, in deren Verwaltung bereits sein Vater gearbeitet hatte; eine von etwa 60 Teeplantagen im Anbaugebiet Nilgiri, das weniger bekannt ist als Assam oder Darjeeling im Norden. Die Plantage gehört dem Familienkonzern Prakruthi Infrastructure Development Company, der nicht nur im Teeanbau tätig ist. Noch vor wenigen Jahren wurde darauf ausschließlich Tee für den heimischen Markt produziert. Aber man rutschte fast in die roten Zahlen, wegen der billigeren Konkurrenz aus Sri Lanka. Jetzt exportiert der Betrieb 95 Prozent seiner Ernte, vor allem nach Großbritannien.

Die Zeit scheint hier stehengeblieben. In der Teefabrik laufen noch immer die Maschinen, die vor mehr als acht Jahrzehnten aus Großbritannien importiert wurden.

Zuerst werden die Teeblätter vorgetrocknet und verwelken; dann werden sie gewalzt, fermentiert und nochmals getrocknet. All diese Schritte müssen schnell nach dem Pflücken geschehen, weil der Tee sonst nicht schmeckt. Auch draußen geht es zu wie in einem Freilichtmuseum zur industriellen Landwirtschaft vor hundert Jahren: In Saris gekleidete Pflückerinnen hängen in den Mittagsstunden den in Säcke gepackten Tee an eine alte Hängewaage; daneben sitzt eine Vorarbeiterin, die die Mengen mit einem Bleistift handschriftlich in eine Kladde einträgt. Doch die rasante wirtschaftliche Veränderung Indiens macht auch nicht vor dem Hinterland halt: Gleich neben den alten Geräten steht in der Fabrikhalle eine computergesteuerte Maschine japanischer Bauart, die anhand unterschiedlicher Grüntöne bestimmte Teeblätter blitzschnell aussortieren kann.

Noch schneller als die Technik verändert sich das soziale Leben. Viele junge Leute verlassen die Plantage, auf der sie aufgewachsen sind. »Es gibt Fernsehen und Internet, das hat den Menschen hier ein Fenster zur Außenwelt geöffnet«, sagt Radhakrishnan. Jede der 328 Arbeiterfamilien auf der Plantage verfügt in ihrem kleinen Haus über einen Satellitenanschluss. Palani, Madhevi, Santhi oder Lingi und all die anderen Arbeiter schalten nach der Arbeit häufig den Fernseher ein. Fragt man sie, welche Zukunft sie ihren Kinder wünschen, dann reden sie von Berufen wie Ingenieur, Verkäufer, Lehrer oder Krankenschwester; vor allem aber reden sie von einem Leben in der Stadt. Das eigene Leben als Teepflücker auf dem Land wünscht sich hier kaum jemand für die eigenen Kinder. Etwa 20.000- bis 30.000-mal greift eine Pflückerin täglich nach den jungen, grünen Teeblättern, zupft sie ab und legt sie in einen auf dem Rücken hängenden Sack. Früher hätte es keine Alternative zu diesem Leben gegeben. Die Pflücker lebten auf den Plantagen fast wie Leibeigene, über Generationen hinweg: Hörte ein Elternteil im Alter auf, war ein Kind froh, wenn es dessen Job auf der Plantage ergattern konnte. Lange hielt diese Kontinuität die Leute auf den Plantagen.

Das hat sich geändert. Ein Pflücker verdient wenig. Wenn alles mit rechten Dingen zugeht, erhält er den gesetzlich vorgeschriebenen Mindestlohn, pro Tag umgerechnet etwa zwei Euro, zuzüglich einer kleinen Leistungsprämie und einiger gesetzlich vorgeschriebener Sozialleistungen. In der Stadt kann man mehr verdienen, vorausgesetzt, man bekommt eine gute Ausbildung. Die Chancen dafür sind wesentlich größer, wenn die Eltern in einem Betrieb des fairen Handels arbeiten. Die Landflucht wird dadurch vorangetrieben. Aber man trifft im Fairtrade-Kosmos jetzt schon gut ausgebildete junge Menschen, die bewusst wieder zurück aufs Land gehen. Von einem Trend kann man wohl noch nicht sprechen, aber von ermutigenden Signalen. Auch in Kenia spielt sich Vergleichbares ab, etwa in dem kleinen Dorf Karatina. Atanasio Macharia begann Mitte 2016 bei der Kooperative Gikanda – 3.751 Mitglieder, die Hälfte jünger als 40 Jahre. Ganz bewusst hat sich der 25-Jährige für ein Leben auf dem Land entschieden. Hier seien die Chancen, eine geeignete Stelle zu finden, für ihn als Akademiker doch viel besser als beispielsweise in der Hauptstadt Nairobi, wo sich die gut Ausgebildeten auf die Füße träten. Der Agrarökonom arbeitet als Berater in der Kooperative. Sie sei auf einem guten Weg, sagt er, im nächsten Jahr wolle man sogar eine eigene Kaffeemühle bauen. Macharia hat einiges zu tun, vor allem müsse er bei den Bauern Überzeugungsarbeit im Hinblick auf produktivere Anbaumethoden leisten. Er selbst hat konkrete Pläne für den biologischen Anbau von Kaffee auf eigenen Feldern. Er träumt davon, den Kaffee unter eigenem Label auf dem kenianischen Markt vertreiben zu können.

GESELLSCHAFT GESTALTEN

Der faire Handel eröffnet dem Einzelnen Möglichkeiten, das eigene Leben und dabei auch die Zivilgesellschaft zu gestalten. So bringen zwei Frauenkooperativen in Honduras und Uganda, die Kaffee in Österreich auf den Markt brachten, ihren Gründerinnen ein unabhängiges Einkommen in einer sonst von Männern dominierten Wirtschaft und damit einen Zuwachs an Freiheit. Unterstützung erfahren sie direkt von engagierten und ehrenamtlich tätigen Frauen in Österreich, die den Absatz der »Frauenkaffees« fördern.
Tatsächlich erweist sich die Stärkung der Zivilgesellschaft – das *empowerment* von Beteiligten – als eine der größten Stärken des fairen

Handels. Ursprünglich nicht das Hauptziel der Bewegung, ist es doch eine wegweisende positive Nebenwirkung. Als Wissenschaftler nach einigen Jahren fairen Handels untersuchten, was die wichtigsten Wirkungen des Ansatzes vor Ort waren, machten sie eine interessante Feststellung: Er förderte besonders die Beteiligung der Menschen am gesellschaftlichen Geschehen und der lokalen Politik. Wer fair handelt, mischt sich eher ein – eine gute Nachricht für alle Demokraten. So waren beispielsweise von den Baumwollbauern aus dem Fairtrade-Sektor 82 Prozent in einer weiteren Initiative lokal engagiert, bei einer Vergleichsgruppe waren es nur 12 Prozent.

Das Centrum für Evaluation (Ceval) in Saarbrücken hat sich in zwei großen Studien mit dem fairen Handel beschäftigt. »Der wichtigste Unterschied für Bauern und Arbeiter ist die Möglichkeit, Entwicklungsprojekte für ihre Gemeinden zu planen, zu konzipieren und umzusetzen. Solche Planungs- und Umsetzungsabläufe führen dazu, dass ganze Gemeinden eine neue Verantwortung und Gefühl für *ownership* über die Projekte übernehmen«, heißt es darin.[9] Eine wichtige Rolle spielten für das Empowerment die Gremien, die über die Verteilung der Fairtrade-Prämien entscheiden. Für die Beteiligten seien sie eine Art Schule der Demokratie. Selbst bestehende hartnäckige Machtverhältnisse könnten bisweilen durchbrochen werden, beobachten die Wissenschaftler. So richte sich die Vergabe von Funktionen in Gremien einer indischen Baumwollkooperative »nach den Fähigkeiten der jeweiligen Personen und nicht nach der Kaste«. Und möglich wurde sogar noch viel mehr.

SÜD-SÜD-IDEEN SCHMIEDEN

Jayvantsinh Zala steht am Eingang seines Hauses. In einem offenen Stall in seinem Hof liegen drei Büffel kauend im Stroh; rechts davon stehen drei Mangobäume, gekauft mit der Fairtrade-Prämie. Zala ist einer von elf gewählten Direktoren im Vorstand seiner Kooperative. Jeweils etwa zwanzig Farmer wählen jemanden aus ihrer Mitte, um sie dort zu vertreten. Die Kooperative ist in den Dörfern Rapar und Dhrangadhara aktiv und umfasst insgesamt 500 Bauern. Zala führt das Board der Direktoren und vertritt die Organisation im NAPP, dem

Netzwerk der Produzenten des fairen Handels in der Region Asien & Pazifik, in dessen Führungsgremium er auch eine Zeitlang gesessen hat. Fragt man ihn, was er gelernt habe in dieser Zeit, berichtet er vor allem vom Austausch mit Bauern aus anderen asiatischen Ländern, wie zum Beispiel Thailand oder Vietnam. Sie diskutierten über Klimawandel, neue Anbaumethoden und bessere Vermarktungsmöglichkeiten.

Dann berichtet er von einer neuen Idee, die dabei entstand: Die Kooperativen könnten doch jeweils Produkte anderer Bauern verkaufen, zum Beispiel das Gewürz Kurkuma. Er bringt einen kleinen Metallteller, auf dem es noch in ungemahlener Form zu sehen ist, als gelbliche, wurzelförmige Stangen. Sie stammen aus einer anderen Kooperative, und er möchte sie zusammen mit einigen anderen Produkten gerne hier in der Gegend verkaufen. »Wir stehen ja nicht in Konkurrenz mit unseren Waren und können auf diese Weise ein Zusatzgeschäft machen, von dem wir alle profitieren«, davon ist Zala überzeugt.

Es sind Bauern wie er, die heute maßgeblich mitbestimmen können, wohin sich das Fairtrade-System entwickeln soll. Die drei Produzentenorganisationen aus Lateinamerika, Afrika und Asien haben inzwischen die Hälfte aller Stimmen in der Initiative.

Die Erfolge eines anderen Beispiels für die Stärkung lokaler Strukturen sind auf dem Acker von Kalji Bhai zu sehen. Auf drei Morgen Land – mehr als 12.000 Quadratmetern – baut er Baumwolle an, eine der ursprünglichen, robusten Arten, die nur wenig Wasser brauchen. Sie gedeiht selbst beim sogenannten Regenfeldbau: Fällt während der Monsunzeit Regen, dann bringen diese Pflanzen auf jeden Fall einen gewissen Ertrag, selbst wenn die kommenden Monate bis zur Ernte absolut trocken bleiben. Damit unterschieden sie sich wesentlich von den neuen, genetisch veränderten Pflanzen, die mehr Wasser brauchten und bei anhaltender Dürre keinen Ertrag abwerfen würden, erklärt er. Obwohl es fünf Monaten in der Gegend nicht regnete, blieben die Pflanzen von Kalji Bhai grün, und vor wenigen Wochen hat er die aus den aufgesprungenen Kapseln quillenden, weichen Fasern geerntet.

Sieben bis acht Monate braucht Baumwolle bis zur Reife, dann wird sie von Kalji Bhai, seiner Frau und seinen drei Kindern gepflückt. Rund 800 Kilo ernten sie je Morgen Land, ein Kilo Baumwolle braucht man für ein T-Shirt. Auf Bhais Feldern wächst also der Rohstoff für ungefähr 2.400 T-Shirts. Er gehört zur kleinen Minderheit von Bauern hier in Indien, die organische Baumwolle anbauen, während auf mehr als 95 Prozent der Flächen genetisch veränderte Pflanzen wachsen. Sie bringen höhere Erträge, wenn alles glatt läuft.

Bhai und seine Kollegen erklären, warum sie sich trotzdem für Biobaumwolle mit ihrer doppelt so langen Reifezeit entschieden haben. Sie würden Bauern kennen, die sich beim Gebrauch von Pestiziden verätzt hätten, sagen sie, während sie selbst keine gefährlichen Pestizide bräuchten. Außerdem sei das Preis-Leistungs-Verhältnis bei Biobaumwolle besser. Sie sparten nicht nur das Geld für Pestizide, sondern müssten auch keinen Kunstdünger kaufen.

Ihr Saatgut kaufen sie ebenfalls nicht bei einem internationalen Konzern wie Monsanto, sondern für ein Hundertstel des Preises bei ihrer eigenen Kooperative: Gegenüber einem Preis von 2.000 Rupien für ein Kilogramm Konzernsaatgut koste ein Kilogramm Samen aus lokaler Gewinnung nur 40 Rupien; der einzelne Bauer erhalte es sogar für 20 Rupien, weil die restlichen 20 Rupien durch die Fairtrade-Prämie gedeckt würden. Von der eigenen Zucht von Saatgut der Kooperative profitieren auch Nichtmitglieder der Kooperative in der Region. Vergangenes Jahr brauchte man weniger als die Hälfte des vorhandenen Saatguts für die 500 Mitglieder, der Rest wurde an andere Bauern verkauft.

Auch für den Verkauf der Rohbaumwolle an die Entkörnungsbetriebe haben die Bauern der Kooperative eine Organisation gegründet. Mit der Prämie des fairen Handels haben die Bauern sich schon vor längerer Zeit einen eigenen Lkw angeschafft, weswegen sie ihre Baumwolle nun auf unterschiedlichen Märkten in der Region verkaufen können. Das macht sie unabhängig von einzelnen Aufkäufern. Überhaupt präsentieren sich die Bauern hier ziemlich selbstbewusst. Per Smartphone sind sie ständig über die aktuellen Preise für Baumwolle an den internationalen und lokalen Börsen informiert, niemand kann ihnen etwas vormachen bei Preisverhandlungen. Auch anderswo hilft die Technik bei der Verbesserung der Abläufe, und wenn ältere Bauern sich schwertun, damit umzugehen, bitten sie jüngere um Hilfe. Zala berichtet begeistert von der Milchkooperative, die ihn kurz nach Abgabe der Milch per SMS über die Qualität und den Preis der Milch informiere, den er dafür erhalte.

Mit der Fairtrade-Prämie haben die Bauern in ihren Dörfern Brunnen bohren lassen und Bäume angepflanzt, die Schatten für ihre Tiere spenden oder deren Früchte sie ernten können. Kein Wunder, dass das Interesse, am fairen Handel teilzunehmen, vor Ort groß ist. Mehr als tausend Bauern haben sich in eine Warteliste eingetragen.

Der faire Handel führt zu einem Austausch zwischen Menschen in gleicher Lage, die so ihre Position stärken können. Sein auf Kooperation beruhendes Prinzip wirkt der Vereinzelung entgegen – dem Gift allen politischen Gemeinschaftssinns. Am einzelnen Beispiel beweist er immer wieder, dass Menschen die Dinge gemeinsam lokal und global vorantreiben können, um eine gerechte Weltwirtschaft zu schaffen. Je Erdenbürger erwirtschaftete die Weltgesellschaft 2014 ein Bruttosozialprodukt von 10.083 Dollar, mehr als doppelt so viel wie 2001. Damit könnten alle Menschen auf der Erde ein auskömmliches Leben führen.

1 Fairtrade International, *Theory of Change. Version 2.0*, September 2015

2 Erstmals wurde in Deutschland und in den Niederlanden im Jahr 1973 ein gerecht gehandelter Kaffee verkauft. Er stammte aus dem Hochland von Guatemala.

3 Daten zum lateinamerikanischen Produzentennetzwerk auf der Website von Fairtrade International (engl.), www.fairtrade.net / http://bit.ly/2eJGUiU

4 Christopher Bacon, »Confronting the Coffee Crisis: Can Fair Trade, Organic, and Specialty Coffee Reduce Small-Scale Farmer Vulnerability in Northern Nicaragua?«, in: *World Development*, 33(3), 2005, S. 497–511

5 Nachzulesen in einer diverse Studien zusammenfassenden Arbeit der Harvard-Ökonomen Nathan Nunn und Raluca Dragusanu: »The Economics of Fair Trade«, in: *Journal of Economics Perspectives*, 9.4.2014

6 Ceval, *Die Wirkung von Fairtrade auf Armutsreduktion durch ländliche Entwicklung*, Studie im Auftrag von Transfair und der Max Havelaar-Stiftung Schweiz, 2013

7 Nach Produkten und Regionen verteilen sich die Prämien unterschiedlich (alle Angaben in Euro): Produzenten von Kaffee (49,1 Mio.), gefolgt von Bananen (19,1 Mio.) und Rohrzucker (10,76 Mio.). Schaut man auf die Regionen, rangiert Lateinamerika (71,9 Mio.) mit großem Abstand vor Afrika und dem Mittleren Osten (23,5 Mio.) und Asien und dem pazifischen Raum (10,8 Mio.).

8 Jon Valkila, Anja Nygren, »Impacts of Fair Trade Certification on Coffee Farmers, Cooperatives, and Laborers in Nicaragua« in: *Agriculture and Human Values*, 2009, 27(3), S. 321–333

9 Ceval, *Die Wirkung von Fairtrade auf Armutsreduktion durch ländliche Entwicklung*, a.a.O.

Kapitel 6 | Kritik

»Es gibt keinen vernünftigen Grund, warum man einem landwirtschaftlichen Produzenten oder einem Arbeiter einen fairen Lohn oder Preis
vorenthalten sollte. Alle Argumente, warum das nicht geht, sind vorge-
schobene Argumente.«
Helmut Adam, Gründungsgeschäftsführer Fairtrade Österreich

Anfang der 1990er-Jahre waren faire Waren schwerer zu finden als
heute, nämlich nur auf Basaren und in gut 2.000 in Europa verteilten
Weltläden, die oft lediglich an einigen Tagen geöffnet oder schwer
erreichbar waren. Heute sind sie alleine in Deutschland an 42.000
Verkaufsstellen erhältlich: in Supermärkten, Discountern, Drogerien
und Biosupermärkten, Weltläden oder gastronomischen Betrieben.
Rund vier Fünftel der fair gesiegelten Waren sind Nahrungsmittel,
entsprechend wichtig ist der Lebensmitteleinzelhandel für den fairen
Handel.
Wenn mehr Waren in bedeutend mehr Läden an die Frau und den
Mann gebracht werden, könnte man schlussfolgern, dass Unternehmen in einem veränderten, »faireren« Konsumentenverhalten einen
wichtigen Faktor im Hinblick auf die eigene Strategie sehen. Dem ist
nicht so. Weniger als jedes dritte Unternehmen stuft die Bedeutung
der gesellschaftlichen Debatte über einen gerechteren Welthandel
mit Entwicklungsländern für sich selbst als stark oder sehr stark ein.[1]
Wichtig mögen faire Produkte für die Etablierung von Eigenmarken
sein, eine gewisse Rolle spielen sie vielleicht auch bei der Unterneh-
menskommunikation im Zusammenhang mit dem Thema Nachhaltigkeit, mehr aber nicht – jedenfalls nicht aus Sicht der meisten beteiligten Unternehmen.
Durch den Schritt in die Supermärkte ist der faire Handel heute ab-
hängiger als früher von großen Einzelhändlern. Seit 2005 hat der Umsatzanteil, der über Weltläden und Aktionsgruppen gemacht wird,
beispielsweise in Deutschland von 35 Prozent auf etwa 7 Prozent im
Jahr 2014 abgenommen. Faire Waren werden heute vor allem im
Supermarkt und im Discounter verkauft. Seit Ende der 1980er-Jahre,

als die Siegelorganisationen starteten, hat die Machtkonzentration im Handel in Europa weiter zugenommen. Tante-Emma-Läden sind weitgehend verschwunden, während Supermarktketten fusionierten; zuletzt wurde in Deutschland Kaisers/Tengelmann zwischen den nationalen Riesen Edeka und Rewe aufgeteilt.

Der faire Handel steckt in einer Zwickmühle: Einerseits ist der konventionelle Handel sein wichtigster Absatzkanal, andererseits ist dessen Marktmacht vielen sozialen und kirchlichen Trägerorganisationen des fairen Handels längst ein Dorn im Auge: Die Ketten Aldi, Carrefour, Lidl, Tesco und die Metro-Group kontrollieren die Hälfte des Marktes in der EU, in Deutschland beherrschen fünf Unternehmen gar 90 Prozent des Marktes. Das Bundeskartellamt beurteilte die Konzentration im deutschen Einzelhandel schon vor der Zerschlagung von Kaisers als »besorgniserregend«. Nicht viel besser sieht es in der Schweiz oder in Österreich aus.

Generell fairer geworden sind die Händler nicht, sieht man einmal von der Sortimenterweiterung auf faire Waren ab. Textilien sind ein gutes Beispiel dafür, wie sie Produzenten in Europa und Übersee ihre Macht spüren lassen und Produkte verkaufen, die unter menschenunwürdigen Bedingungen hergestellt werden. Je stärker große Einzelhändler den Endverbrauchermarkt beherrschen, desto mehr Großeinkäufer von Rohstoffen bestimmen die vorgelagerten Märkte. Diese Entwicklung führe zu einem Unterbietungswettbewerb auf Kosten der ersten Glieder in der Produktionskette, was niedrigere Löhne für Farmarbeitskräfte und sinkende Einnahmen unabhängiger Agrarproduzenten bedeute, warnte 2014 der UN-Sonderberichterstatter für Ernährung, Olivier de Schutter.[2]

Die Abwärtsspirale dreht sich weiter, der Preisdruck hält an. Das ist einer der wichtigsten Gründe dafür, dass die Vorschriften für den Schutz von Arbeitern oder Kleinbauern bei der Produktion im globalen Süden lasch sind oder nicht umgesetzt werden, geschweige denn, dass die fehlende Umsetzung sanktioniert würde. Der Handel mag heute also für faire Produkte werben und auch einige verkaufen, aber das ändert nichts daran, dass er insgesamt mehr zu den sozialen Problemen von Produzenten und Arbeitern beiträgt, als sie zu lösen.

Die Macht der Konsumenten ist in den letzten Jahren schon oft thematisiert worden – mal wurde sie gefeiert, mal totgesagt. »Die Konsumenten werden in fünf bis zehn Jahren die Macht in ihren Händen halten«, prophezeite Unilever-Chef Paul Polman 2011 im *Guardian*.[3] Wer sich als Unternehmen unsozial und unökologisch verhalte, werde aussortiert. Auch Politiker appellieren an die Verantwortung der Konsumenten. »Jeder Einzelne muss umdenken«, sagt Entwicklungshilfeminister Gerd Müller mit Blick auf die katastrophalen Arbeitsbedingungen in der weltweiten Textilindustrie.[4]

Auf den ersten Blick sind die Verbraucher tatsächlich mächtig angesichts eines Einkaufsvolumens von mehr als 500 Millionen Euro, die alleine in Deutschland täglich umgesetzt werden. Verbraucher geben auch regelmäßig an, fairer Konsum sei ihnen wichtig. Glaubt man den Umfragen, dann kaufen deutlich mehr Verbraucher in Deutschland wesentlich mehr faire Waren als früher; von 2001 bis 2016 hat sich die Zahl derjenigen, die dies von sich behaupten, mit aktuell 60,6 Prozent fast verdoppelt. Und der Absatz fairer Waren in Deutschland hat sich seit dem Jahr 2000 mehr als verzehnfacht. Der tatsächliche Pro-Kopf-Konsum blieb jedoch bescheiden: In Deutschland waren es 2014 rund 13 Euro pro Person und Jahr, in Großbritannien 33 Euro und selbst in der Schweiz – dem Land mit dem höchsten Pro-Kopf-Konsum fairer Waren – waren es nur 57 Euro.

Woher rührt die große Diskrepanz zwischen geäußerter Einstellung und tatsächlichem Handeln? Am Angebot kann es nicht liegen, mittlerweile gibt es die fairen Produkte flächendeckend. Mangelndes Bewusstsein sollte auch nicht das Problem sein: Das Prinzip des fairen Handels ist den Verbrauchern durchaus bekannt, das Gleiche gilt für die sozialen Missstände in Herkunftsländern der Waren.

Danach befragt, bringen Verbraucher den fairen Handel vor allem mit fairen Löhnen, fairen Preisen und fairen Arbeitsbedingungen für die Produzenten und Arbeiter in Entwicklungsländern in Verbindung – zweifellos zentrale Aspekte des fairen Handels. In der gleichen Studie nennen viele außerdem richtigerweise das Verbot von Kinderarbeit als Kernthema des fairen Handels. Wesentlich seltener werden mit dem fairen Handel Prinzipien wie Gerechtigkeit im Welthandel, langfristige Handelsbeziehungen und die Aufklärung der Verbraucher über die Produktionsbedingungen in den Entwicklungsländern assoziiert, alles Ursäulen des Konzepts.

Viele Verbraucher wünschen sich eben nicht nur einen fairen Umgang mit den Menschen in Entwicklungsländern, sondern auch günstige Preise für sich selbst. Da schlagen zwei Seelen in einer Brust, und oft entscheidet nicht das Gewissen, sondern der Geiz. »Das Bewusstsein für fairen Handel und die persönlichen Einstellungen ihm gegenüber sind bei weitem nicht die einzigen und womöglich noch nicht einmal die entscheidenden Faktoren« beim Einkauf, schreiben die Autoren der Studie.[5]

Leisten könnten sich die meisten Verbraucher viel mehr faire Produkte, das Geld ist vorhanden. Die Mehrheit der Konsumenten in Europa verhält sich jedoch widersprüchlich. Sie empören sich regelmäßig über gentechnisch veränderte Pflanzen oder sind entsetzt angesichts der Armut der Kleinbauern in der Sahelzone oder des Einsturzes einer Textilfabrik in Bangladesch. Sie sprechen sich für eine Verbesserung der Lebenslage der Menschen im globalen Süden aus und lassen gleichzeitig mehrheitlich die Waren links liegen, die eine natürliche Anbauweise und ein Überleben der Bauern sichern können.

So entsteht eine fatale Allianz zwischen geizigen Verbrauchern und gewinnorientierten Unternehmen: 59 Prozent der Verbraucher in Deutschland finden die Idee fair gehandelter Produkte überzeugend, aber 68 Prozent wollen dafür nicht mehr bezahlen. Gerade einmal 15 Prozent wären bereit, für faire Produkte einen Aufschlag von mehr als einem Drittel des bisherigen Preises zu zahlen. Was viel erscheinen mag, ist häufig das Minimum, um etwas zum Besseren zu bewegen.

Verbraucher kaufen faire Waren heute vor allem in Supermärkten und im Discounter – aber interessanterweise mit unterschiedlichen Motivationen, wie Marktforscher herausfanden, die sich intensiv mit der Verbraucherpsyche beschäftigten. Sie ließen nicht nur Fragebögen ausfüllen, sondern führten lange Einzelinterviews oder Gruppendiskussionen. Ihr Fazit: Wer beim Discounter faire Produkte kauft, beruhige damit vor allem sein schlechtes Gewissen, das er wegen seiner

Schnäppchenjagd habe. Bei Vollsortimentern wie Edeka oder Rewe gehe es den Kunden dagegen mehr um ihr Einkaufserlebnis und um ihren Status. Sie wollen durch den Kauf fairer Produkte vor allem ihr soziales Bewusstsein unterstreichen.

Eine große »Konkurrenz« für den fairen Handel sind in Deutschland als »Bio« gekennzeichnete Produkte. Die Konsumenten berücksichtigen beim Einkaufen bio viel eher als fair. Auch aus dem Grund sind viele Produkte heute gleichzeitig fair und biologisch. Fair, aber nicht ausgewiesen ökologisch hergestellte Produkte dagegen haben es in Deutschland oft schwer. So gibt es, anders als in England und der Schweiz, in deutschen Supermärkten keine konventionelle Fairtrade-Banane.

FAIRE NACHAHMER

Anfangs war der faire Handel ganz auf die soziale Lage der Kleinbauern und später auch der Arbeiter auf Plantagen fokussiert. Heute handelt es sich immer noch um ein Sozialsiegel, aber rund ein Drittel der Kriterien in den Standards von Fairtrade International beziehen sich auf ökologische Aspekte wie Pestizide. Mehr als die Hälfte aller teilnehmenden Produzenten sind auch biozertifiziert. Das lohnt sich, denn dafür wird eine zusätzliche Prämie auf den Fairtrade-Preis gezahlt, gewöhnlich 10 bis 20 Prozent.

Vielen Fairtrade-Produzenten fehlen aber die Mittel für eine Umstellung auf ökologische Produktion, mangelt es an Kapital, Expertise oder Zeit. Wären fair und bio verpflichtend verknüpft, wären wohl gerade die ärmsten Bauern chancenlos. Um auch sie ins Boot zu holen, verpflichten die Regeln von Fairtrade International Produzenten lediglich zu einer nachhaltigen Landwirtschaft und fördern eine freiwillige Umstellung auf ökologischen Anbau. Generell befördert der Bio-Fair-Trend eher private Großbetriebe – also vor allem Plantagen –, die viel eher über die Mittel verfügen oder Kredite erhalten, um die notwendigen Investitionen tätigen zu können.

»Wachstumspotenzial besteht gerade dort, wo man fair mit bio verbindet und mit zusätzlichen Werten anreichert«, sagt Gerhard Drexel, Vorstandschef von Spar Österreich. Damit meint er zum Beispiel den

Faktor Regionalität, wie im Falle eines Speiseeises, das der Händler auf den Weg brachte: das einzige Industrieeis *made in Austria* aus Zutaten, die fair, bio und möglichst regional sind. »Das neue Bio ist für viele Kunden die Regionalität«, bestätigt der in der Marktforschung tätige Psychologe Ralf Weinen den Trend. Daraus ergibt sich ein gewisser Widerspruch zu Fairtrade, dessen Geschäftsmodell im Kern ja aus dem Bezug von Rohstoffen aus fernen Entwicklungsländern besteht.

Dafür ist Fairtrade bekannt geworden – so bekannt sogar, dass man die fairen Siegelorganisationen leicht für größer hält, als sie sind. Denn es handelt sich dabei um Scheinriesen: Angesichts ihres hohen Bekanntheitsgrades und der Milliardenumsätze mit fairen Produkten denken viele, dass es riesige Organisationen sein müssen. Entsprechend groß sind die Erwartungen, die manche hinsichtlich einer Ausweitung des Siegels an sie herantragen, von Spielzeug über Urlaub bis hin zu Prostitution.

Zwar haben die unter einem Schirm vereinten 25 Siegelinitiativen immer wieder neue Produkte in ihr Sortiment aufgenommen, aber sie blieben dabei weitgehend in dem Bereich, mit dem sie sich am besten auskennen: landwirtschaftliche Erzeugnisse wie Kaffee, Bananen, Kakao oder Zucker. Erste Schritte in andere Bereiche wurden mit der Zertifizierung von Fußbällen seit 1998 und Gold seit 2015 gemacht. Aber alle Wünsche zu erfüllen, würde die Siegelinitiativen überfordern. Wer sie besucht, trifft auf kleine Mannschaften: So arbeiten bei Fairtrade Österreich 16 Menschen, bei Max Havelaar Schweiz 38 und bei Fairtrade Deutschland 51.

Die faire Handelsidee ist längst von anderen aufgegriffen worden. Es gibt keine Studien zu diesem Nachahmereffekt, aber er kann als maßgebliche indirekte Wirkung der Fairtrade-Bewegung gewertet werden. Ein gutes Beispiel dafür ist das Fairphone, eines der wenigen fair produzierten Gebrauchsgüter. Entwickelt von der gemeinnützigen Waag Society in Holland, waren die ersten 10.000 Exemplare im Herbst 2013 zu kaufen. Der Handlungsbedarf bei Mobiltelefonen ist groß: Für ihre Herstellung werden seltene Bodenschätze wie Tantal, Coltan oder Kobalt benötigt, die wiederum oft in Konfliktregionen

abgebaut werden. Die Wahrscheinlichkeit, dass ein normaler Smart-
phonekäufer den Bürgerkrieg im Kongo finanziert, betrage 99 Prozent, hieß es beim Start des Projekts.

Für das Fairphone wird derzeit bereits fair geschürftes Coltan und
Zinn verarbeitet, und die Einzelteile werden in Asien unter fairen Bedingungen montiert; Maßstab sind die Kernarbeitsnormen der ILO,
also soziale Grundrechte wie das Verbot von Kinder- oder Sklaven-
arbeit, gleicher Lohn für gleiche Arbeit oder das Recht auf Vereini-
gungsfreiheit. Noch nicht alle Herstellungsschritte können fair genannt werden, aber die holländischen Pioniere arbeiten daran, das
schrittweise einzulösen.

FAIRE FUNDAMENTALISTEN

Zwar wollen alle Akteure des fairen Handels eine gerechte Wirtschafts-
ordnung erreichen, aber es gab und gibt immer wieder Streit über
den richtigen Weg. Grob gesagt gibt es zwei ideologische Hauptströ-
mungen: eine »reformistische« und eine »radikale«.[6]

Die radikalen Kritiker lehnen die existierende wirtschaftliche Globalisierung und entsprechend zentrale Organisationen wie den Internationalen Währungsfonds (IWF), die Weltbank oder die Welthandelsorganisation (WTO) grundsätzlich ab. Der globale Freihandel soll
stattdessen geschwächt und schließlich abgeschafft werden; konventionelle Handelsverhältnisse gelten als prinzipiell unfair, als sozial und
ökologisch destruktiv. Unter fairem Handel wäre somit eine neue
Handelsform zu verstehen, die dem konventionellen System so stark
entgegengesetzt ist, dass sie neue Institutionen und veränderte Prozesse bedingt.[7] Die Reformer dagegen wollen das bestehende System verbessern. Auch sie sprechen von Marktversagen und negativen
Auswüchsen und wollen diese Probleme durch eine stärkere Regulierung der Weltwirtschaft auf allen Ebenen angehen. Fairer Handel
gilt hier sozusagen als systemkonforme Lösung für das Versagen
der konventionellen Marktwirtschaft.

Die Uneinigkeit beider Lager bremse die beteiligten Protagonisten,
urteilt Ceval im Abschlussbericht seiner vom fairen Handel selbst in
Auftrag gegebenen Studie: »Innerhalb der Fair-Handels-Bewegung

[bestehen] selbst noch Möglichkeiten, um die Wirksamkeit der Arbeit im fairen Handel zu steigern und damit zu weiteren gesellschaftlichen Veränderungen beizutragen.« Potenzial gebe es unter anderem in einer stärkeren strategischen Abstimmung sowie einer stärkeren strategischen Zusammenarbeit mit anderen (zivil-)gesellschaftlichen Akteuren.[8]

Andererseits lassen sich gehörige Widersprüche des kapitalistischen Wirtschaftssystems nicht negieren, zum Beispiel zwischen der Finanzwirtschaft und der Realwirtschaft. Selbst überzeugte Kapitalisten schlagen Alarm, zum Beispiel Rana Foroohar, Kolumnistin bei der erzliberalen Financial Times. Die Finanzwirtschaft ziehe den Sauerstoff aus der Realwirtschaft, selbst Weltkonzerne gäben sich zahm gegenüber der Finanzindustrie. »Wir brauchen ein radikal anderes Marktgleichgewicht zwischen Finanzwirtschaft und Realwirtschaft, das für besseres und nachhaltigeres Wachstum sorgt«, schreibt sie in *Makers and Takers*, einem Sachbuch über die Fehlentwicklung des Kapitalismus.[9] Angesichts der Kontrolle, die das Finanzwesen über unsere Wirtschaft und unsere Gesellschaft ausübe, sei dieser Diskurs nicht leicht in Gang zu bringen.

Igal Elfezouaty, Besitzer der Blumenfarm Panda Flowers in Kenia, bestätigt das. Morgens warteten am Haupteingang regelmäßig 100 bis 200 Menschen, die dringend Arbeit brauchten, erzählt er. Zwar entwickle sich die Wirtschaft in Kenia derzeit gut, doch angesichts des rasanten Bevölkerungswachstums und der hohen Arbeitslosenrate von 40 bis 50 Prozent sei die Jobkonkurrenz groß. Das betrachtet der fair agierende Unternehmer als Hauptursache dafür, dass die Arbeitsstandards vielfach zu wünschen übrig lassen: »Es findet sich immer jemand, der für weniger Lohn arbeitet«, sagt er. Im Kapitalismus gehe es nun einmal darum, effizienter zu produzieren, möglichst wenig für Arbeit auszugeben. Jedoch: »Es ist ein Nullsummenspiel, wenn man permanent versucht, die Kosten zu senken.« Elfezouaty ist sich darüber im Klaren, dass er »Teil des Systems« ist.

Fairtrade kann politisch eingeführte, gerechte Regeln in der Weltwirtschaft nicht ersetzen. Doch er hilft immerhin vielen Einzelnen und Gemeinschaften, mit den bestehenden besser zurechtzukommen.

Bei der Gründung von Max Havelaar Holland 1988 war das faire Siegel das einzige seiner Art. Heute gibt es zahlreiche Labels, Standards und Zertifizierungen, mit denen einzelne Unternehmen oder Branchen demonstrieren wollen, dass sie sich fair verhalten. Hintergrund dafür ist vor allem, dass Missstände in der globalen Arbeitsteilung von Medien, Organisationen oder Aktivisten aufgedeckt und angeprangert wurden. Naomi Klein mit ihrem Buch *No Logo!*, NGOs wie Greenpeace oder Bündnisse wie die Kampagne für Saubere Kleidung haben die Konzerne herausgefordert.

Zunächst verwiesen die Unternehmen darauf, dass sie für die Bedingungen bei den Zulieferern nicht verantwortlich seien, es sich um ganz gewöhnliche Vertragsbeziehungen handele. Als der Druck der Zivilgesellschaft zunahm, reagierten sie. Vor allem, um eine gesetzliche Regulierung durch Staaten zu verhindern, propagierten sie nun Konzepte freiwilliger Verantwortung. Reihenweise gaben Konzerne sich einen Verhaltenskodex, einen sogenannten *Code of Conduct*, in dem sie die für ihre Lieferbeziehungen geltenden Regeln definierten und diese Verträgen zugrunde legten. Darin betonten sie eigentlich Selbstverständliches und andernorts schon vielfach Niedergeschriebenes wie das Verbot von Zwangs- und Kinderarbeit sowie die Einhaltung von Menschen- und Arbeitsrechten in den Fabriken. Sie verhielten sich wie Bürger, die in einer Selbstverpflichtung erklären würden, in Zukunft bei Rot an der Ampel stehen zu bleiben.

Bedeutsam sprechen Konzerne heute von *Corporate Social Responsibility* (deutsch: unternehmerische Gesellschaftsverantwortung oder auch unternehmerische Sozialverantwortung) und schreiben blumige Nachhaltigkeitsberichte. Vorreiter in Sachen CSR waren der US-Sportartikelhersteller Nike und der niederländische Ölkonzern Shell, die wegen unschöner Machenschaften in den 1990er-Jahren ins Visier von Aktivisten geraten waren.

Als sich an den beklagenswerten Verhältnissen in der globalen Arbeitsteilung jedoch nichts änderte, der öffentliche Druck wuchs und politische Regulierungen drohten, schlossen sich Unternehmen zu Brancheninitiativen zusammen, um wiederum freiwillige Verbesserungen durchzusetzen. 1999 wurde von Generalsekretär Kofi Annan sogar auf Ebene der Vereinten Nationen eine solche Vereinbarung ins Leben gerufen, der UN-Global Compact. Damit sollte die Globalisierung sozialer und ökologischer werden. An den Missständen änderte auch das alles erst einmal nichts, regelmäßig wurden neue aufgedeckt. Erst auf anhaltenden Druck der Zivilgesellschaft begannen die Unternehmen schließlich, die Zustände in ihren Lieferketten von Dritten überprüfen zu lassen; es entstand eine regelrechte Prüfindustrie. Als es bei überprüften Firmen zu Katastrophen kam, wie beim Zusammensturz der Textilfabrik Rana Plaza in Bangladesch mit 1.130 Toten, kamen die Prüfinstitute selbst in die Kritik.

Wer sich im Süden umschaut, entdeckt oft eine hässliche Realität, ob Kinderarbeit, Ausbeutung oder lebensgefährliche Arbeitsbedingungen. Nur wenige Manager und Eigentümer lenken ihre Firmen auf einen echten Pfad der Ökologie und des sozialen Ausgleichs. Bei vielen scheint der Wille zur Veränderung schlagartig zu erlöschen, wenn Geld dafür ausgegeben werden müsste. Dafür gehen sie sogar hohe Risiken ein. Bestes Beispiel ist die Manipulation der Fahrzeuge zur Einhaltung der Umweltnormen bei Autokonzernen wie Volkswagen, Daimler, Fiat und Peugeot-Citroën, die einen schweren Imageschaden verursacht hat.

CSR sei ein Mythos, sagen Aktivisten und Wissenschaftler in einem gleichnamigen Buch.[10] Wer auf freiwillige Verhaltensänderungen der Unternehmen setzt, übersieht die Kraft der aktuell wirksamen ökonomischen Mechanismen. Wenn eine am Kapitalmarkt notierte Firma ausschert und Schäden an Mensch und Umwelt zu vermeiden sucht, läuft sie unter den gegebenen Bedingungen Gefahr, aus dem Markt gedrängt zu werden – gegenüber den Konkurrenten, die alle legalen Möglichkeiten zur Gewinnmaximierung ausschöpfen, dürfte ihre Rentabilität zumindest vorübergehend sinken.[11] Unser Wirtschaftssystem ist einseitig auf die kurzfristige Vermehrung des Geldkapitals ausgerichtet und blendet das Arbeitskapital, das Naturkapital und das Gemeinwohl viel zu oft aus.

Seit vor vierzig Jahren die ersten Aktivisten in Europa Ideen zum fairen Handel umsetzten, haben sich die Rahmenbedingungen der Wirtschaft – in der auch der faire Handel agiert – enorm gewandelt. Das

Original des fairen Handels ist selbst auf Wachstum angewiesen, um sich darin behaupten und weiter funktionieren zu können. Regelmäßig steht er in seiner heutigen Form – verkörpert von den Siegelorganisationen – in der Kritik.

Wer sich in den 1960er-Jahren in Europa für einen gerechteren Handel einsetzte, wünschte sich eigentlich gerechte Welthandelsregeln zwischen den Staaten aus dem Norden und dem globalen Süden. Im kleinen Maßstab demonstrierte der alternative Handel ab Anfang der 1970er-Jahre, wie die Wirtschaftsbeziehungen zwischen Norden und Süden gerechter gestaltet werden können. Die faire parallele Handelswelt, die Aktivisten damals schufen, existiert bis heute. Grundlegend verändert haben die Dritte-Welt-Bewegung und der alternative Handel das Wirtschaftssystem jedoch nicht, und mit der Zeit schrumpfte die Bewegung. Wegen der anhaltenden Not der Kleinbauern kam es zu einer Handelsausweitung und einem damit verbundenen Paradigmenwechsel. Aber das brachte ganz neue Herausforderungen mit sich. Neben der beschriebenen Marktkonkurrenz war das vor allem die Gefahr, zum unfreiwilligen Helfer von *fair washing* zu werden. Während der alternative Handel aus einer Position der klaren Abgrenzung heraus stets konsequent und allein seinen eigenen Maßstäben verpflichtet agieren konnte, wollten die Siegelinitiativen mit konventionellen Herstellern und Händlern ins Geschäft kommen, was Kompromisse erforderte.

»Es gibt einen Zielkonflikt zwischen Verbreitung und Vertiefung«, sagt Edeltraud Novy, viele Jahre ehrenamtlicher Vorstand bei Fairtrade Österreich. Wenn man sich einmal mit den großen Einzelhandelskonzernen einlasse, könne man nicht mehr sein eigenes Spiel weiterspielen. Natürlich gehe man das Risiko ein, dass Hersteller und Händler nur wenige Waren fair verkauften und ansonsten weitermachten wie bisher, sich also nur ein »soziales Mäntelchen« umhängten. Schließlich verkauften sich manche Produkte auch einfach besser, wenn man sie mit einer Kinderarbeitsfrei-Garantie und einem Fairtrade-Siegel anpreisen könne. »Deshalb ist die Kontrolle der Aktivitäten durch einen Vorstand, der vor allem die entwicklungspolitische Seite im Blick hat, wichtig«, sagt Novy.

Langjährige Verfechter der Fairtrade-Idee wie die US-Kooperative Just Coffee beschreiben das gleiche Problem: »Die konventionellen Röster stehen Schlange, um das Fairtrade-Siegel zu bekommen. Das Problem ist, dass sie das Siegel wollen, ohne ihre Geschäftspraktiken zu verändern […] und immer noch den Großteil ihres Kaffees zu niedrigsten Preisen kaufen, während sie das Fairtrade-Siegel für den kleinsten Teil ihres Sortiments benutzen. Sie wollen Kapital aus dem Symbol schlagen, ohne sich für das zu verpflichten, wofür es steht.« Dann gibt es fairen Kaffee eben auch bei Starbucks oder Nestlé – als Ausnahme. Das ist von Vorteil für die Bauern, die davon profitieren. Aber an der Situation der großen Masse der Kaffeebauern ändert sich nichts, sie leben weiter in Armut.

ZWISCHEN KLISCHEE UND REALITÄT

Von den Medien wird das Thema fairer Handel regelmäßig aufgegriffen. Wie oft bei neuen gesellschaftlichen Vorhaben, stellten sie anfangs die Idee und die Ziele der Pioniere dar, so auch bei der Gründung der Siegelorganisationen. Später gingen Journalisten ihrer gesellschaftlichen Wächterfunktion nach und überprüften – mancher war entsetzt.

Dreißig Jahre hatte Dieter Overath nichts vom Patenonkel seines Bruders gehört, bis dieser auf einen *ZDF*-Bericht hin beunruhigt zum Telefonhörer griff: »Soll isch dat glöwe, dat du Betrügereien machst?« Das konnte Overath ruhigen Gewissens verneinen, aber der betreffende Bericht raubte auch ihm in diesen Tagen im Jahr 2000 den Schlaf. Die Idee des fairen Handels sei gut, aber die Ausführung schlecht, so das Fazit des *ZDF*-Magazins *Frontal*. Es ging um die ghanaische Kakaokooperative Kuapa Kokoo Ltd., von den Siegelinitiativen gern als Beispiel angeführt, wenn sie auf ihre Arbeit aufmerksam machen wollten. Nun wurde eine für den fairen Handel vernichtende Rechnung aufgemacht, ausgerechnet anhand eines Produkts der Gepa, des Urgesteins der Bewegung. »Die nackten Zahlen: Über Leckereien in deutschen Läden kassiert Transfair für jeden Sack Kakao umgerechnet etwa 100 Mark an Lizenzgebühren. Den Bauern in Ghana geben sie davon ganze 10 Pfennige ab. 100 Mark ins eigene

Täschchen, einen Groschen für den kleinen Bauern [...] Und selbst diesen lächerlichen Groschen hat uns kein Bauer bestätigt.« Die Botschaft war unmissverständlich: Ausgerechnet die Organisationen, die armen Bauern Hilfe und einen fairen Umgang versprachen, sollten sich selbst bereichert haben. Overath war dem Reporter bei einigen Fragen für den Beitrag Antworten schuldig geblieben, etwa im Hinblick auf die Projekte, die mit der Fairtrade-Prämie bei der Kooperative finanziert worden sein sollten. Es hagelte Hunderte Protestbriefe, einige Großabnehmer lösten Vereinbarungen auf, der Verein geriet in eine Glaubwürdigkeitskrise.[12]

Transfair ging in die Offensive und legte sich mit dem *ZDF* an, klagte auf Gegendarstellung, weil man sich durch Vorwürfe, Kakaobauern in Ghana bekämen kaum Geld aus dem fairen Handel und die Organisation bereichere sich an den Lizenzgebühren, zu Unrecht an den Pranger gestellt sah. Es kam zum Prozess vor dem Kölner Landgericht, bei dem beide Seiten Federn lassen mussten. Die Richter verboten dem Sender die Behauptung, dass die Gepa Kakaobauern in Ghana nicht korrekt bezahlt habe, unter Androhung einer halben Million D-Mark Ordnungsgeld bei Zuwiderhandlung. Damit war aus Sicht von Transfair der wichtigste Punkt vom Tisch. Alle anderen Punkte der Klage wies das Gericht ab, weil es sich um Meinungsäußerungen und nicht um Tatsachenbehauptungen handele.[13]

BLINDE FLECKEN

Gewöhnlich lächeln die Menschen, die für fair gehandelte Produkte werben, ob es der Kakaobauer aus Ghana ist, die Kaffeebäuerin aus Guatemala oder der Baumwollbauer aus Indien. Wer sich vor Ort umschaut, findet jedoch oft sehr bescheidene Lebensumstände vor und nicht wenige Probleme. Da sich der faire Handel wie beschrieben als Entwicklungsmodell begreift, ist das allein noch nicht überraschend; Missstände in Kooperativen oder Plantagen zu finden, ist keine Kunst. So ist etwa Kinderarbeit beim Kakaoanbau weit verbreitet, und es wäre daher falsch zu behaupten, dies könne es bei Fairtrade nicht geben, sagt Nadja Lang, bis April 2017 Geschäftsleiterin bei Max Havelaar Schweiz: »Wir würden damit suggerieren, wir hätten das Problem vollständig unter Kontrolle.« Neben den Fairtrade-Standards, die ausbeuterische Kinderarbeit verbieten, und regelmäßigen Kontrollen sei die stetige Verbesserung der Situation entscheidend, also vor allem eine Bekämpfung der Armut. Denn diese ist die Ursache für die Kinderarbeit.

Flocert führte 2015 insgesamt 2.411 Audits durch, davon 125 unangekündigte Kontrollen. Insgesamt hielten die Prüfer 17.000 Verstöße fest.[14] Was passiert in so einem Fall? Jeder Verstoß kann prinzipiell zum Ausschluss und damit zu einem Entzug der Zertifizierung führen, was auch regelmäßig geschieht.[15] Im Jahr 2012 suspendierte Flocert 141 Produzentenorganisationen – sie dürfen keine Fairtrade-Verträge mehr mit neuen Handelspartnern unterzeichnen oder mit einem Fairtrade-Zertifikat für sich werben. 35 Produzentenorganisationen wurde in dem Jahr das Zertifikat entzogen, sie mussten umgehend den Verkauf fairer Erzeugnisse einstellen. Im gleichen Zeitraum wurden 41 Händler suspendiert, von denen zwölf das Zertifikat abgeben mussten. Wer wegen Verstößen ausgeschlossen worden ist, kann nach einem Jahr einen Antrag auf Wiederaufnahme stellen.

Aber es gibt tatsächlich auch unnötige Fehler im Fairtrade-System selbst, wie 2013 in der vom Fernsehsender *Arte* ausgestrahlten Dokumentation »Der faire Handel auf dem Prüfstand« geschildert. Dabei zeigte sich ein blinder Fleck des Systems: Die Lebens- und Arbeitsbedingungen von Wanderarbeitern fielen schlicht durchs Sieb des Ansatzes – hier gab es gewissermaßen einen blinden Fleck. Die Reporter zeigten dies am Beispiel der Ausbeutung haitianischer Wanderarbeiter auf Fairtrade zertifizierten Bananenplantagen im Nachbarland Dominikanische Republik. Abhilfe zu schaffen sei notwendig, aber schwierig, reagierte der faire Handel, und gab zu, dass bisher zu wenig getan worden sei, um diese Arbeiter zu schützen.

Wie eine Bombe schlug dann 2014 eine Studie der Universität London ein, die zu dem Schluss kam, dass man als Hilfsarbeiter auf konventionellen Plantagen mitunter sogar besser dran sei als in fair zertifizierten genossenschaftlichen Betrieben; jedenfalls gemessen an zentralen Aspekten wie Lohn, Zugang zu Sanitärenanlagen oder medizinischer Versorgung.[16]

Man unterstelle dem fairen Handel keine Absicht, so Bernd Müller, Mitautor der Studie. Aber man müsse feststellen, dass der faire Handel bislang versäumt habe, für solche Hilfsarbeiter für bessere Bedingungen zu sorgen. Der Verein werde in diesen Fällen nicht seinem Anspruch gerecht, die Armut zu reduzieren. Weitere Kritik der Forscher: Arbeitern bliebe häufig der Zugang zu Krankenhäusern, Schulen oder Toiletten und Duschen verwehrt, obwohl deren Bau sogar ganz oder teilweise mit den Fairtrade-Prämien bezahlt worden sei. Das sei eine »Zweckentfremdung« der Gelder.[17]

Der faire Handel widersprach den Wissenschaftlern und kritisierte – teils zu Recht – methodische Mängel. Verwiesen wurde außerdem auf Beispiele aus dem Fairtrade-Universum, wo Kleinbauernkooperativen ihre Hilfsarbeiter wesentlich besser behandeln. Laut Gepa zahlt beispielsweise die guatemaltekische Kaffeekooperative Fedecocagua ihnen einen Lohn, der über dem lokalen Niveau liegt.

Die US-Ethnologin Sarah Besky, die immer wieder auf Teeplantagen im indischen Darjeeling lebte, stellte die Wirkung des fairen Handels für dortige Plantagenarbeiter in ihrem Buch *The Darjeeling Distinction* in Frage: Es mache überhaupt keinen Unterschied, ob jemand auf einer Bioplantage arbeite oder auf einer Fairtrade-Plantage, für den heimischen Markt oder für den Export; weil die Löhne gesetzlich festgelegt seien und niemand mehr bekomme. »Auf den Plantagen in Darjeeling bedeutet Fairtrade für viele Arbeitskräfte gar nichts«, sagt sie der *Rhein-Neckar-Zeitung*.[18] Der Fairtrade-Aussteiger Ndongo Sylla, heute für die linke Rosa-Luxemburg-Stiftung tätig, erhob in *The Fairtrade Scandal* sogar den Vorwurf, die Wirtschaft habe den fairen Handel gekapert.[19]

Solche Kritik, manchmal auch von Medien wie dem Spiegel oder der Zeit aufgegriffen, hat einen wichtigen Prozess in Gang gesetzt: Der faire Handel beschäftigt sich heutzutage wesentlich stärker damit, wie sich seine Arbeit vor Ort auswirkt. Dennoch bleibt die Diskrepanz zwischen dem in Werbebotschaften vermittelten Fairtrade-Bild und der Realität vor Ort ein Stein des Anstoßes. Von einem »Geburtsfehler« der Siegelorganisationen spricht Pionier Martin Kunz in dem Zusammenhang, »da habe er sich mitschuldig gemacht«.

Rückblickend hält er es für einen Fehler, dass ein Produkt als fair ge-siegelt wird und man entsprechend von »fairem« Kaffee, Tee oder Orangensaft spricht. Entscheidend sei doch, dass die Arbeit unter fairen Bedingungen erfolge, die zur Herstellung eines Produkts führe. »Der Inhalt des fairen Handels besteht letztlich aus den Bedingun-gen, unter denen ein Produkt erzeugt wurde, das heißt aus dem Prozess, nicht aus dem Erzeugnis«, schrieb Kunz 1999 in *Fair Trade*.[20] Sinnvoller sei es deswegen, den Umfang der Arbeitsleistung zu mes-sen, die nach den Kriterien des fairen Handels erfolgten.

Kunz verdeutlicht dies anhand von Kaugummi. Der wichtigste Be-standteil sei natürliches Chicle aus Mexiko, allerdings habe diese Kaumasse am Produkt einen Anteil von deutlich unter 50 Prozent. Gewichtsmäßig folge dann an zweiter Stelle der Zucker. Beim Arbeits-anteil sei das Verhältnis jedoch umgekehrt: Der Kautschuk wird von Bäumen gewonnen, indem die Chicle-Zapfer diese ritzen. Ein Samm-ler kommt jährlich auf etwa 300 Kilogramm. Dagegen komme der philippinische Kleinbauer auf etwa drei Tonnen Zucker pro Person und Jahr, in Zentralamerika seien es sogar bis zu 30 Tonnen. »Wenn der Arbeitsanteil der beiden Produktbestandteile verglichen wird, fällt die Rechnung mit 90 Prozent oder noch höher zugunsten von Chicle aus.«[21] Nach diesem Bewertungsmodell sei der erste fair gehan-delte Kaugummi mit Sicherheit ein Fairtrade-Produkt, während es nach den Volumenanteilen nicht als solches berücksichtigt werden könne. Faire Arbeitsbedingungen zu messen, kann also ganz schön kompliziert sein.

DEN LETZTEN BEISSEN DIE HUNDE

Grundsätzlich beruht unser Wohlstand auf Arbeitsteilung, nach dem Motto: Wenn jeder das tut, was er am besten kann, profitieren davon am Ende alle, weil mit weniger Aufwand bessere und mehr Produkte und Dienstleistungen hergestellt werden. Und wenn mehr herge-stellt wird, gibt es auch mehr zu verteilen, sodass der Lebensstan-dard der Menschen steigen kann. Ohne Arbeitsteilung wäre jeder von uns tagaus tagein damit beschäftigt, die elementaren Lebens-bedürfnisse zu befriedigen.

Heute hat sich indes eine Produktionsweise etabliert, bei der ein Großteil der ausgelagerten Tätigkeiten wiederum an andere Firmen abgegeben wird, die ebenso verfahren. So entstehen lange Lieferketten bei der Beschaffung und Produktion. Davon profitieren in erster Linie die Konzerne, die am Ende die fertigen Produkte unter ihrem Namen verkaufen, also die Apples, Daimlers und H&Ms dieser Welt.

Der Siegeszug dieser Wirtschaftsweise wirkte sich extrem auf die Arbeitenden aus, weil die Konzerne mit jeder Auslagerung nicht nur Produktion abgaben, sondern auch Verantwortung. Gleichzeitig machten sie jedoch Vorgaben hinsichtlich der Preise und der Produktivität, was sich stark auf die Art und Weise des Arbeitens entlang der Produktionsketten auswirkt. Den Letzten beißen die Hunde: Die Firmen am Anfang der Produktionskette stehen bei diesem System am stärksten unter Druck. Sie kommen häufig nur über die Runden, indem sie Beschäftigte ausbeuten.

Für den fairen Handel bleibt also eine Menge zu tun: In der Landwirtschaft – seinem bisherigen Schwerpunkt – bleibt es eine gewaltige Aufgabe, Kleinbauern zu helfen. Es stellt sich aber auch die Frage, ob der faire Handel künftig nicht stärker im Industrie- und Dienstleistungsgewerbe Fuß fassen sollte, um zu demonstrieren, dass auch hier ein fairerer Umgang mit den Beschäftigten möglich ist.

1 Bäthge, *Verändert der Faire Handel die Gesellschaft?*, a.a.O., S. 124
2 Bureau d'Analyse Societale pour und Information Citoyenne (BASIC), »Wer hat die Macht? Machtkonzentration und unlautere Handelspraktiken in landwirtschaftlichen Wertschöpfungsketten«, Hrsg. Fair Trade Advocacy Office, Plate-Forme Franchise du Commerce Equitable, Traidcraft und Fairtrade Deutschland, 2015
3 »The power is in the hands of the consumer«, in: *The Guardian*, 21.11.2011
4 Christiane Grefe, Michael Thumann, »Jeder muss umdenken«, in: *Die ZEIT*, 12.6.2014
5 Bäthge, *Verändert der faire Handel die Gesellschaft?*, a.a.O., S. 142ff
6 Carole Schaber, Geert van Dok, *Die Zukunft des fairen Handels*, Luzern 2008, S. 51
7 ebd.
8 Bäthge, *Verändert der faire Handel die Gesellschaft?*, a.a.O.
9 Rana Foroohar, *Makers and Takers: The Rise of Finance and the Fall of American Business*, New York 2016

10 *Mythos CSR. Unternehmensverantwortung und Regulierungslücken*, Hrsg. Gisela Burkhardt, Bonn 2011

11 Deutscher Bundestag, Drucksache 17/13916

12 Catharina Retzke, »Fair Trade, Fakten II«, in: *Tageszeitung*, 30.9.2000

13 Jürgen Schön, »Transfair gehandelt«, *Tageszeitung*, 13.7.2000

14 Flocert, Annual Report 2015

15 Flocert, Zertifizierung Standardverfahren, gültig ab 13.1.2017

16 *Fairtrade, Employment and Poverty Reduction in Ethiopia and Uganda*, Hrsg. University of London, School of Oriental and African Studies (SOAS), London 2014

17 Stefanie Köhler, »Wie fair ist der faire Handel wirklich?«, in: *Stuttgarter Nachrichten*, 27.6.2014

18 Theresa Leisgang, »Fairtrade kann am Lohn auf Plantagen nichts ändern«, in: *Rhein-Neckar-Zeitung*, 27.05.2016, siehe auch: Sarah Besky, *The Darjeeling Distinction: Labor and Justice on Fair-Trade Tea Plantations in India*, Berkley 2013

19 Ndongo S. Sylla, *The Fair Trade Scandal. Marketing Poverty to Benefit the Rich*, London 2014

20 Kunz, *Fair Trade,* a.a.O.

21 ebd.

Kapitel 7 | Die Zukunft des fairen Handels

»In zwanzig bis dreißig Jahren wird ein Arbeiter in Österreich mehr mit einem Arbeiter in Indien gemeinsam haben als mit einem Rechtsanwalt in Österreich.« *Hartwig Kirner, Geschäftsführer Fairtrade Österreich*

Die meisten Menschen bestreiten ihren Lebensunterhalt aus dem Lohn für ihre Arbeit. Glücklich schätzen kann sich, wessen Fähigkeiten gerade auf dem Arbeitsmarkt gefragt sind. Häufig ist dies nämlich nicht der Fall – dann konkurrieren Menschen um ein begrenztes Angebot an Arbeit. Die Situation kommt Unternehmern gelegen, und oft nutzen sie sie aus.

Die industrielle Revolution bot im 18. Jahrhundert in England so eine Gelegenheit. Die Erfindung der Dampfmaschinen und die Nutzung der Kohle als Energiequelle ermöglichte den Bau der ersten Fabriken. Gleichzeitig drängten viele Menschen vom Land in die neu entstehenden englischen Industriestädte wie Manchester, weil sie kein ausreichendes Auskommen mehr als Kleinbauern oder Betreiber von Manufakturen hatten. Damals setzte in England und dann in anderen europäischen Regionen eine Landflucht ein, wie wir sie heute aus Entwicklungsländern kennen.

Bald regte sich Widerstand gegen die elenden Arbeitsbedingungen in den Fabriken, zunächst in England und dann auch in anderen Ländern, die industrialisiert wurden, ob in Deutschland, Italien, Österreich oder der Schweiz. Arbeiter organisierten sich in Gewerkschaften, um gemeinsam für eine bessere Bezahlung zu kämpfen. Und Regierungen regelten erstmals den Arbeitsmarkt: Sie erließen Vorschriften über eine maximale Arbeitsdauer, über Sicherheitsvorkehrungen in Fabriken, z.B. Brandschutz, und oft machten sie auch eine Vorgabe für die minimal zulässige Entlohnung.

Heute gibt es gesetzliche Mindestlöhne in mehr als 90 Prozent aller Staaten. Dennoch haben die wenigsten auf der Welt Anspruch auf einen gesetzlichen Mindestlohn, denn er gilt nicht für Selbständige, die gerade in Entwicklungsländern die Masse der Arbeitenden bilden, ob als Kleinbauern, Handwerker oder Händler.

Abhängig Beschäftigte, die bisherigen Nutznießer gesetzlicher Mindestlöhne, sind gerade im globalen Süden eine Minderheit. Ein sogenannter Living Wage – also existenzsichernder Mindestlohn – soll dagegen alle Beschäftigten erfassen. Außerdem muss er ausreichend hoch sein, sodass eine Familie damit ihre Grundbedürfnisse decken kann. Man würde vermuten, dass der Gesetzgeber Mindestlöhne ohnehin so definiert, aber das ist ein Irrtum. Ob in den USA, vielen Staaten Osteuropas oder in Lateinamerika, Asien oder Afrika: In fast allen Ländern reichen die gesetzlichen Mindestlöhne nicht für die Deckung der Grundbedürfnisse. Darum gibt es eine globale Diskussion über existenzsichernde Löhne, und sie beeinflusst auch den fairen Handel.

VON DER ARBEIT LEBEN

»Existenzsichernde Löhne sind der Königsweg«, sagt Hartwig Kirner, Geschäftsführer von Fairtrade Österreich, angesprochen auf die Zukunft des fairen Handels. Das ist neu. Noch vor Kurzem begnügte sich Fairtrade in seinen Vorgaben mit der Zahlung gesetzlicher Mindestlöhne. Kleinbauern sind davon nicht betroffen, weil für sie Mindestpreise und Prämien die entscheidenden ökonomischen Stellschrauben sind. Die Plantagenarbeiter jedoch, deren Arbeitsbedingungen der faire Handel seit den 1990er-Jahren zertifiziert, würden von der Idee profitieren. Hat Fairtrade zu lange an dem Konzept gesetzlicher Mindestlöhne festgehalten? »Von außen betrachtet könnte man zu dem Schluss kommen«, sagt Norbert Dreßen, Aufsichtsratsmitglied bei Transfair, und spricht von einem Lernprozess: »Ursprünglich gingen wir davon aus, dass schon viel gewonnen wäre, wenn Arbeitende den gesetzlichen Mindestlohn bezahlt bekämen, mehr hielten wir ohnehin für unrealistisch.« Man sei der Überzeugung gewesen, dass gesetzliche Mindestlöhne existenzsichernd seien – und habe festgestellt, dass man sich geirrt habe.

Fairtrade International verankerte existenzsichernde Löhne erstmals 2012, in seinem Standard für abhängig Beschäftigte. Allerdings machte man den Produzenten keine zeitlichen Vorgaben für die Umsetzung, wodurch die Durchschlagskraft schwach blieb, wie schon bei anderen Standards. Zwei Jahre später verschärfte Fairtrade darum die Vorgaben: Die Zahlung existenzsichernder Löhne ist nun Bedingung für die Nutzung des Siegels. Sie kann stufenweise erfolgen. Betriebe haben maximal sechs Jahre Zeit für eine Anpassung.

Fairtrade gehört zur sogenannten ISEAL Allianz, einem internationalen Netzwerk freiwilliger Gütesiegelsysteme im Bereich nachhaltiger Entwicklung, die sich in der Global Living Wage Coalition zusammengeschlossen haben. Gemeinsam soll in diesem Zusammenschluss einer entsprechenden Entlohnung der Weg bereitet werden. Die Höhe existenzsichernder Löhne wird anhand der Ankermethode ermittelt, entwickelt von dem ILO-Ökonomen Richard Anker. Demnach sind Menschen ausreichend ernährt, wenn sie genügend Kalorien zu sich nehmen und der Mix aus Eiweiß, Fett und Kohlenhydraten ausgewogen ist. Regelmäßig berechnen Wissenschaftler mit einem standardisierten Warenkorb, was eine solche Ernährung an unterschiedlichen Orten auf der Welt kostet. Erfasst wird ebenfalls, wie hoch die Miete für eine Wohnung ist, die als menschenwürdig gilt.

Weitere Grundbedürfnisse jedes Mal empirisch vor Ort zu ermitteln wäre sehr viel aufwendiger. Die meisten Living-Wage-Konzepte errechnen deswegen die als notwendig erachteten Aufwendungen für Kleidung, Gesundheitsvorsorge, Bildung, Transport, sauberes Trinkwasser oder Sparen aus einer bestimmten Relation zu den Kosten für Ernährung.[1] Ihr pragmatisches Vorgehen rechtfertigen die Mitglieder der Global Living Wage Coalition mit dem empirisch belegbaren Trend, demgemäß bei steigendem Einkommen die Ausgaben für Ernährung proportional einen immer geringeren Anteil einnehmen: Je ärmer Menschen sind, desto mehr geben sie im Verhältnis zu ihrem Einkommen für Ernährung aus.

Noch ist der faire Handel weit entfernt von der Zahlung eines Living Wage. Im Bereich Textilindustrie, wo die Initiative seit 2016 aktiv ist, könnte sich das bald ändern.

VOM FELD IN DIE FABRIK

Um ein Oberhemd herzustellen, braucht es – ganz von Anfang an gerechnet, vom Aussäen der Baumwolle bis zum Annähen des letzten Knopfes – etwa 140 Arbeitsschritte. Sie finden je nach Produkt in sieben bis acht Industriebetrieben statt. Entsprechend viele Menschen sind beteiligt, als Bauern, Färber, Spinner oder Näher. Viele von ihnen arbeiten unter miesen, wenn nicht gefährlichen Bedingungen und für einen erbärmlichen Lohn. Das ist hinlänglich bekannt und wird jedes Mal Thema, wenn es irgendwo zu einem Unglück kommt oder besonders skandalöse Zustände aufgedeckt werden.

Die Komplexität der Lieferkette musste lange als Entschuldigung dafür herhalten, dass Unternehmen und Handel keine wesentlichen Verbesserungen für die Beschäftigten in den Textilbetrieben einführten, deren Notwendigkeit sie zumindest nicht mehr bestritten. Hinderlich war auch das Henne-Ei-Spiel zwischen Lieferanten im Süden und Abnehmern im Norden: Die einen wollten erst dann mit Verbesserungen loslegen, wenn sie ausreichend Aufträge der Marken und des Handels bekommen hätten; die anderen wiederum wollten erst einmal sichergestellt wissen, dass höhere Preise auch als Lohnerhöhungen bei den Arbeitern ankommen. Weil keine Seite in Vorleistung gehen wollte oder konnte, geschah meistens gar nichts.

Die Missstände in der Textilindustrie haben diverse Organisationen auf den Plan gerufen, insbesondere die Kampagne für saubere Kleidung, eine Koalition aus NGOs und Gewerkschaften, die 1990 in den Niederlanden wegen Missständen bei C&A gegründet worden war. Auch seitens einzelner Unternehmen, Branchen oder sogenannter Multi-Stakeholder-Gruppen – gemischten Bündnissen aus Wirtschaft, Politik, Gewerkschaften und NGOs – wurden diverse Standards ins Leben gerufen, die soziale und ökologische Verbesserungen zum Ziel haben. Solche Ansätze konzentrieren sich auf die erste und die letzte der sieben- bis achtstufigen textilen Produktionskette: die Erzeugung der Baumwolle und die Konfektionierung. Wenn Fairtrade International seinen Plan verwirklicht, können Verbraucher demnächst Waren kaufen, die aus einer komplett fairen Produktionskette stammen.

»Noch ist der Standard ein Papiertiger«, scherzt Rossitza Krüger, die den Standard entwickelt hat. Die studierte Textilingenieurin aus Bulgarien kennt die Arbeit in Textilbetrieben vom Jobben während des Studiums aus eigener Anschauung. Sie promovierte an der TU

Sofia über Umweltlabel und arbeitete danach viele Jahre als Auditorin. Sie prüfte unter anderem das Ökolabel des Schweizer Handelsriesen Migros. Vor fünf Jahren wechselte sie dann zu Fairtrade International, um den fairen Textilstandard zu entwickeln. Die Aufgabe ist gewaltig, die Skepsis bei Unternehmern, Politikern und NGOs groß. »Viele trauen uns das nicht zu«, sagt Krüger. Motivation bekommt sie von Menschen im Süden, von denen sie immer wieder hört: »Wer, wenn nicht der faire Handel, kann sich dieses Themas annehmen?«

Der erste Testlauf für den neuen Standard findet seit 2016 in Indien statt; Bangladesch und Äthiopien sind in Vorbereitung. Bei der Ethical Fashion Show im Juni 2016 in Berlin präsentierten sich die ersten drei Unternehmen, die den neu entwickelten textilen Standard verwirklichen wollen: 3Freunde (Konstanz), Brands Fashion (Buchholz) und Melawear (Lüneburg) – allesamt junge und kleine Firmen. Sie wollen, wie verlangt, die Löhne vom Baumwollanbau bis zur Konfektion innerhalb von höchstens sechs Jahren auf ein existenzsicherndes Niveau heben. Der anvisierte Lohn soll zwischen dem, was die Gewerkschaften vor Ort fordern, und der Forderung der asiatischen Grundlohnkampagne liegen. In Bangladesch wären das künftig zwischen 165 Euro und 283 Euro und in Indien zwischen 195 Euro und 244 Euro monatlich; hier hat der faire Handel für die Pilotregion Tirupur den existenzsichernden Mindestlohn vorerst auf umgerechnet 206 Euro festgelegt. Allerdings geht man davon aus, dass je Familie durchschnittlich 1,5 Ernährer arbeiten, womit die Familieneinnahmen höher wären als bei der Grundlohnkampagne.

Transfair Deutschland betreut und finanziert das Projekt weitgehend federführend für Fairtrade International. Aber wie läuft die Umsetzung des Standards ganz konkret vor Ort ab, wie füllt man das Konzept mit Leben? Rossitza Krüger sucht mit den Indern Kuldeep Singh Chauhan und Shivaprassad Shetty vor Ort Antworten darauf.

Nach Tätigkeiten für verschiedene NGOs, zum Beispiel Oxfam, arbeitet Chauhan heute beim NAPP, dem Zusammenschluss der mehr als 200 Produzenten in Asien und dem pazifischen Raum, die beim fairen Handel mitmachen. Er ist als Projektleiter für die Baumwollfarmer verantwortlich. Agrarexperte Shetty hat sich schon vor Jahren als Prüfer selbstständig gemacht. Er reist kreuz und quer durch Asien und prüft, ob Farmer ökologische und soziale Standards einhalten.

Im Februar 2017 sind die drei im indischen Bundesstaat Gujarat unterwegs. Gujarat gehört zum weltweiten Baumwollgürtel, wo das »weiße Gold« gut gedeiht; es gibt hier eine alte Tradition der Verarbeitung. Meisterwerke der Teppichkunst hängen im Textilmuseum Calico in Ahmedabad, dem wirtschaftlichen Zentrum der im Norden Indiens gelegenen Region und der mit einer Bevölkerung von 5,6 Millionen Menschen fünftgrößten Stadt Indiens. Das einst weltweit führende indische Textilgewerbe erlebte sein Waterloo, als die Engländer im frühen 19. Jahrhundert den Weltmarkt mit Industrieware überschwemmten und ihren eigenen Markt gegen höherwertige indische Manufakturwaren abschotteten. In der zweiten Hälfte des 20. Jahrhunderts drehte sich das Ganze: Die industrielle Textilproduktion wanderte wegen der wesentlich niedrigeren Löhne zu großen Teilen aus Europa und Nordamerika zurück nach Asien. Heute ist Indien hinter China der zweitgrößte Textilexporteur und der fünftgrößte Bekleidungsexporteur der Welt.

Wo die Baumwolle angebaut wird, wechseln sich Felder in der flachen Landschaft mit lockerer Bebauung ab. Ein Hirte zieht mit einer Herde Ziegen vorbei, eine Gruppe Wasserbüffel steht auf einem Feld. Es ist Erntezeit, und aus den Baumwollsträuchern quellen die weißen, weichen Fasern, aus denen ein Großteil unserer Kleidung besteht, ob T-Shirts oder Jeans. Nach zwei Stunden Fahrt erreichen Krüger, Chauhan und Shetty ihr Ziel: ein Werk der Firma Omax mit einer Baumwollentkörnungsanlage und einer Ölmühle. Rund 50 Leute arbeiten auf dem Gelände. Zu der Firma gehört auch eine Spinnerei mit rund 200 Beschäftigten, einige Autominuten entfernt. Die Garne gehen von dort unter anderem nach Bangladesch, China und in die Türkei.

Seit vier Generationen ist die Familie Patel hier im Baumwollgeschäft tätig. Im mit Diwanen möblierten Besprechungsraum werden Tee und Gebäck wird gereicht. Jayesh Patel und sein Neffe Milind Patel interessieren sich für den fairen Textilstandard und haben einer Bestandsaufnahme der Arbeitsverhältnisse zugestimmt. Zwei Tage lang will sich Shetty, Spezialist für Arbeitsrechte, dafür in der Anlage umsehen und mit Beschäftigten sprechen.

Auf dem Abladeplatz steht ein Truck, bunt bemalt wie in Asien üblich. Obwohl es Winter ist, hat es 35 Grad, und die Luft ist staubig. Die die Baumwolle verladenden Arbeiter haben sich als Atemschutz Tücher umgebunden. Zwei von ihnen stehen oben auf einem vollbeladenen Wagen und schieben mit groben Rechen die Baumwolle herunter. Vier Berge weißer, flockiger Baumwolle liegen auf dem Platz, je ein gutes Dutzend Wagenladungen, sortiert nach Qualität oder Herstellungsart. Es wird unterschieden nach biologischer, konventioneller oder aus hybridem Saatgut hergestellter Baumwolle.

Traditionell beginnt die Ernte im Oktober, zu Hochzeiten kommen täglich bis zu zwanzig Lastwagen her. Jetzt im Februar, gegen Ende der Erntezeit, sind es noch fünf bis zehn Wagenladungen. Ein blauer Traktor schaufelt Baumwolle in eine Einfülleinrichtung von der Größe eines Lkw-Containers, von wo sie über ein Förderband durch eine Maueröffnung in die Fabrikhalle befördert wird. Auf ihrem Weg wird die Baumwolle mit Wasser bespritzt, um sie elastischer zu machen. Dann kommt das, was Entkörnung genannt wird: In speziellen Maschinen werden die Büschel zwischen Metallplatten gepresst, die Kapseln und Fasern trennen. Rüttelnd lässt die Maschine die Kapselreste zwischen Metallstäben durchrutschen, während die Baumwolle weitertransportiert wird. Am Ende fällt sie durch einen Trichter in eine rechteckige, sich drehende Metallform. Dabei werden die Fasern zu einem rundlich-rechteckigen Ballen zusammenpresst. Von Hand schieben zwei Arbeiter etwa ein Dutzend Kunststoffbänder unter den Baumwollballen. Diese werden automatisch um das »Paket« herumgeführt und dann mit einem Handgerät befestigt. Die Arbeiter wiegen den Ballen und bringen ihn zum Aufladeplatz.

In der Anlage lärmt es. Statt der gesetzlich erlaubten 85 Dezibel misst Shetty 92 bis 95 Dezibel. An dem Wellblechdach, den Metallstreben und den Maschinen hängt Baumwolle wie Bärte unterschiedlichster Größen; feiner Staub fliegt durch die Luft und reizt zum Husten. Manche Arbeiter tragen Tücher vorm Mund, einen professionellen

Mundschutz hat keiner. Es gibt Gefahrenquellen wie offene Keilriemen, Trichter und Gewinde. Leicht könnten sich die Frauen, die hier saubermachen, mit ihren luftigen Saris in einer Maschine verfangen und hineingezogen werden. Shetty notiert sich alles. Arbeiter und Management sagen, dass es – abgesehen von einem kleinen Feuer, bei dem aber niemand zu Schaden gekommen sei – noch keinen Unfall gegeben habe. Vom fairen Standard ist die Fabrik dennoch weit entfernt. Gibt es eine Arbeitervertretung? Dürfen sich Beschäftigte in Gewerkschaften organisieren? Näheres über die Arbeitsbedingungen und die Entlohnung herauszufinden, erweist sich als aufwendig.

Denn die Arbeiter widersprechen sich teils untereinander. Schon ins Gespräch zu kommen ist schwierig, vor allem mit den Frauen; einige verschwinden scheu, als Shetty sie befragen will. Aber drei bleiben, mit verdeckten Gesichtern. Shetty setzt sich mit ihnen in einer Lagereinfahrt auf den Betonboden und lässt sie erzählen. Sie leben mit ihren Familien in der Nähe und kümmern sich auch noch um eine kleine Landwirtschaft sowie teils um Kinder. Unklar ist zunächst, ob sie Leiharbeiterinnen sind oder angestellt. Von einer Arbeitervertretung wissen sie nichts, Unterlagen über ihre Bezahlung hätten sie keine. Das Gespräch verläuft ungestört, anders als wenig später eine Unterhaltung mit fünf verschwitzten Abladearbeitern. Im Schatten eines Lkws berichten sie von ihrem Arbeitsalltag, zunächst zögerlich, im Laufe des Gesprächs lebendiger. Kein Wunder – mit völlig Unbekannten über ihre Arbeitsbedingungen zu reden, ohne zu wissen, zu welchem Zweck, ist verunsichernd.

»Es dauert, bis die Arbeiter mir vertrauen«, sagt Shetty später. Deshalb komme er wieder und setze die Gespräche mit den Arbeitern fort. Mehrfach ist er diesmal gestört worden, erst von einem älteren Herrn auf einem Moped, dem Qualitätsprüfer für die Baumwolle, wie sich herausstellte, dann von einem Vorarbeiter, der Shetty zwei weitere Arbeiter für das Interview aufdrängen will. Er winkt entschieden ab. Es sei durchaus üblich, dass jemand versuche, »Spione« bei den Gesprächen zu platzieren, erzählt er später. Schließlich kommt der Vorarbeiter wieder und macht unverhohlen Druck, erklärt die Gespräche für beendet, weil sonst Arbeit liegen bleibe. Nach einem

Anruf beim Fabrikbesitzer bekommt Shetty noch etwas Zeit. Zwei der beteiligten Arbeiter gehen vor Beendigung des Interviews, vielleicht weil ihnen wegen der Störungen unwohl geworden ist. Von einer Arbeitervertretung in dem Betrieb hat niemand etwas gehört. Tatsächlich gibt es ein Working Committee, wie Shetty später erfährt; aber das wählen eben nicht die Arbeiter selbst, sondern es wird vom Management aus dem Kreis der Angestellten in der Verwaltung bestimmt. Für einen Prüfer kann es brenzlig werden, wenn er bislang erfolgreich vertuschte Verstöße gegen Gesetze oder Standards ans Licht bringt, wie Kinderarbeit oder Arbeitsunfälle. Manager versuchen dann häufig, ihn zu bestechen oder zu bedrohen. Shetty hat beides erlebt. Aber an diesem Tag geht es ja nur um eine unverbindliche Vorprüfung.

Mit der Zeit ergibt sich ein klareres Bild von den Verhältnissen in der Fabrik: Es gibt eine spezielle Form der Leiharbeit. Während man in Europa unter Leiharbeit gewöhnlich versteht, dass eine darauf spezialisierte Firma Beschäftigte verleiht, gibt es hier kleine Gruppen, die jeweils einem Contractor unterstehen, der sie angeheuert hat. Er selbst erfüllt als Leiharbeiter eine Funktion in dem Werk, als Aufseher »seiner« Gruppe von Arbeitern.

Shetty lässt sich von dem Mini-Arbeitsverleiher erzählen, wie das Ganze organisiert ist: Einer führt die Gruppe der Abladearbeiter, ein anderer die Gruppe der Maschinenbetreuer in der Halle und einer die Gruppe der Arbeiter, die die Baumwolle am Ende in Ballen packen und verladen. Alle drei sind gemeinsam mit den ihnen jeweils untergeordneten Arbeitern hergekommen. Sie überlegen sich ihre Antworten genau. Raju Bhai, der Arbeitsverleiher, ist selbstbewusst und will zitiert werden. Er kommt seit mehr als zehn Jahren in diese Fabrik. Im Sommer hatte er wieder einen Aufruf in den Dörfern seiner Heimatgegend gestartet, sich mit Kandidaten getroffen und eine Gruppe zusammengestellt, um zur Ernte ins mehr als 1.300 Kilometer entfernte Gujarat aufzubrechen. »Ich habe die Initiative ergriffen, also bin ich der Chef der Gruppe«, sagt er.

Um Vertraulichkeit zu gewährleisten, dürfen die Gespräche nicht elektronisch aufgezeichnet werden; Fotos sind auch nicht erlaubt.

Auch Shetty selbst fragt die Arbeiter nie nach ihren Namen. Bei den Feedbackgesprächen mit den Managern vermeide er jede Aussage, die einen Rückschluss auf Einzelne oder bestimmte Gruppen von Arbeitern erlauben würde. Das sei eine Vorsichtsmaßnahme, um Beschäftigte zu schützen, die Missstände ansprechen wollen.

Shettys Herzlichkeit ist ein wahrer Eisbrecher. In den Interviews fragt er die Arbeiter zunächst Unverfängliches, beispielsweise ob sie gefrühstückt hätten, ob sie eine Familie haben oder woher sie stammen. Später geht es um ihre Bezahlung und Sicherheitsaspekte im Betrieb. Schritt für Schritt tastet er sich zu den sensiblen Themen vor: Kinderarbeit, sexuelle Misshandlung von Frauen, Diskriminierung aus religiösen Gründen, der Frage der Organisationsfreiheit. Dann will er auch wissen, an wen sich Beschäftigte wenden können, wenn sie Probleme haben. Über zwei Tage hinweg führt er Gespräche, und manche Frage bleibt bis zum Schluss ungeklärt. Zum Beispiel ist schwer zu beantworten, was die Arbeiter genau verdienen. Sie machen unterschiedliche Angaben, aber vor allem sind ihre Lohnzahlungen nicht dokumentiert. Klar ist nur, dass sie größtenteils wohl weit von einem existenzsichernden Mindestlohn, wie ihn sich der faire Handel vorstellt, entfernt sind.

Am Rande des Fabrikgeländes steht ein dreistöckiger, uralt wirkender Betonbau. In einigen der Lüftungen stecken Stoffreste, vermutlich gegen Staub und Lärm. Es ist das Gebäude, in dem die Arbeiter wohnen. Einige Zimmer teilen sie sich zu mehreren, in anderen wohnen Arbeiter mit Familien. In einem Zimmer ist gerade mal Platz für ein Bett, einen Tisch und zwei Stühle sowie eine Kochecke; es ist beengt, aber sauber. Vor dem Haus haben Arbeiter eine weitere Kochstelle in einem provisorischen Zelt untergebracht: Aneinander genähte, etwas löchrige Jutesäcke, die auf dem Gelände für die Verpackung der Baumwollkapselreste verwendet werden, bilden zwei »Wände«. Der Rest besteht aus ausgeblichenen blauen Planen; nach einer Seite sind die Zelte offen.

Es ist zehn Uhr morgens, ein Arbeiter hockt auf dem Lehmboden und schält mit einem großen Messer Zwiebeln. Auf einem offenen Feuer wird in einem großen Topf Reis mit Zwiebeln gekocht, ein Mittagessen für zwanzig Arbeiter. Der »Koch« gehört zu den Abladearbeitern. Sechs bis acht Monate dauere die Saison, sagt er. Die Arbeit sei okay, die Trennung von seiner Familie kein Thema. Sein Leben dreht sich um elementare Fragen. In Indien sind vierzig Prozent der Menschen unter- oder fehlernährt. Das kennt man sonst nur aus den Regionen im subsaharischen Teil Afrikas.

Von Shettys Arbeit hängt viel ab – schließlich wünscht sich der faire Handel, dass sich die Firma nach dieser Vorprüfung auf den Prozess einlassen wird. Nur wenn es gelingt, Firmen zum Mitmachen zu bewegen, kann der Textilstandard überhaupt Wirklichkeit werden. Die asiatischen Firmen erhoffen sich durch den fairen Handel Aufträge von Mode- und Handelsfirmen aus dem Norden, die besser bezahlt werden als gewöhnlich. Am Ende des Tages werden auch diese Firmen über den Erfolg des neuen Ansatzes entscheiden. Jay Patel, einer der Juniorchefs: »Wir können alles liefern, aber es muss jemand bei uns vorher bestellen.« Nur dann geht der Ansatz auf, und Verbraucher können mit dem Kauf entsprechender Kleidung dafür sorgen, dass alle Arbeiter, die sie hergestellt haben, existenzsichernd entlohnt werden.

Bisher spielt der faire Handel für diesen Betrieb eine unwesentliche Rolle. Zwar liefern Bauern aus der Gegend fair und organisch hergestellte Baumwolle an, aber die Menge ist gering und nach zwei bis drei Arbeitstagen komplett verarbeitet. Eine Bezahlung nach den Vorstellungen des fairen Handels werden sich die Fabrikanten für die Arbeiter in der Entkörnungsanlage und der Spinnerei nur leisten, wenn sie ihre Anlagen durch wesentlich mehr faire Bestellungen auslasten können. Denn während sie bisher nur für die jeweilige Rohstoffmenge den vom fairen Handel vorgegebenen Mindestpreis bezahlt haben, müssen sie künftig allen Arbeitern einen existenzsichernden Mindestlohn zahlen.

Sollte sich das Familienunternehmen auf den fairen Handel einlassen, wäre dies ein Verdienst der jüngeren Unternehmergeneration. Der nicht mehr wirklich am operativen Geschehen beteiligte Seniorchef hält solche Veränderungen sichtlich für überflüssig, alles habe doch immer bestens funktioniert. Er schüttelt dem Prüferteam nur kurz die

Hand und entschwindet dann. Anders als seine Söhne und Enkel, die jetzt die Firma führen – in Jeans, Hemd und Turnschuhen – ist er traditionell gekleidet. So problembeladen die Nachfolge in Unternehmen oft ist, bietet sie doch Chancen für Neuerungen, auch in Indien. Es gibt erheblichen wirtschaftlichen Veränderungsdruck. Um das zu erkennen, genügt ein Blick auf die andere Straßenseite. Eine sehr viel größere Entkörnungsanlage steht dort still, wie ein Dutzend anderer Betriebe in der Gegend auch. Das Geschäft ist knallhart, bisweilen lohnt es sich für den Unternehmer gar nicht. Dann verlässt die entkörnte Baumwolle die Firma zum gleichen Preis, zu dem die Rohware angeliefert wurde. Die Patels sind noch dabei, weil sie außerdem eine große Spinnerei moderner Machart betreiben, wo auskömmliche Margen anfallen.

Der faire Handel verlangt von den am Textilstandard beteiligten Unternehmen völlige Transparenz bei der Offenlegung der Lieferanten, auch von Sublieferanten. Das ist ein wesentlicher Punkt, denn Sublieferanten zu beauftragen, ist eine beliebte Methode, um strenge Vorgaben in der Textilwirtschaft zu umgehen: Ein Zulieferer präsentiert sich tadellos, lässt aber die Hauptarbeit anderswo erledigen, wo katastrophale Bedingungen herrschen.

Zum Abschluss des zweitägigen »Pre-Assessement«, einer Vorprüfung, trifft sich der Direktor der Anlage mit Shetty in seinem Büro. An der Wand hängt ein Foto des Urgroßvaters und Unternehmensgründers und seiner Frau, beide mit einem aufgemalten Punkt zwischen den Augenbrauen, dem Bindi, der den Sitz des dritten Auges symbolisieren soll, Ort der Weisheit. Ein Bild zeigt den Großvater, der für die Kongresspartei im Parlament des Bundesstaates Gujarat war. Auf der Fensterbank stehen Preise und Ehrungen; auffällig ist das Modell eines Tempels seiner Kaste, in dessen Gemeinschaft der Großvater Mitglied ist. Zwei Stunden dauert das Gespräch.

Am drängendsten ist aus Shettys Sicht die Verbesserung der Sicherheit. Shetty rät zur Abdeckung der Maschinenantriebe und zu einer anderen Kleidung für die Frauen. Auch die Vertretung der Arbeiter und das Thema Gewerkschaft kommen zur Sprache. Wenn die Fabrikanten beim Textilstandard mitmachen wollen, müssen sie zulassen, dass die Arbeiter eine Gewerkschaft bilden können – sofern sie es wollen. Anders als in vielen anderen Ländern herrscht in Indien Organisationsfreiheit, das heißt, die Arbeiter haben das Recht, einer Gewerkschaft ihrer Wahl beizutreten. China dagegen ist ein Beispiel für ein Land, in dem freie Gewerkschaften verboten sind und es nur eine gleichgeschaltete Einheitsgewerkschaft gibt. Darum will Fairtrade International den Textilstandard zum Beispiel dort vorerst nicht umsetzen. Die Erfahrung zeigt, dass ein großer Teil der Arbeiter sich für Gewerkschaften entscheidet, wenn sie keine Repressionen befürchten müssen.

PROFANES MEKKA

Tirupur im Süden Indiens ist die T-Shirt-Hauptstadt des Landes. Es gibt hier schätzungsweise 5.000 textilverarbeitende Betriebe, davon 3.000 mit mehr als 50 Mitarbeitern.[2] Hier werden die Garne zu Stoffen gewirkt, gefärbt, geschneidert und bedruckt. Tirupur ist eine aus dem Boden gewucherte Industriestadt ohne jeglichen Charme. Alte und neue Betonbauten reihen sich aneinander, eine nervige Mischung aus Reklame und Hupen prägt die Atmosphäre.

Neben den Einkäufern aus dem Ausland besuchen hin und wieder auch Vertreter von Textilmaschinenherstellern die Stadt, beispielsweise zur Knit-Tech, einer Messe für Textiltechnologie. Dann sind die drei größeren Hotels der Stadt ausgebucht. Um die Ecke des Hotels Angel, in dessen Restaurant Einkäufer von Bekleidungsfirmen und Produzenten tagsüber Verkaufsgespräche führen, schlafen jede Nacht einige Menschen auf Matten auf einem simplen Betonfundament. Offiziell hat die Stadt rund 450.000 Einwohner, Kenner sprechen von rund 700.000. Weil es hier Arbeit gibt, kommen ständig mehr dazu, vor allem aus ärmeren Gegenden Indiens. Noch in den 1960er-Jahren lebten hier nur knapp 80.000 Menschen, vor allem von der Landwirtschaft.

Dann entdeckten Großbauern das Geschäft mit der Baumwolle, investierten in die Industrie. Eine regelrechte Goldgräberstimmung brach aus, als 2004 in den Industrieländern die Schutzmaßnahmen für die Textilindustrie ausliefen, die Quoten für einzelne Produktionsländer vorsahen und somit die Exportmöglichkeiten aus dem globalen Süden in den Norden begrenzten. Nach dem Wegfall der Einschränkungen konnten Produktionsstandorte wie Tirupur ganz den Vorteil ihrer gegenüber Europa und Nordamerika sagenhaft niedrigen Löhne ausspielen. Seit der Zeit hat sich die Zahl der Einwohner in der Stadt noch einmal verdoppelt. Nach Ansicht manchen Unternehmers herrscht trotzdem immer noch ein Überangebot an Jobs und ein Mangel an qualifizierten Schneidern.

Zu den großen Betrieben gehört Armstrong, ein Exportbetrieb mit mehr als tausend Beschäftigten, der einer einheimischen Familie gehört, den Palanisamy. Hier hat sich das Management für den fairen Textilstandard entschieden, eine Vorprüfung hat bereits stattgefunden. Jetzt sind Vertreter des fairen Handels für zwei Tage angereist, um einen Teil der Angestellten und Arbeiter zu trainieren. Am frühen Morgen machen sie sich auf den Weg, von einem Parkplatz an der Hauptstraße aus, wo gelbe, rote und blaue Busse die Beschäftigten von Armstrong aufnehmen und zur Fabrik transportieren. Nach einer halben Stunde, es geht vorbei an einem Feld mit verloren wirkenden Heubündeln und ein paar herum stolzierenden Pfauen, ist die Fahrt vorbei. Durch ein Tor geht es auf das Fabrikgelände.

Der zweistöckige Hauptkomplex ist um einen mit Wellblech überdachten Innenhof gebaut. Im ersten Stock befinden sich auf einer Seite Großraumbüros für die Verwaltung, auf der anderen das Ende der Produktion, wo Nieten an Hosen befestigt und die Waren verpackt werden. Hier ist auch der große Besprechungsraum, in dem das Training stattfindet. An der Wand hängen Fotos hipper junger Menschen aus dem Westen, ein Mann trägt Jeans, Jackett und Sonnenbrille, eine Frau Jeans und weißes T-Shirt. Darunter ist der Schriftzug der Fair Wear Foundation zu lesen, einer 1999 in den Niederlanden gegründeten Organisation, der verschiedene, an einer Verbesserung der Bedingungen in der Textilwirtschaft arbeitende Akteure wie NGOs und Gewerkschaften angehören.

Auf einer Stellwand sind verschiedene, bereits eingesetzte Standards erklärt: Bei Fairtrade Certified Cotton wenden die Produzenten und Händler die Standards des fairen Handels an. Der Global Organic

Textile Standard (GOTS) soll vor allem sicherstellen, dass Biobaumwolle verarbeitet wird und bei der Verarbeitung soziale Mindeststandards eingehalten werden. Organic 100 zeigt an, dass ein Endprodukt vollständig aus Biobaumwolle besteht, und der Oeko-Tex 100 Standard steht dafür, dass die Bekleidung gesundheitlich unbedenklich ist.

Sethu Lakshmy ist eine erfahrene Trainerin, die schon für diverse Unternehmen Schulungen durchgeführt hat, unter anderem im Auftrag von Adidas oder H&M. Zum Auflockern macht sie mit einer Gruppe von 28 Arbeiterinnen und Arbeitern eine Übung, die bald alle munter hin- und herhüpfen lässt; die Stimmung ähnelt eher der in einer Schulklasse als der in einer Fabrik. Danach beteiligen sich die Arbeiter und Angestellten lebhaft am Gespräch. Sie können ziemlich genau sagen, was gute und was schlechte Arbeitsbedingungen sind. Werden sie dagegen gefragt, was Fairtrade bedeutet, reden sie über Qualität, Lieferpünktlichkeit und stabile Produktion – den entscheidenden Punkt, eine faire Entlohnung, nennt auf Anhieb keiner von ihnen. Lakshmy und ihre beiden Kollegen müssen der Belegschaft die Bedeutung förmlich aus der Nase ziehen.

Fairtrade will mit den Trainings und Beratungsterminen nicht nur die Arbeiterinnen und Arbeiter über ihre Rechte und die Idee des fairen Handels aufklären, sondern auch bei der Steigerung der Effizienz der Betriebe helfen. Auf diese Weise soll für sie ein Teil der Mehrkosten für existenzsichernde Löhne wieder eingespielt werden.

Wer wissen will, wie es um die Lage der Textilarbeiter vor Ort bestellt ist, ist gut aufgehoben bei der NGO Social Awareness & Voluntary Education, kurz Save. Kinderlachen dringt aus einer der 15 Schulen, die Save betreibt, gleich neben der Zentrale der NGO. Um die Kinder der Migranten aus anderen Bundesstaaten unterrichten zu können, haben sie kürzlich extra sieben neue Lehrer engagiert, der Sprachkenntnisse wegen.

Arockiam Aloysius hat die Organisation gegründet, um gegen Kinderarbeit anzugehen. Heute kämpft er auch für bessere Lebens- und Arbeitsbedingungen der Arbeiter in Tirupur und ist mit seiner Organisation wie einige Gewerkschaften Partner bei dem Textilprogramm.

Zunächst betont er im Gespräch mit Krüger und Shetty, wie wichtig das Wachstum der hiesigen Textilindustrie sei, weil es Menschen in Lohn und Brot bringe. Einiges habe sich schon zum Besseren entwickelt: In den hiesigen Fabriken seien schwere Brände oder Einstürze kein Thema, auch die Kinderarbeit sei weitgehend abgeschafft, und es gebe Fortschritte bei der Beseitigung des umstrittenen Sumangali-Systems, bei dem junge Mädchen für drei Jahre in einer Fabrik arbeiteten und lebten, um genügend Geld für ihre Hochzeit anzusparen. Abgesehen davon, dass die Mädchen dabei unter erbärmlichen Bedingungen lebten, würden sie am Ende oft auch noch um ihren Lohn geprellt. Überhaupt ist er entsetzt über den immer größeren Anteil von 15- bis 18-Jährigen, die in den Fabriken arbeiten. Dann kommt er auf das Schlüsselproblem zu sprechen: die viel zu geringen Löhne. Die Menschen müssten heute länger für weniger Geld arbeiten, sagt er. Das sei eine Folge des Preisdrucks der Auftraggeber auf die Fabrikanten.

Binnen zehn Jahren seien die Gewinnmargen der Textilunternehmer in Indien von durchschnittlich rund 18 Prozent auf 5 bis 7 Prozent gesunken, sagt M. S. Lokesh, Chef der Zertifizierungsorganisaton Flocert für Asien und den pazifischen Raum. Er selbst hat mehr als ein Jahrzehnt lang Prozesse und Abläufe in Fabriken modifiziert, um deren Rentabilität zu steigern. Taylorismus nennt man es, wenn Produktionsabläufe in kleine Schritte zerlegt und so im Sinne maximaler Effizienz aneinandergereiht werden – jedoch: »Irgendwann wurde die Optimierung überzogen«, sagt Lokesh.

Er zeichnet ein düsteres Bild der Zustände in den Fabriken: Um zu den verlangten Niedrigpreisen liefern zu können, griffen die Unternehmer zunehmend zu Maßnahmen, die die Arbeiter auf Dauer krank machten. Da würden die Takte für Nähtätigkeiten verkürzt; da werde die Beleuchtung in der Halle um ein paar Lux verringert, was langfristig die Augen schädige; da würden die Verpackungen vergrößert, weswegen die Arbeiter schwerere Lasten tragen müssten; oder die Geschwindigkeit der Nähmaschinen werde erhöht. »Eigentlich will natürlich kein Manager die Gesundheit guter Arbeitskräfte ruinieren«, sagt Lokesh. »Sie tun es trotzdem, weil sie selbst unter einem ungeheuren Druck stehen.« Das Team des fairen Handels versucht, solche Auswüchse zu verhindern. Dazu hat es internationale und heimische Fachleute für Prozessoptimierung, Arbeitssicherheit und Arbeitsmedizin als Berater engagiert.

In Tirupur verdienen die meisten Beschäftigten 150 bis 200 Rupien pro Tag, manche 350 Rupien und einige, mit Überstunden, 400 Rupien. Bei einem Lohn von 200 Rupien und 26 Arbeitstagen kommt ein Arbeiter auf einen Monatslohn von 5.200 Rupien, umgerechnet ungefähr 73 Euro. Arbeiten Mann und Frau für diesen Lohn, verdienen sie 10.400 Rupien. Als notwendig erachtet Save dagegen ein Einkommen von 18.727 Rupien, um die Lebenshaltungskosten zu decken. Verdient werden sollte ein solches Gehalt bei einer Wochenarbeitszeit von maximal 48 Stunden. An vielen Orten verdienen Textilarbeiter sogar noch schlechter als in Tirupur.

Als Mitglied der Asia Floor Wage Campaign, einem Zusammenschluss von Gewerkschaften und Organisationen, die sich für Arbeits- und Menschenrechte einsetzen, beschäftigt sich Fairtrade International schon lange ausgiebig mit dem Thema existenzsichernder Mindestlohn. Gemeinsam drängen sie auf bessere Bezahlung in ganz Asien, um den verhängnisvollen Konkurrenzkampf der Staaten bei den Löhnen endlich zu beenden.

Die gesetzlichen Mindestlöhne reichen ihrer Einschätzung nach nirgends in Asien wirklich für ein menschenwürdiges Leben. Am höchsten sind sie noch in China und Malaysia, und selbst dort wäre nach Ansicht der Asia Floor Wage Campaign eine Verdopplung notwendig. In Indien und Kambodscha fordert die Organisation eine Vervierfachung, in Bangladesch und Sri Lanka sogar eine Verfünffachung. Der Berechnung legt die Kampagne zugrunde, wie viel ein Beschäftigter verdienen muss, um die Grundbedürfnisse einer vierköpfigen Familie abdecken zu können. Andere Konzepte eines Living Wage gehen davon aus, dass zwei Personen für den Lebensunterhalt der Familie arbeiten. Der Textilstandard von Fairtrade unterstellt 1,5 Arbeitende je Haushalt, was in Tirupur bei einer Umsetzung des Living Wage 14.250 Rupien (206 Euro) pro Person und 21.375 Rupien je Haushalt Einkommen ergäbe.

Die Realität ist weit davon entfernt. 110 Slums hat Save in der Stadt gezählt. Dort leben rund 50.000 Familien jeweils in nur einem Raum, schlafen, kochen und essen darin.

Hinter vorgehaltener Hand erzählen Unternehmensvertreter, es sei gängig in Tirupur, zwei Kassen zu führen. Offiziell bezahlten Unternehmer Beschäftigten den gesetzlichen Mindestlohn, aber daneben noch Geld in bar. So bräuchten sie nur für den gesetzlichen Mindestlohn Steuern und Sozialabgaben zu zahlen, für den zusätzlichen, inoffiziellen Lohn hinterziehen sie diese Abgaben. Am Textilstandard kann eine Firma nur teilnehmen, wenn sie diese illegale Praxis abstellt und bei den Löhnen absolut transparent ist. Das birgt ein erhebliches Risiko: Bei einer ehrlichen Buchhaltung könnten die Finanzbehörden unter Druck geraten, die Steuern und Sozialabgaben auch für die Vergangenheit einzutreiben. Rückwirkend können die Behörden für einen Zeitraum von zehn Jahren Nachzahlungen verlangen. Für einige Betriebe würde dies den wirtschaftlichen Ruin bedeuten. Hier zeigt sich, wie schwierig die Umsetzung eines Living Wage sein kann, wenn es konkret wird.

SCHULTERSCHLUSS MIT GEWERKSCHAFTEN

Es ist schon dunkel, als Shetty das an der Hauptstraße gelegene Gewerkschaftsgebäude betritt, vor dem eine rote Flagge mit den Initialen CITU – für Center for Indian Trade Union – weht. Lautstark dröhnt ein Fernseher im Flur, Thema des Tages ist die Verurteilung der Politikerin Sasikala. Sie hatte kurz davor gestanden, die nächste Ministerpräsidentin von Tamil Nadu zu werden, einem indischen Bundesstaat, der mit 72 Millionen fast so viele Bürger hat wie Deutschland. Nach zwanzig Jahren hat der Supreme Court, das oberste Gericht Indiens, in letzter Instanz entschieden: Für ihre Beteiligung an einem Fall von Korruption auf höchster Ebene muss Sasikala für vier Jahre ins Gefängnis und eine Geldstrafe zahlen; politische Ämter bleiben ihr für zehn Jahre versperrt.

Enge Bande zwischen Geschäftswelt und Politik sieht der Gewerkschaftssekretär Sampath als zentrales Hindernis für die Verbesserung der Lebensumstände der Arbeiter. In lediglich 25 der rund 3.000

Fabriken, also solchen mit mehr als 50 Beschäftigten, ist die Gewerkschaft in Tirupur vertreten. Mit gerade einmal 10.050 Mitgliedern ist die CITU die größte Gewerkschaft vor Ort.

Ein Grund für die offensichtliche Schwäche der Gewerkschaft in der örtlichen Textilindustrie seien die Arbeitsmigranten, die oft schon froh seien, überhaupt einen Lohn zu erhalten, von dem sie einigermaßen leben können. Aus Unwissenheit gäben sie sich oft mit sehr wenig zufrieden, sagt Sampath. Es sei schwierig, sie für Arbeitnehmervertretungen zu gewinnen, weil sie meistens der lokalen Sprachen nicht mächtig seien. Aber auch andere Arbeiter wüssten oft nicht, dass sie ein Anrecht auf schriftliche Arbeitsverträge und einen Mindestlohn hätten.

Von den 2.000 Spinnereien in Tamil Nadu sind nur zwölf gewerkschaftlich organisiert. Wenn Gewerkschaften zum landesweiten Generalstreik aufrufen, wie zuletzt im September 2016, gehen zwar Millionen Menschen lautstark auf die Straße. Dabei handelt es sich dann aber zu einem Großteil um Beschäftigte aus dem öffentlichen Dienst und nicht der Industrie, und es sind Kämpfe, die Verschlechterungen abwehren sollen. Vom Streit um Verbesserungen wie die Umsetzung eines existenzsichernden Mindestlohns – 692 Rupien täglich werden von den Gewerkschaften für Textilarbeiter als notwendig erachtet – ist Indien noch weit entfernt.

Der Unternehmer Ananthraman Ganesh hält herzlich wenig von Gewerkschaften. Für ihn sind sie ein verlängerter Arm politischer Parteien – eine Ansicht, die man hier häufig zu hören bekommt. Mit einer besseren Bezahlung seiner Arbeiter ist Ganesh aber einverstanden. Er will sogar möglichst bald zu hundert Prozent Waren nach dem fairen textilen Standard produzieren. Sags Apparels heißt die Firma, die er mit seinem Bruder gegründet hat, und die drei Fabriken betreibt. Es ist die Geschichte zweier Aufsteiger. Ihr Vater, ein Textilfabrikant, ging in den 1990er-Jahren pleite und verlor sein Vermögen. Ganesh arbeitete anfangs selbst in einer Fabrik für 1.500 Rupien Lohn, studierte am Wochenende und machte seinen Master of Business Administration an einer Universität in der Region. Dann startete er als Zwischenhändler für Firmen und lernte so die deutsche Firma

Brands Fashion kennen, die auf Arbeitsbekleidung, Merchandising und Kollektionen für private Label spezialisiert ist, wie sie Fußballvereine, Automobilkonzerne oder Veranstaltungsorte in Auftrag geben. Die Firma mit einem Jahresumsatz von rund 60 Millionen Euro legt viel Wert auf nachhaltige Produktion und hat dafür eine Marke geschaffen, Shirts for Life.

Erst übernahmen die Ganesh-Brüder eine alte Textilfabrik, später bauten sie eine eigene. Fabrik Nr. 1 besteht aus einem Haus und einer kleinen Halle. Auf deren Wellblechdach dient eine Schicht zusammengeflochtener Bananenblätter zur Isolierung, drei Belüftungsanlagen sollen die Temperatur erträglich halten. Im ersten Stock des Hauses ist der Nähbetrieb untergebracht. Achtzig Leute arbeiten hier. Auf der einen Seite rattern in zwei Reihen Nähmaschinen, auf der anderen erledigen Arbeiterinnen die Qualitätskontrolle, entfernen mit kleinen Scheren Fadenreste von T-Shirts, die Brands Fashion hier produzieren lässt, darunter Shirts für Mitarbeiter von Lidl, Daimler, DAF oder MAN, aber auch für die Fußballvereine Union Berlin oder VfB Stuttgart. Hinter dem Nähbereich geht es durch einen Flur zum Besprechungsraum.

An der Wand hängt eine Tafel mit den Zertifizierungen, die im Betrieb angewandt werden: GOTS (Global Organic Textile Standard), Fairtrade Cotton oder von BSCI (Business Social Compliance Initiative), deren Auditor morgen vorbeischauen soll. In Ganeshs Fabrik werden alle diese Standards berücksichtigt, weil er nur für einen Auftraggeber tätig ist. Bei Fabriken, die noch für weitere nähen, können sich diese oft aus vielen unterschiedlichen Standards die gewünschten aussuchen. Dann ist beispielsweise einmal die verarbeitete Baumwolle biologisch, ein anderes Mal der verwendete Chemiecocktail für den Verbraucher verträglicher, oder die Baumwollbauern werden fair bezahlt. Auch bei seinen Zulieferern, einer Textildruckerei und einer großen Färberei namens Poppys Art, wirken sich die Standards aus. Die Geschichte der lokalen Färbereien sagt viel aus über die Bereitschaft hiesiger Unternehmen, freiwillig etwas zu verändern. Stoffe färben ist ein dreckiges Geschäft. Jahrzehntelang leiteten Betriebe ihr faulig riechendes Abwasser in die beiden durch die Stadt fließenden Flüsse, wodurch flussabwärts Felder vergiftet wurden. Bauern klagten gegen die Färbereien, und das höchste Gericht im Bundesstaat Tamil Nadu gab ihnen Recht. Das war eine Sensation. 700 Färbereien mussten von einem auf den anderen Tag schließen, die Produktionskette geriet aus dem Takt, viele Arbeiter wurden entlassen. Die Textilindustrie in Tirupur stand vor dem Kollaps.

Jetzt reagierte die Politik mit Anreizen für den Bau umweltfreundlicher Färbereien wie Poppys Art. Gleich neben der Fabrik befindet sich eine Kläranlage, in der die schwarze Brühe zu Trinkwasserqualität geklärt wird. 98 Prozent fließen nach eigenen Angaben zurück in die Produktion, der Rest besteht größtenteils aus Salz, das ebenfalls beim Färben wiederverwendet wird. Nur ein sehr geringer Teil muss auf der Deponie entsorgt werden. Im Kontrollraum der Kläranlage steht ein Computer, in dem die Daten über alle Stadien des Reinigungsprozesses zusammenlaufen. Sie würden minütlich an die staatliche Umweltbehörde weitergeleitet, sagt der Ingenieur. Ähnlich könnte auch mit der Bezahlung der Arbeiter verfahren werden. Wenn der Staat die Überweisung von Löhnen auf Bankkonten verlangen und kontrollieren würde, könnte gleichzeitig der Mindestlohn durchgesetzt und die Hinterziehung von Steuern und Sozialabgaben verhindert werden.

Damals, nach der abrupten Schließung vieler Färbereien, suchten die Textilfabrikanten aus Tirupur händeringend Ersatz, häufig mussten sie hohe Summen bezahlen, weil Färbereien ihre Notlage ausnutzten. Viele Lieferungen verspäteten sich um Monate. Stefan Niethammer gehörte zu den glücklichen Auftraggebern, die mit einer bereits nach dem GOTS-Standard zertifizierten, ihre Abwässer klärenden Färberei zusammenarbeitete. Für ihn lohnte sich das nicht nur ideell, sondern auch betriebswirtschaftlich. Mit den T-Shirts, die er unter dem Label 3Freunde von Konstanz aus verkauft, ist er ein kleiner Nischenanbieter. In Tirupur gibt es Tausende Textilfabriken – warum hat er eine weitere gegründet? Niethammer erklärt: Nähbetriebe seien die Herren der Produktionskette, jeder von ihnen arbeite mit bestimmten Spinnereien, Färbereien oder Textildruckern zusammen. Mit einem eigenen Betrieb könne er die Regie über die eigene Lieferkette übernehmen. Jetzt, wo er gemeinsam mit seinem Partner vor Ort beim fairen Textilsiegel mitmacht, hilft ihm das. Ihr Betrieb soll die erste Fairtrade zertifizierte Bekleidungsfabrik der Welt werden.

Seinen lokalen Partner bei der Unternehmung, Girish Krishnan, hat er kennengelernt, als er vor einigen Jahren in Indien bei Zwischenhändlern nach Herstellungsmöglichkeiten für T-Shirts mit Biobaumwolle anfragte. »Kein Problem«, sagten alle, nur Girish habe als einziger nachfragt, was es mit diesem *organic* eigentlich auf sich habe. Niethammer reiste mit ihm zu Baumwollbauern, für Girish eine Premiere. Aus dem Geschäftskontakt wurde eine Freundschaft und Partnerschaft. Beiden gehört die Manufaktur Mila in Tirupur mit 15 festangestellten Beschäftigten.

Niethammer hat an der Universität Mannheim, einer ökonomischen Kaderschmiede, Betriebswirtschaftslehre studiert. Mit dem Abschluss in der Tasche standen ihm viele Türen offen, aber er entschied sich, mit zwei Freunden eine eigene Firma zu gründen – 3Freunde. »Es war klar, dass ich weitgehend die praktische Arbeit mache«, sagt er. Fünf bis sechs Jahre habe es gedauert, bis die Firma Geld verdient habe. Wenn Niethammer, aufgewachsen im badischen Städtchen Rheinfelden, in Indien unterwegs ist, kommen ihm manchmal die Erzählungen seiner Großmutter in den Sinn. Sie wuchs auf dem Land auf und bekam vom Dorfschullehrer zu hören, Bauerntölpel wie sie bräuchten keine Bildung; auch Hunger erlebte sie noch am eigenen Leib. Niethammer wird dabei klar, wie viel Zeit gesellschaftliche Veränderungen brauchen. Fragt man, was ihn geprägt hat, erzählt er gerne von den Pfadfindern, bei denen er Mitglied ist. Mit deren Motto, man solle die Welt ein Stück besser verlassen, als man sie betreten habe, kann er viel anfangen.

Keiner der Unternehmer, die jetzt anfangen, nach dem fairen Standard zu produzieren, glaubt, dass sich die faire Produktion nennenswert auf den Preis für ihre Endkunden auswirken werde. Gemessen an dem, was wir von unserem Einkommen in den reichen Industrieländern für Kleidung ausgeben, fällt die Umstellung auf eine faire Bezahlung entlang der Lieferkette kaum ins Gewicht. Henning Siedentopp vm Lüneburger Label Melawear rechnet mit einem Anstieg der Kosten im niedrigen einstelligen Prozentbereich. Seine Firma will die Mehrkosten selbst tragen und dafür eine geringere Gewinnmarge hinnehmen. Etwas anders sähe die Kalkulation von Firmen aus, die Textilien zum Discountpreis verkaufen.

Kritik an dem von Fairtrade erarbeiteten Textilstandard kommt von der Kampagne für saubere Kleidung, einem Zusammenschluss vor allem von NGOs, die teils wiederum selbst den fairen Handel mittragen. Weil der Standard sich in der Umsetzung jeweils nur auf ein Produkt sowie eine ausgewählte Lieferkette bezieht und nicht auf die gesamte Geschäftstätigkeit, sei er »das falsche Instrument für diese Industrie«. Einzelne Vorzeigeprodukte könnten so als Alibi für ein in den restlichen 99 Prozent gänzlich losgelöst vom fairen Standard hergestelltes Sortiment genutzt werden. Bei den ersten drei »Pionierunternehmen« ist das wohl weniger zu befürchten als bei großen Mode- oder Handelsfirmen, die nur einen kleinen Teil auf fair umstellen, wie beispielsweise Starbucks beim Kaffee.

Nach der Katastrophe von Rana Plaza 2013 mit mehr als 1.130 Toten rief Entwicklungshilfeminister Gerd Müller ein nationales Texilbündnis ins Leben, um von Unternehmen, Politik, Gewerkschaften und NGOs gemeinsam einen Plan zur Verbesserung der Situation in der Textilindustrie entwickeln zu lassen. Im Sommer 2017 haben allerdings mehr als drei Dutzend Firmen dem Bündnis schon wieder den Rücken gekehrt, darunter große Marken wie Trigema, Real oder Ernstings Family, und zwar genau in dem Moment, wo es ernst wurde und eine Roadmap für die Umsetzung der Ziele präsentiert werden musste. Das Bündnis steht auf der Kippe. Seine Aktivitäten gehen dem fairen Handel ohnehin zu langsam voran. Deutschland-Chef Dieter Overath betrachtet seinen Ansatz als eine Art Blaupause für das Bündnis.

AUFGABENKANON ERWEITERN

Kleinbauern sind massiv von Phänomenen des Klimawandels wie der Erosion von Böden, Wüstenbildung oder einem erratischeren Wetter betroffen. Die rund 500 Millionen Kleinbauern auf der Welt sind eine zentrale Säule der Welternährung. Trotz des Vordringens der industriellen Landwirtschaft ernten sie nämlich immer noch den überwiegenden Teil aller Nahrungsmittel. Die Welternährungsorganisation FAO erwartet, dass die Menschheit bis zur Mitte des Jahrtausends 60 Prozent mehr Lebensmittel braucht als 2006, damit niemand Hunger leiden muss und die steigenden Ansprüche derjenigen befriedigt werden können, die aufgrund eines höheren Einkommens mehr Fleisch, Fisch, Eier und Milchprodukte verzehren werden.

Damit das Klima durch diesen Nachfrageschub nicht noch mehr aufgeheizt wird, müssten eigentlich in großem Ausmaß Pflanzen angebaut werden, die besonders viel CO_2 binden. Wichtig wäre außerdem, ehemalige landwirtschaftliche Flächen zu regenerieren. Das ist eine langwierige Angelegenheit; hundert Jahre braucht es unter optimalen Bedingungen, bis sich ein Zentimeter Boden bildet. »Viel Zeit haben wir nicht«, warnt Martin Frick, Direktor der Ernährungs- und Landwirtschaftsorganisation der Vereinten Nationen (FAO), mit Blick auf den Klimawandel: »Mir kommt das manchmal so vor, als ob wir gerade erst jetzt verstehen, wie kompliziert die Zusammenhänge eigentlich sind, die unser Leben ermöglichen. Und während wir das verstehen, sind wir mit voller Geschwindigkeit dabei, das System zu zerstören.«[3]

Experten wie er trauen Kleinbauern heute mehr zu als früher: Mit ihren übersichtlichen Flächen, selten größer als zwei Fußballfelder, könnten sie eine zukunftsfähige Landwirtschaft schultern, wenn sie die notwendigen Investitionsmittel hätten. Die Forderung nach einer Wende hin zu einer ökologischen Landwirtschaft, nachhaltiger Forstwirtschaft und einer Förderung kleinbäuerlicher Strukturen ist alt. Allerdings waren sich lange Zeit fast alle Agrarexperten einig, dass durch eine kleinbäuerliche, ökologische Landwirtschaft niemals alle Menschen ernährt werden könnten. 2011 belehrte sie der Weltagrarrat mit einer auf zahlreichen Projekten ökologischen Landbaus in 57 Entwicklungsländern basierenden Studie eines Besseren. Ihr Fazit: Durch Umstellung auf ökologische Produktion könne die Lebensmittelproduktion in fünf bis zehn Jahren verdoppelt werden. Als Elemente einer zukunftsgerichteten Landwirtschaft sehen die Autoren unter anderem die Aufwertung traditionellen und lokalen Wissens, die Stärkung von Frauen als Hauptakteuren der Landwirtschaft in Entwicklungsländern und einen Forschungsschwerpunkt auf kleinbäuerlichen und ökologischen Anbaumethoden. Aufgrund der zentralen Bedeutung für die Ernährung ihrer Bevölkerung sollten Staaten und Gemeinden demokratisch und souverän ihre Ernährungs- und Landwirtschaftspolitik selbst bestimmen.

Fairtrade unterstützt die Kleinbauern nicht nur generell, sondern auch ganz spezifisch bei einer Umstellung auf nachhaltige Landwirtschaft, zum Beispiel in Lateinamerika. Giannina Cadena, Koordinatorin für Projekte gegen den Klimawandel bei dem lateinamerikanischen Produzentennetzwerk Clac, erklärt am Beispiel der Wasserstrategie der Kleinbauernorganisation Soppexcca in Nicaragua, was dies konkret bedeutet: Mit einem Filtersystem werden die Böden feuchter gehalten, und in Reservoirs wird Wasser gesammelt. Gleichzeitig werden die Bauern darin angeleitet, mit weniger Wasser auszukommen und seine Verunreinigung zu minimieren – zum Beispiel, indem sie vorwiegend organischen Dünger einsetzen.

Die honduranische Kaffeeorganisation Cosma errichtete sogar eine eigene Trainingsfarm, um Schulungen abzuhalten, aber auch um mit neuen ökologischen Düngemitteln und biologischen Pflanzenschutzmitteln zu experimentieren. Die Vermittlung an Großabnehmer wie die Deutsche Bahn, deren Bordgastronomie in ICE- und IC-Zügen seit April 2017 fair zertifizierten Kaffee von der Kooperative Cosma ausschenkt, ist ein Beispiel dafür, wie nationale Siegelorganisationen solche innovativen Produzenteninitiativen besonders fördern können.

KONSUMENTENMACHT IM SÜDEN

In Indien leben 1,3 Milliarden Menschen, mehr als doppelt so viele wie in der EU. Viele Weltkonzerne erhoffen sich von dem Land gute Geschäfte, schielen auf die wachsende Mittelschicht. Wie groß sie ist, weiß man nicht so genau. Denn es gibt keine offizielle Definition. Schätzungen variieren zwischen 50 und 400 Millionen. Auch aus Sicht des fairen Handels liegt es da nahe, diesen Verbrauchern gleich von Anfang an Produkte schmackhaft zu machen, mit deren Kauf sie Menschen im eigenen Land unterstützen können.

Das ist der Job von Abishek Jani, der seit der Gründung 2013 Fairtrade India leitet. Jani ist weltgewandt, hat Wirtschaft mit Schwerpunkt Entwicklungspolitik in London studiert und dann jahrelang für die internationale Wirtschaftsprüfungsgesellschaft PriceWaterhouseCoopers gearbeitet. »Ich war auf der dunklen Seite des Geschäfts«, sagt er lachend. Die Stelle bei Fairtrade India sei für ihn die ersehnte Chance gewesen, nach Hause zurückzukehren. Er stammt aus Delhi, jetzt lebt er mit seiner Frau, einer Künstlerin, in Bangalore, wo sich die Zentrale von Fairtrade India befindet. Er hat eine schwierige Aufgabe übernommen, was einem schon klar wird, wenn man Inder im Laden fragt, ob sie faire Waren kennen. Einige bejahen dies ohne Zögern, wobei meist schnell klar wird, dass sie darunter etwas ganz anderes verstehen, nämlich *Fair Price Ratio Shops.* In diesen Läden können Menschen landesweit Waren des täglichen Bedarfs besonders günstig einkaufen, staatlich subventioniert.

Den fairen Handel und sein Logo sollen laut Marktuntersuchungen sieben bis acht Prozent der Verbraucher in den urbanen Zentren auf dem Subkontinent kennen, erzählt Jani. Er selbst zweifelt diese Zahlen an und geht von höchstens ein bis zwei Prozent aus. Selbst dies wären jedoch 13 bis 26 Millionen potenzielle Kunden für Fairtrade, mehr als Menschen in der Schweiz und Österreich leben. Anders als die Konsumenten in Europa griffen die Inder wahrscheinlich auch öfter bei Reis und Tee zu, also jenen Produkten, bei denen sich der Absatz in Europa eher schleppend anlässt.

Sein vierköpfiges Team bestehe aus jungen Leuten, die die Welt verändern wollen, sagt Jani. Bei dem Versuch, Unternehmen für die Idee des Fairtrade-Systems zu gewinnen, macht er ähnliche Erfahrungen wie seine Kollegen in Europa vor 25 Jahren. »Hunderte Gespräche habe ich schon geführt – 99 Prozent enden mit einer Absage und dem Hinweis, ›Kommen Sie wieder, wenn Sie genauso bekannt sind wie in Europa!‹« Einen großen heimischen Hersteller hat er gewonnen. Freudestrahlend zieht er den Snack Chikki aus der Tasche, das erste fair zertifizierte Produkt für den indischen Markt, womit die Organisation auch in den Medien Thema war. Wichtigste Zutat sind Erdnüsse, die von der Rapar and Dhrangadhra Kooperative geliefert werden. Für die eigentlich auf Baumwolle spezialisierten Farmer ist es ein Zusatzgeschäft. Nach Einschätzung des Marktforschungsunternehmens, das den Hersteller Paper Boat beraten hat, verlangten jüngere Konsumenten zunehmend »gute« Produkte.[4] Der Snack kostet fünf Rupien – umgerechnet 7 Cent – und ist damit angesichts eines Durchschnittseinkommen von rund 110 Euro für viele erschwinglich.

Jani hat sich einiges vorgenommen – vor allen Dingen will er den Ärmsten im Land helfen. »Der faire Handel arbeitet in Regionen, die in den Welthandel eingebunden sind, weil sie Produkte herstellen, die nachgefragt werden«, sagt er. »Wo die Ärmsten der Armen leben, sind wir aber nicht aktiv, was ich sehr bedaure und ändern will.« Trotz Wirtschaftserfolgen gibt es in Indien noch blanke Not und eine wachsende Einkommenskluft. »Die Spaltung der Gesellschaft hat extrem zugenommen«, stellt Jani fest. Bis 1991 habe sich die Verteilung des Wohlstandes verbessert, seitdem aber drastisch verschlechtert.

Indien ist nicht das einzige Land, in dem Menschen für den fairen Handel daran arbeiten, im eigenen Land fair zertifizierte Waren zu verkaufen. Vorreiter war Südafrika, wo zur Fußball-WM im Jahr 2010 einige Produkte auf den Markt gebracht wurden. Auch beim Einkaufen im Supermarkt in Kenia finden sich Tee, Kaffee und Schokolade in fairer Zertifizierung.

NÖTE IM NORDEN

Der Blick auf den Absatzmarkt im Süden ist auch deswegen wichtig, weil die klassische Käufergruppe für Fairtrade-Produkte in Europa – und damit der mit Abstand größte Markt dafür – unter erheblichem ökonomischem Druck steht: die Mittelschicht. Manche hier halten es sogar für sinnvoll, endlich Produzenten aus dem Norden in das System von Fairtrade einzubeziehen. Einzelne alternative Handelshäuser haben schon damit begonnen.

Fairer Wein aus Spanien oder fairer Feta aus Griechenland: Das klingt sinnvoll angesichts der wirtschaftlichen Dauerkrise in südeuropäischen Ländern. Ganz neu ist das Thema nicht: Es gibt bereits Initiativen außerhalb des organisierten fairen Handels, bei denen Konsumenten durch den Kauf von Waren Einfluss auf die Entwicklung in Europa nehmen können. So können diese beispielsweise Wein von Kooperativen auf Sizilien kaufen, deren Land zuvor Mafiabossen gehört hatte.

Alternative Handelshäuser hatten schon vor Jahrzehnten ein paar Erzeugnisse europäischer Produzenten im Angebot und haben das Thema weiterverfolgt. So verkauft die Gepa eine Schokolade, in der fair und ökologisch produzierte Milch aus Deutschland verarbeitet ist. Projektpartner sind die Milchwerke Berchtesgadener Land Chiemgau. Die Bauerngenossenschaft hat als erster Betrieb in Deutschland die Naturland-Fair-Zertifizierung erhalten. Und DWP, ein alternatives Handelshaus aus Ravensburg, hat ein Konzept entwickelt, bei dem Saftkeltereien Streuobstbauern ihre Früchte saisonunabhängig zu »hohen Festpreisen« abnehmen und mit fairen Südfrüchten zu einem Mischprodukt verarbeiten. Die Bauern haben sich vertraglich verpflichtet, ihre Hochstämme nicht zu spritzen und überalterte Bäume zu ersetzen. Eine Marktöffnung für Produzenten aus dem Norden sei möglich, ohne eine Konkurrenz für die im Süden zu schaffen, sagt DWP-Chef Thomas Hoyer.

Die Befürworter einer Erweiterung des Fairtrade-Prinzips auf den Norden argumentieren mit dem Wandel der Landwirtschaft. Da gibt es zum einen Agrarfabriken, die für ihre Eigentümer ordentliche Renditen abwerfen. Meist wirtschaften sie zulasten der Natur und Tiere. Immer schwerer haben es Bauern mit kleineren Höfen und solche, die ökologisch wirtschaften wollen. Auch die Subventionen der EU kommen in großem Ausmaß den Großbetrieben zugute. Jährlich geben zwei Prozent der Bauern ihre Höfe auf. 1970 gab es hierzulande rund eine Million Bauernhöfe, heute sind es nur noch knapp 280.000. Bedroht sind dadurch auch die maßgeblich von Bauern gestalteten Kulturlandschaften. Naturland, ein Verband für ökologischen Landbau, plädiert für eine globale Anwendung der fairen Handelsprinzipien. Möglicherweise öffnet sich tatsächlich die World Fair Trade Organisation – der umfassendste Zusammenschluss von Akteuren des fairen Handels – für Produzenten aus dem Norden. Eine Entscheidung steht im November 2017 an.

Bei Fairtrade International ist eine vergleichbare Entwicklung vorerst nicht zu erkennen. Hier hält man es für einen Fehler, die Bedingungen im Norden und Süden über einen Leisten zu scheren. Die Gegner einer Nordausweitung argumentieren mit den unterschiedlichen Lebensverhältnissen, verweisen beispielsweise auf die wesentlich höhere Förderung der Bauern im Norden. Veranschaulichen lässt sich dies anhand des sogenannten Wertes des *Producer Support Estimate*, kurz PSE. Dabei wird der Anteil staatlicher Förderung am Einkommen von Bauern errechnet. In den über die Organisation für wirtschaftliche Zusammenarbeit und Entwicklung (OECD) organisierten Industriestaaten beträgt der PSE-Wert bis zu 50 Prozent, sprich: Die Bauern beziehen bis zur Hälfte ihres Einkommens aus Subventionen. In Indien sind es dagegen gerade einmal ein bis zwei Prozent. Auf Grundlage so unterschiedlicher Bedingungen in Nord und Süd können die Bauern aus dem Norden nicht ohne weitere Diskussion in den fairen Handel aufgenommen werden.

Als Pfarrer einer ländlichen Gemeinde diskutiert Helmut Schüller, Vorstandschef von Fairtrade Österreich, immer wieder mit heimischen Bauern und spürt bisweilen fast etwas wie Anwandlungen von Eifersucht angesichts der Hilfen des fairen Handels für den Süden. Wenn Bauern wieder einmal auf ihre eigenen Interessenvertretungen schimpften, weil diese »nur noch für die Großen da« seien, hält er ihnen entgegen, dass dann offenbar Reparaturbedarf an ihrer Struktur bestehe. Sie könnten doch nicht vom fairen Handel erwarten, dass er die Landwirtschaftskammer ersetze, »da gibt es schwer bezahlte Strukturen und ein Wahlsystem, da müssen die Bauern dafür sorgen, dass Leute hochkommen, die eine größere Zahl der Landwirte vertreten, auch die kleinen«.

Und eine kleine Organisation wie Fairtrade muss Prioritäten setzen, wenn sie etwas bewegen will. Die vergleichsweise große Präsenz von Fairtrade in Medien oder im Supermarkt ist ein Erfolg, täuscht aber darüber hinweg, welch kleines Pflänzchen der faire Handel im Vergleich mit anderen gesellschaftlichen Akteuren wie Kirchen, Gewerkschaften oder großen NGOs ist. Insgesamt arbeiten bei Fairtrade, Flocert, den nationalen Siegelinitiativen und den drei Produzentennetzwerken weltweit keine tausend Menschen. Damit die höchst unterschiedlichen Probleme der Landwirte in Europa lösen zu wollen, wäre Hybris. Der geeignete Hebel dafür ist die EU-Agrarpolitik. Mit einer Reform zugunsten kleinerer Bauern und einer Streichung von Subventionen für Agrarkonzerne sowie einer Wirtschaftsrechnung, in der soziale und ökologische Nebenkosten berücksichtigt würden, wäre übrigens auch den Kleinbauern im Süden sehr geholfen.

Die Produzenten aus Asien, Afrika und Lateinamerika lehnen bislang eine Weiterentwicklung der Standards für den Norden ab. Sie könnten ihn mit ihren Stimmen sogar verhindern. Dass sie Schwierigkeiten mit der Idee haben, Bauern von überall an Bord zu nehmen, ist nachvollziehbar. Die Einkommensniveaus im Süden und Norden unterscheiden sich noch gewaltig. »Nehmen Sie einen Bauern aus dem Süden, der jährlich 200 Dollar verdient, und jemanden, der in Österreich 600 Euro Mindestsicherung bezieht – im Monat. Das sind andere Welten«, sagt Hartwig Kirner, der Chef von Fairtrade Österreich. Auf lange Sicht näherten sich die Verhältnisse aber an, das sei eine Folge der Globalisierung. Die aufzuhalten, sei so sinnlos, wie wenn man versuche, das Ventil eines Dampfkessels zu stopfen. »Ich glaube, in 20 bis 30 Jahren wird ein Arbeiter in Österreich mit einem Arbeiter in Indien mehr gemeinsam haben als mit einem Rechtsanwalt in Österreich«, sagt Kirner.

Tatsächlich sind die Probleme in Europa jetzt schon akut. Legt man den Maßstab existenzsichernder Löhne an, dann ist der Handlungsbedarf in Osteuropa heute höher als mancherorts in Asien, wegen höherer Lebenshaltungskosten. So liegt laut der Kampagne für saubere Kleidung der gesetzliche Mindestlohn in der Türkei im Verhältnis zum existenzsichernden Lohn bei 28 Prozent; in Rumänien sind es gar nur 19 Prozent und in der Ukraine 14 Prozent. In Bangladesch beträgt das Verhältnis 19 Prozent, in Indien 26 Prozent und in China 46 Prozent.

Bei dieser vergleichenden Auflistung ist die zentrale Aussage nicht zu vergessen: In allen genannten Fällen, Nord wie Süd, liegen die gesetzlichen Mindestlöhne unter der Hälfte von dem, was zu einem menschenwürdigen Leben eigentlich nötig wäre.

MIT SAMTHANDSCHUHEN

Zu den Erfolgen all derjenigen, die seit Jahrzehnten für faire Handelsbedingungen kämpfen, gehört es, dass Unternehmen ihre Verantwortung für die Bedingungen im Ursprung nicht mehr generell von sich weisen, sondern sich mit den Themen beschäftigen. Auch die Politik verlangt von den Firmen etwas mehr als früher: Laut den UN-Leitprinzipien für Menschenrechte sind Staaten zwar die Hauptadressaten, wenn es um die Umsetzung von Menschenrechten in der Wirtschaft geht, wozu auch menschenwürdige Löhne zählen. Für die Unternehmen gelten aber ebenfalls sogenannte menschenrechtliche Sorgfaltspflichten. Das bedeutet, dass sie menschenrechtliche Risiken ihrer Aktivitäten identifizieren, Schäden vorbeugen und eingetretene Schäden beheben sollen.

Die Leitprinzipien wurden 2011 einstimmig im Menschenrechtsrat der Vereinten Nationen verabschiedet. Seitdem besteht erstmals ein globaler Rahmen für die Umsetzung der staatlichen Schutzpflicht und der unternehmerischen Verantwortung in Bezug auf Wirtschaft und Menschenrechte. In der Wirtschaft traf die laxe Vereinbarung auf große Zustimmung – auch, weil wieder einmal verbindliche Regeln verhindert worden waren.[5] Aus dem gleichen Grund reagierte die Zivilgesellschaft skeptisch. Anders als von ihr gefordert, ist der Ansatz völkerrechtlich unverbindlich. Aber tatsächlich beginnen sich Unternehmen in einigen Bereichen stärker mit den Verhältnissen bei ihren Zulieferern zu beschäftigen. Manche wollen auch wieder verstärkt direkten Zugang zu Lieferanten haben, was Konsequenzen für den fairen Handel haben könnte.

»Das Fairtrade-Label ist nicht mehr ein so starkes Differenzierungsmerkmal, weil immer mehr Unternehmen fair gehandelte Produkte anbieten«, sagt Nadja Lang, ehemalige Geschäftsleiterin bei Max Havelaar in der Schweiz. Ihrer Ansicht nach wird sich diese Entwicklung zwangsläufig auf die Arbeit der Organisation auswirken. Immer mehr Unternehmen gingen eigene Wege, auch um sich besser von Konkurrenten abheben zu können. Umso wichtiger sei es, dass Fairtrade mehr Modelle anbiete, die eine Zusammenarbeit mit firmeneigenen Programmen ermögliche.

Wie das aussehen kann, zeigt die Kooperation von Fairtrade UK mit Cadbury, der britischen Tochter des Süßwarenriesen Mondelez. Nach dessen Entscheidung für einen weitgehenden Rückzug von Cadbury aus der Verarbeitung Fairtrade zertifizierten Kakaos trafen die Briten eine andere Vereinbarung: Fairtrade UK ist in die Kontrolle des neuen Nachhaltigkeitsprogramms von Mondelez involviert, indem Flocert als Dienstleister überprüft, ob das Unternehmen sich in der Lieferkette für Kakao an seinen freiwilligen Verhaltenskodex hält. Dafür darf auf der Rückseite des Schokoriegels Dairy Milk das Logo von Fairtrade erscheinen. In England sorgte die Entscheidung für Diskussionen. David Marshall, Gründer einer fairen Schokoladenfirma, sprach im *Daily Telegraph* von einem »Schock« und einer »Schummelei«, weil die Firma keine Zutaten mehr von den fairen Händlern bezöge, aber trotzdem das Siegel abbilde.[6] Recht hat er.

In der Zertifizierung von Lieferketten sieht mancher beim fairen Handel eine große Chance, nämlich den Schritt über die reine Produktzertifizierung und ihre Beschränkungen hinaus. Nicht alle Unternehmen verkaufen faire Produkte, und noch weniger führen eine komplett faire Produktpalette. Im Sortiment dominieren konventionelle Marken – und der neue Ansatz reicht bis in diesen Bereich hinein.

Auch Kirner zählt zu den Befürwortern: »Bisher ist man froh, wenn ein Kaffeeröster eine Packung Kaffee zertifiziert; das war schon eine Superleistung. Die Frage ist, ob wir nicht größer denken müssen.« Natürlich brauche es weiterhin die Kampagnenorganisationen, die Missstände bei Unternehmen kritisieren, sagt er, »das kann aber nicht unsere einzige Aufgabe sein. Wir müssen versuchen, der Lösungsanbieter zu sein.« Dabei könnte es dann um die Umsetzung unterschiedlichster Programme gehen – faire Entlohnung bei einem Unternehmen, die Umsetzung bestimmter Klimaziele bei einem anderen und beim Dritten eine spezielle Förderung von Frauen. Die Idee ist, dass Unternehmen, die einzelne Dinge wesentlich besser handhaben als vom fairen Label verlangt, dies kenntlich machen dürften – wenn Flocert als unabhängiger Dienstleister die Leistung bestätigt.

Die Verfechter des fairen Handels sehen selbst Verbesserungsbedarf, etwa wenn es um die Bezahlung der Arbeiter auf Fairtrade zertifizierten Plantagen geht. »Wir wissen alle: Mindestlohn plus Fairtrade-Prämie bedeutet definitiv nicht, dass die Leute vernünftige Löhne kriegen«, sagt Overath, »das ist ein Defizit des jetzigen Ansatzes.« Wenn Akteure bereit wären, mehr zu leisten, sollten sie dies für den Verbraucher deutlich machen können, findet er, beispielsweise durch ein »Krönchen auf dem Siegel«. Andere Befürworter halten diese Nachhaltigkeitsprogramme oder ähnliche Initiativen schlicht für notwendig, weil sich der Absatz klassischer Fairtrade-Produkte in Europa trotz der bislang meist geringen Marktanteile wohl kaum noch steigern lasse.

Dennoch birgt eine solche Strategie für Fairtrade eine Gefahr: Niemals würden sich große Unternehmen von einem Zertifizierer abhängig machen, sondern immer auf mehrere setzen. Indem andere die Dienstleistung günstiger erbringen, könnten sie den Druck auf Fairtrade erhöhen. Abstriche bei den Standards im Ursprung und deren Kontrolle wären womöglich die Folge. Eine solche Nivellierung wäre der Anfang vom Ende des Fairtrade-Systems. Über Jahre erworbenes Vertrauen ginge verloren, die Marke würde entwertet. Noch bleibt sich der faire Handel jedoch treu, sind die Standards für die Produzenten in den vergangenen Jahren unter dem Strich sogar strikter geworden.

STAATLICHE SCHÜTZENHILFE

Der faire Handel hat in der Politik der Europäischen Union viel Anerkennung erfahren: Es sei die »effektivste Art der Entwicklungsförderung«, bemerkte das Europäische Parlament in einer Resolution 1998. Die Europäische Kommission strich in einer Stellungnahme für den Ministerrat die Bedeutung des Ansatzes für die Entwicklungszusammenarbeit heraus: »Fairer Handel bietet den Erzeugern in Entwicklungsländern bessere Erträge und Absatzmöglichkeiten für ihre Waren. So kann der faire Handel zur Steigerung des Sozial- und Umweltschutzniveaus in den Entwicklungsländern beitragen.«

Im ersten Jahrzehnt des Jahrtausends wurde sogar darüber diskutiert, ob ein gesetzlicher, fairer Standard auf EU-Ebene eingeführt werden sollte, eine Art Pendant zu dem EU-Biosiegel. Denn mit der Zunahme von Fair-Trade-Ansprüchen und -Siegeln würden gemeinsame Leitlinien bezüglich der Kriterien immer wichtiger. Sie sollten einerseits irreführende und unbegründete Angaben und Siegel verhindern helfen und andererseits die Beteiligung von Kleinerzeugern erleichtern. Was könnte sich der faire Handel mehr wünschen als diese Anerkennung seiner Aufbauarbeit? Tatsächlich waren die meisten seiner Vertreter jedoch gar nicht begeistert und wehrten sich sogar gegen ein solches gesetzliches »Sozialsiegel« – mit gutem Grund.

Zu den Skeptikern gehörte auch Norbert Dreßen, Justitiar beim katholischen Hilfswerk Misereor und im Aufsichtsrat von Transfair Deutschland: »Ich sah die Gefahr, dass ein solcher Standard wegen politisch notwendiger Kompromisse am Ende unter den bisherigen fairen Standards liegen würde.« Mittlerweile denkt er anders darüber. »Sie erwischen mich bei einem Sinneswandel«, sagt er Anfang 2017. Angesichts der Siegelflut, seiner Meinung nach der »Totengräber für die Fairtrade-Idee«, hält er ein gesetzliches Sozialsiegel für notwendig. Denn bislang ist »fair« ein ungeschützter Begriff, eine gesetzliche Definition würde Abhilfe schaffen. Die jeweiligen Anbieter könnten sich dann immer noch entscheiden, über den fairen Mindeststandard (der auch ein Maximum an Beimischungen festlegen könnte) hinauszugehen und das entsprechend zu kennzeichnen. So funktioniert es auf dem Biomarkt auch, etwa bei Demeter oder Naturland.

Eine gesetzliche Regelung ergibt jedoch nur Sinn, wenn die Politik parallel dazu das Kernelement des fairen Handels berücksichtigte, die Festlegung von Mindestpreisen. Man hat nichts davon, wenn durch ein solches Siegel nur die Einhaltung der ILO-Kernarbeitsnormen abgebildet würde. Vielleicht würde der Gesetzgeber auf europäischer Ebene aber gar keine Mindeststandards nur für faire Siegel schaffen, sondern einen wesentlich breiteren Ansatz für nachhaltige Siegel wählen, befürchtet Claudia Brück, Vorstand bei Fairtrade Deutschland und eigentlich eine Befürworterin einer gesetzlichen Definition. »Dann wird es wahnsinnig schwierig, davon wiederum den fairen Handel zu unterscheiden.« Notwendig seien gesetzliche Rahmenbedingungen für faire Siegel, und dann werde Transfair die Herausforderung annehmen, das Besondere seines Ansatzes herauszustellen.

An einem weiteren Punkt könnte der Gesetzgeber für Verbesserung sorgen: bei der Transparenz für den Konsumenten. Wer ein Produkt kauft, weiß beispielsweise nicht, wie viel Geld konkret der Kleinbauer oder Arbeiter enthält. Wer sich einen echten Wettbewerb zwischen fairen und konventionellen Produkten und auch zwischen verschiedenen als fair etikettierten Produkten wünscht, sollte hier mehr Klarheit schaffen.

An einer Stelle gäbe es Gelegenheit, bestehendes Gesetz zu lockern anstatt neue Auflagen zu machen. Wenn Unternehmen gemeinsam die Arbeitsstandards und Entlohnung der Beschäftigten entlang der Lieferkette verbessern wollen, sollte es ihnen – im Widerspruch zum kartellrechtlichen Verbot von Preisabsprachen – erlaubt werden, sich gegenseitig Einblick in die Preiskalkulation zu geben und Absprachen zu treffen, beispielsweise über die Zahlung von Mindestlöhnen bei den Zulieferern. Damit würde der Druck auf die gesamte Branche erhöht, hier für Verbesserungen zu sorgen.

1 vgl. *Living Wages im fairen Handel,* Hrsg. Forum Fairer Handel, 2016
2 *Textilwirtschaft,* 8/2017, S. 35
3 Jan-Christoph Kitzler, »UNO fordert klimafreundliche Landwirtschaft«, *Deutschlandfunk,* 18.10.2016
4 G. Seetharaman, »Why Paper Boat chose to launch a fair trade product«, in: *The Economic Times,* 5.2.2017
5 vgl. ICC, the IOE and BIAC, *Joint Statement on Business & Human Rights to the United Nations Human Rights Council,* 30.5.2011
6 *The Daily Telegraph,* 27.11.2016

Fazit

Die Existenzberechtigung des fairen Handels leitet sich wesentlich daraus ab, dass er als Anwalt für die Produzenten aus dem Süden versucht, bessere Verkaufspreise im Norden zu erreichen. Gelingen konnte dies anfangs nur, indem die Protagonisten überzeugend auf die Ungerechtigkeit des Welthandels hinwiesen. Sie schafften es, hinter anonymen Waren die Gesichter der Produzenten und ihre Schicksale zum Vorschein zu bringen, ein großes Verdienst.

Aufgrund der technologischen Entwicklung rücken Produzenten und Konsumenten jedoch immer näher zusammen: Heute können Verbraucher online leicht Informationen über viele Kooperativen finden, die am System des fairen Handels teilnehmen. Mit ein bisschen Fantasie kann man sich vorstellen, dass Produzenten und Konsumenten sich eines Tages regelmäßig austauschen – auch über den konkreten Nutzen des fairen Handels. Produzenten könnten den Nutzen unterschiedlicher Zertifikate für ihre eigene Organisation in Bewertungsportalen angeben, so wie heute Verbraucher Hotels, Fluglinien oder Restaurants einstufen. Das Internet bietet ein riesiges Potenzial, um den fairen Handel zu revolutionieren. Theoretisch bräuchte es nicht einmal mehr den stationären Handel als Vertriebskanal. Diverse alternative Handelshäuser bieten schon heute ihre Waren über das Netz an, allerdings noch sehr kleinteilig.

Der faire Handel könnte heute jedoch auch in großem Stil organisiert werden, in einem globalen Weltladen. Dieser könnte konzipiert sein als internationale Genossenschaft, an der alle, Produzenten und Konsumenten ihren Anteil hätten. Beide Seiten hätten etwas davon. Die Wahrscheinlichkeit wäre groß, dass die Produzenten mehr an ihren Waren verdienen und die Verbraucher trotzdem weniger für fair gehandelte Waren zahlen würden. Europa – der Heimat des fairen Handels – stünde es gut an, die faire Alternative zu Amazon zu schaffen. Das notwendige Kapital dafür ist da: Man müsste nur die Sparer im Norden – die allesamt auch Konsumenten sind – davon überzeugen, ihr Geld in eine solche Idee zu investieren, statt ihr Geld für geringe oder gar keine Zinsen auf dem Konto liegen zu lassen.

Allerdings wäre ein solcher Ansatz nur sinnvoll, wenn gleichzeitig weltweit eine Rückkehr zu einer dezentralen ökologischen Landwirtschaft erfolgen und darüber hinaus nur Waren gehandelt würden. Ansonsten wären die negativen Auswirkungen der individuellen Warentransporte enorm – für die Umwelt und für die Beschäftigten, die mit der Auflösung der Einzelhandelsstrukturen außerdem ihre Arbeit verlieren würden.

Das Bewusstsein für die Notwendigkeit eines faireren Wirtschaftens war noch nie so groß wie heute. Immer mehr Menschen halten es für ungerecht, dass vom globalen Handel nur ein kleiner Teil der Menschen profitiert – vor allem global agierende Konzerne und deren Eigentümer sowie die Angehörigen der gewachsenen Mittelschicht im globalen Süden. Denn es gibt auch Verlierer – Arbeiter im globalen Norden, deren Jobs verschwinden, und Arbeiter und Bauern im Süden, die für Hungerlöhne arbeiten müssen.

Zwei Probleme muss die Menschheit lösen, damit es gerechter zugeht: Jeder Mensch sollte für seine Arbeit so bezahlt werden, dass er anständig davon leben kann. Gleichzeitig sollte die Wirtschaft nicht nur ökonomisch, sondern auch ökologisch und sozial nachhaltig funktionieren. Dafür bedarf es eines drastischen Umbaus des kapitalistischen Systems. Die gute Nachricht ist: Mehr Menschen engagieren sich wieder für die gute Sache, in Demonstrationen und Appellen. Der faire Handel jedoch spielt bei den aktuellen kapitalismuskritischen Protesten und Debatten – zumindest in der Öffentlichkeit – keine wahrnehmbare Rolle. So versammelte sich nur ein Häuflein Demonstranten hinter dem Transparent des Forums Fairer Handel, der Lobbyorganisation des fairen Handels, als es im November 2016 in Berlin gegen TTIP ging, das Transatlantische Handelsabkommen. Beim Engagement für eine gerechtere Weltwirtschaft im Ganzen reihen sich die Menschen heute bei anderen Organisationen ein, etwa bei Attac, BUND, Oxfam, DGB, der Linken oder Campact. Als die Organisation, die das Terrain thematisch eröffnet hat, sollte die Stimme des fairen Handels hörbarer werden, wenn es um die mehr als zwei Dutzend Abkommen geht, die die EU derzeit mit einzelnen oder Gruppen von Entwicklungsländern verhandelt.

Man kann nur hoffen, dass sich die Verfechter eines faireren Welthandels durchsetzen – es wird ein langer Kampf, der erschwert wird durch das gesellschaftliche Klima, auch in Europa. »Der Süden wird von vielen Menschen als Bedrohung gesehen, und das ist natürlich keine Atmosphäre, in der es leicht ist, über den fairen Handel zu reden«, sagt der Theologe Helmut Schüller, ehrenamtlicher Vorstand bei Fairtrade Österreich. Aber nur mit fairen Arbeits-, Produktions- und Handelsbedingungen für jeden Einzelnen auf der Welt können wir in Frieden zusammenleben. Der Weltfriede kann – wie es die Internationale Organisation für Arbeit im Jahr 1919, nach dem verheerenden Ersten Weltkrieg, formulierte – »auf Dauer nur auf sozialer Gerechtigkeit aufgebaut werden«.

Literaturliste

- Anderson, Matthew: *A History of Fair Trade in Contemporary Britain. From Civil Society Campaigns to Corporate Compliance*, New York 2015
- Beckert, Sven: *King Cotton. Eine Geschichte des globalen Kapitalismus*, München 2014
- Braßel, Frank und Windfuhr, Michael: *Welthandel und Menschenrechte*, Bonn 1995
- Brown, Wendy: *Wie der Neoliberalismus die Demokratie zerstört*, Berlin 2015
- Burckhardt, Gisela: *Todschick. Edle Labels, billige Mode – unmenschlich produziert*, München 2014
- Crouch, Colin: *Das befremdliche Überleben des Neoliberalismus*, Berlin 2011
- Drèze, Jean und Sen, Amartya: *Indien. Ein Land und seine Widersprüche*, München 2014
- Dohmen, Caspar: *Profitgier ohne Grenzen. Wenn Arbeit nichts mehr wert ist und Menschenrechte auf der Strecke bleiben*, Köln 2016
- Erklärung von Bern (Hrsg.): *Rohstoffe. Das gefährlichste Geschäft der Schweiz*, Zürich 2011
- Ferenschild, Sabine und Schniewind, Julia: *Folgen des Freihandels. Das Ende des Welttextilabkommens und die Auswirkungen auf die Beschäftigten. Eine Studie der Otto Brenner Stiftung*, Frankfurt am Main, 2016
- Foroohar, Rana: *Makers and Takers. Der Aufstieg des Finanzwesens und der Absturz der Realwirtschaft*, Kulmbach 2017
- Glickman, Lawrence B.: *Buying Power. A History of Consumer Activism in America*, Chicago 2009
- Hartmann, Kathrin: *Ende der Märchenstunde. Wie die Industrie die Lohas und die Lifestyle-Ökos vereinnahmt*, München 2009
- Judt, Tony: *Dem Lang geht es schlecht. Ein Traktat über die Unzufriedenheit*, München 2011
- Kaleck, Wolfgang und Saage-Maaß, Miriam: *Unternehmen und Menschenrechte*, Berlin 2016

- Klein, Naomi: *Die Entscheidung: Kapitalismus vs. Klima*, Frankfurt am Main 2015
- Museum für Kunst und Gewerbe Hamburg (Hrsg.): *Fast Fashion. Die Schattenseiten der Mode,* Hamburg 2015
- Orsenna, Érik: *Weiße Plantagen. Eine Reise durch unsere globalisierte Welt*, München 2007
- Pilz, Brigitte: *Fairer Handel*, Göttingen 2001
- Quaas, Ruben: *Fair Trade. Eine global-lokale Geschichte am Beispiel des Kaffees*, Bielefeld 2014
- Raschke, Markus: *Fairer Handel. Engagement für eine gerechte Weltwirtschaft*, Tübingen 2008
- Sen, Amartya: *Ökonomie für den Menschen. Wege zu Gerechtigkeit und Solidarität in der Marktwirtschaft*, München 1999
- Stiglitz, Joseph E. und Charlton, Andrew: *Fair Trade. Agenda für einen gerechten Welthandel*, Hamburg 2006
- Sylla, Ndgongo S.: *The Fair Trade Scandal. Marketing Poverty to Benefit the Rich*, London 2014
- van Reybrouck, David: *Kongo. Eine Geschichte*, Berlin 2010
- Werner-Lobo, Klaus und Weiss, Hans: *Schwarzbuch Markenfirmen. Die Welt im Würgegriff der Konzerne*, Wien 2014
- Wuppertal Institut für Klima, Umwelt und Energie: *Fair Future. Ein Report des Wuppertal Instituts*, München 2005

Dank

Mein Dank gilt all den unzähligen Menschen, die mir mit Ideen, Gedanken, Materialien, Hinweisen und Unterstützung bei Recherchereisen und vor allem mit ihrer Zeit bei der Realisierung des Buches geholfen haben. Bedanken möchte ich mich bei den Fairtrade-Organisationen in Deutschland, Österreich und der Schweiz, die mir Türen und Archive geöffnet haben. Ganz besonders bedanken möchte ich mich bei Dieter Overath. Wir waren Anfang der 1990er-Jahre in der gleichen Amnesty-Gruppe engagiert, später kreuzten sich unsere Weg erneut, und ich begann mich deswegen journalistisch mit dem Thema des fairen Handels auseinanderzusetzen. Tausend Dank an Helmut Adam, Rolf Buser, Fátima Ismael, Ganapathy Raju, Ananthraman Ganesh, Edith Gmeiner, Richard Gerster, Abishek Jani, Caleb Lang'at, M. S. Lokesh, Hartwig Kirner, Girish Krishnan, Martin Kunz, Rossitza Krüger, Gerd Nickoleit, Stefan Niethammer, Shaillesh Patel, Maren Sartory, Helmut Schüller, Shivaprasad Shetty, Markus Staub, Thomas Speck, Rakesh Supkar, Ralf Weinen, Geert van Dok, Jayvantsinh Zala und Josef Zotter. Dank den Redaktionen beim Deutschlandfunk, dem WDR und dem SWR sowie der Süddeutschen Zeitung, sie haben mir spannende Projekte ermöglicht. Ein großer Dank gilt meiner Frau Thekla Dannenberg für Unterstützung und Inspiration und meinen Freunden für Gedankenanstöße. Nicht zuletzt gilt mein Dank Undine Löhfelm und den anderen vom Team Orange Press, die dieses Buch ermöglicht haben.

Caspar Dohmen, Berlin, im Juli 2017

Bildnachweis

Caspar Dohmen: S. 4, 5, 6, 7, 12/13, 14/15, 16, 17, 18/19, 20/21, 22, 23, 24/25, 26/27, 28/29, 30, 31
Gepa – The Fair Trade Company: S. 1, 2/3
Maren Sartory / Transfair e. V.: S. 32 oben
Remo Nägeli / Fairtrade Max Havelaar: S. 8/9, 10/11
Transfair e. V.: S. 32 unten